KB119157

아베 스캔들

NHK 특종기자는 왜 옷을 벗어야 했나

나남
nanam

나남신서 1996

아베 스캔들

NHK 특종기자는 왜 옷을 벗어야 했나

2019년 6월 15일 발행
2019년 6월 15일   1쇄

지은이   아이자와 후유키
옮긴이   이상훈
발행자   趙相浩
발행처   (주) 나남
주소   10881 경기도 파주시 회동길 193
전화   (031) 955-4601(代)
FAX   (031) 955-4555
등록   제 1-71호 (1979. 5. 12)
홈페이지   http://www.nanam.net
전자우편   post@nanam.net

ISBN 978-89-300-8996-8
ISBN 978-89-300-8655-4 (세트)

나남신서 1996

아베 스캔들

NHK 특종기자는 왜 옷을 벗어야 했나

아이자와 후유키 지음

이상훈 옮김

나남
nanam

여기 사립 유치원을 운영하는 A 씨가 있다. A 씨와 절친한 사이인 대통령 영부인은 이 유치원의 명예이사장을 맡고 있다. 유치원에서는 선생님과 아이들이 매주 조회시간에 "대통령님, 존경합니다!"라고 복창한다. 교육 경험이라고는 유치원을 운영한 것이 전부인데 교육청에서 덜컥 사립 초등학교 설립 인가가 나오고, 정부는 감정가 100억 원인 국유지를 불과 14억 원에 매각한다. 국회에서 야당 의원들이 자료를 내라고 요구하자 정부는 공문서를 조작해 제출한다. 언론에 들통이 나자 담당 공무원은 자택에서 스스로 목숨을 끊는다. 부총리는 "악의로 조작한 건 아니다"라고 변명하고 대통령은 "나와는 관계없는 일"이라고 발뺌한다.

한국에서 이런 사건이 벌어졌다면 어떻게 됐을까. 언론에서 매일 비리 관련 뉴스가 쏟아지고 관련 공무원들은 검찰 포토라인을 피할 수 없었을 것이다. 도심에서는 수십만 명이 모이는 집회가 벌어졌을 테고 국회에서는 대통령 탄핵까지 거론됐을 것이다. 권력과의 친분을 이용해 저지른 부정부패를 용납할 국민은 없다.

상상하기조차 쉽지 않은 이 사건은 일본에서 실제로 터진 스캔들이다. 2017년 2월 언론 보도로 수면 위에 떠오른 사건이다. '대통령'이라는 단어를 '아베 신조 총리'라고 바꾸기만 하면 된다. 아베 총리 부인 아키에 여사가 명예교장을 맡은 이 학교는 "다케시마(독도의 일본 명칭)를 지키자", "한국인은 간악하다"며 극우 진영의 논리를 그대로 가르쳤다. 검찰이 학교법인과 이사장 자택 등을 압수수색하면서 아베 총리는 궁지에 몰렸다.

1년 뒤인 2018년 3월, 〈아사히신문〉의 특종 보도로 재무성(한국의 기획재정부 격)이 공문서를 조작했다는 사실까지 밝혀졌다. 아베 총리는 "나와 실제로 관계가 있다면 총리도, 국회의원도 모두 그만두겠다"고 직을 걸었다.

당장 총리가 물러나도 이상하지 않을 사건 터졌지만 상황은 예상 밖의 방향으로 흘러갔다. 2017년 가을에 여당인 자민당이 총선에서 압승했고 지난해에는 아베 총리가 무난히 연임에 성공했다. 2019년 1월 기준, 아베 정부 지지율은 53%(〈니혼게이자이신문〉 여론조사)에 달한다. 국정농단으로 대통령을 탄핵한 한국인의 시각으로는 쉽게 이해하기 어려운 대목이다.

이 책의 저자는 2017년 2월 NHK에서 모리토모 사건을 특종 보도한 기자다. 총리의 진퇴가 거론될 정도로 정권을 뒤흔든 초대형 특종을 했지만 NHK 내부에서는 미묘한 분위기가 흐르기 시작했다. '보이지 않는 손'이 작동하는 것처럼 기사가 고쳐지고 프로그램 제작에 간섭이 들어갔다. 검찰이 사건에 관련된 공무원들을 불기소하기로 결정한 2018년 5월, 저자는 기자 업무에서 빠지는 인사발령 통보를 받는다. 결국 스스로 옷을 벗고 오사카의 한 지방신문 논설위원으로 자리를 옮긴다.

저자는 어떤 계기로 모리토모 사건 보도를 시작하게 됐는지, 보도를 이어 가면서 출입처와 NHK에서 무슨 일을 겪고 관계자들을 어떻게 취재했는지를 이 책에 생생하게 담았다. 자의 반 타의 반이기는 하지만, 방송국을 떠난 기자라고는 믿겨지지 않을 정도로 열정이 넘치고 유머가 가득하다. 단편적인 외신 기사로는 알기 어려운 모리토모 사건의 내막은 물론 세계 유수의 공영 방송으로 손꼽힌다는 NHK의 알려지지 않은 뒷모습도 그려 냈다.

지난해 일본 재무성의 공문서 조작이 터졌을 당시 역자는 와세다대 방문연구원 자격으로 도쿄에 있었다. 수개월간 관련 보도를 지켜보면서 세 번 놀랐다. 선진국이라는 일본에서 이렇게 노골적인 부패 스캔들이 터졌다는 데 한 번 놀랐고, 그럼에도 아베 총리가 무난하게 '최장수 총리'로 연임한 것에 또 한 번, 대다수 국민들이 별다른 문제 제기를 하지 않는 것에 마지막으로 한 번 놀랐다.

역자의 짧은 소견으로 일본 사회를 섣불리 재단할 생각은 없다. "왜 일본인들은 이런 스캔들에 이토록 무덤덤한가?"라는 질문에 역자가 만난 많은 전문가들은 "경제가 좋으니까", "젊은이들이 정치에 관심이 없어서", "계속되는 우경화에 체념해서" 정도의 모범 답안을 내놨다. 헌법을 고쳐 전쟁을 일으킬 수 있는 국가로 달려가는 일본 사회가 부패 스캔들 따위는 적당히 덮고 넘어가자며 침묵을 강요하는 것이 아닌가 하는 생각마저 들었다.

일본 정치계와 사회를 뒤흔든 초대형 스캔들이지만 정작 한국에서는 어떤 사건인지조차 제대로 알려지지 않았다. 모리토모 사건은 작금의 일본 정치와 사회의 민낯이 드러나는 상징적인 사건이다. 아베 총리와 일본 정치계, 공영 방송, 나아가 일본 사회의 작동 원리를 엿볼 수 있는 단초이기도 하다. 과장되고 왜곡된 주장이 아닌, 실제로 일어난 사건을 통해 오늘날 일본 사회의 이면을 침착하고 냉정하게 바라보려는 독자들에게 이 번역서가 조금이나마 도움이 됐으면 한다.

개인적으로는 기자 15년차였던 2018년에 해외 연수를 떠나 일본에서 연구원으로 있으면서 이 책을 번역할 기회와 시간을 가졌다. 많은 재단들이 청탁금지법 시행 등을 이유로 기자 연수에 대한 재정 지원을 중단했지만 역자가 몸담고 있는 〈동아일보〉는 'DNA 프런티어'라는 자체 연수 프로그램을 통해 기자 재교육 및 글로벌 경쟁력 강화에 아낌없이 투자하고 있다.

부족한 기자인 역자에게 과분할 정도로 큰 기회를 주신 김재호 사장님께 거듭 감사를 드린다. 늘 따뜻한 격려로 힘을 북돋아 주시는 천광암 편집국장, 배극인 AD본부장 이하 〈동아일보〉 선후배들께 고마운 마음을 전한다.

일본에 연구원으로 머물면서 와세다대 박상준 교수, 세가와 시로 교수에게 물심양면 지원을 받았다. 다케다 하지무 〈아사히신문〉 서울특파원은 사진자료를 구하는 데 적극적으로 도와줬다.

나남출판 조상호 회장님 및 임직원의 도움이 없었다면 이 책은 빛을 보지 못했을 것이다.

항상 든든한 힘이 되는 가족에게 사랑을 표한다.

2019년 봄

이상훈

아베 스캔들

NHK 특종기자는 왜 옷을 벗어야 했나

차 례

들어가며

2018년 8월 31일, 나는 NHK를 그만뒀다. 31년간 기자로 근무했던 NHK를 퇴직했다.

이날 NHK 오사카 방송국 18층 국장실에서 나는 가도 히데오角英夫 국장에게 퇴직 사령을 받았다. 가도 국장은 10년 전쯤 내가 오사카에서 데스크[1]를 하던 시절 대형 프로그램을 담당했기 때문에 잘 알고 지냈다. 오사카에서 국장으로 있으면서 법조 기자인 내 업무를 잘 이해해 줬다. 나는 국장에게 부탁했다.

"마지막으로 같이 기념사진 한 장 찍어도 되겠습니까."

이내 둘이 나란히 서서 사진을 찍었다.

몇 시간 뒤, 상사에게 국장의 말을 전해 들었다.

"그 사진, SNS 같은 데 올리지 말라고 하시던데."

애초부터 그럴 생각은 없었지만 나는 그동안 뭔가 잘못 생각하고 있었던 것이 아닐까 하는 느낌이 들었다. 국장은 NHK 소속 기자이자 데스크였던 나에게 잘해 준 것이지, 기자를 그만두고 퇴직의 길을 선택한 자연인 아이자와에게 잘해 주려고 했던 것이 아니었다. 사람은 종종 상

---

1 현장기자가 쓴 기사를 다듬고 고치는 일을 한다.

대가 처한 상황에 따라 태도를 바꾼다. 명심하지 않으면 안 된다.

나는 왜 NHK를 그만뒀을까. 간단하다. NHK에서는 더 이상 기자로 일할 수 없었기 때문이다. 기자 일을 계속하기 위해, 모리토모 사건을 계속 취재하기 위해 NHK를 나와 〈오사카일일신문〉으로 옮겼다.

1987년에 대학을 졸업하고 NHK에 들어왔다. 첫 근무지였던 야마구치에서 기자로서 첫발을 내디뎠다. 원자력발전소 유치를 놓고 큰 혼란을 겪었던 가미노세키, 세토 내해의 불법조업 실태, 보수 정치계가 완전히 둘로 쪼개졌던 야마구치현 지사 선거 등을 취재하며 기자로서 기초를 닦았다. 동시에 메이지 유신의 고향인 조슈[2]의 요시다 쇼인[3] 사상에 빠져 취재보다 더 중요한, 사람으로서 나아가야 할 길에 대해 배웠다.

그 뒤 대형 사건이 유난히 많이 터진 고베에서 사쓰마와리[4]를 하던 중 1995년 한신·아와지 대지진을 겪었다. 지진 반년 만에 피난소를 폐쇄하려고 했던 고베시에 맞서 고베 NHK의 한 기자가 가족까지 총출동해 피난소 주민 목소리를 직접 들으며 취재한 일도 있었다. 피난소를 떠날 수 없는 주민들의 목소리를 대표해 보도했다. NHK 고베 뉴스가 총력을 기울인 보도였다.

한신·아와지 대지진 반년 뒤 도쿄 사회부로 갔다. 개호보험제도 창

---

2 長州. 현재 야마구치현 일대. 에도막부 말기 반 막부 세력의 중심지로 메이지 유신의 중추세력이 됐던 지도자들을 대거 배출한 지역이다.
3 吉田松陰. 에도막부 말기의 교육자 및 사상가로 근현대 일본 우익사상의 뼈대를 만든 이다.
4 취재를 위해 경찰서를 돈다는 의미에서 통상 경찰 출입 사건담당 기자를 가리킨다. 한국 언론계에서도 같은 뜻으로 쓴다. 일본어 잔재라는 비판도 있지만 생생함을 살리기 위해 원저에 쓰인 용어를 그대로 쓴다.

설, 히노데정 쓰레기처리장 오염수 누출, 의료보험제도 개혁을 취재했다. 옛 후생성(현 후생노동성) 담당기자로 최초의 뇌사 장기이식을 지켜봤고, 치과의사 국가시험문제 유출사건을 취재하면서 범인 관련 특종 보도를 하기도 했다. 그렇게 13년간 평기자 생활에 일단 마침표를 찍었다.

데스크를 맡게 되면서 도쿠시마현으로 근무지를 옮겼다. 3년간 도쿠시마 방송국에서 근무하며 어쩌다 보니 현縣지사 선거를 세 번 경험했다. 첫 번째 선거는 임기가 끝나면서 치러진 평범한 선거였다. 두 번째는 현직 지사가 도쿄지검 특수부에 구속되면서 치러진 재보궐 선거였다. 그리고 세 번째 선거는 재보궐 선거에서 뽑힌 민주당계 지사에 대해 자민당 현 의회가 불신임안을 가결하면서 벌어진 두 번째 재보궐 선거였다. 당시 불신임 당한 현지사가 재출마 여부를 묻는 기자들에게 "남자라면 걸어온 싸움을 피하면 안 된다"고 대답한 것이 지금까지도 기억에 남는다. 당시 자민당은 총무성이 도쿠시마현에 파견했던 관료를 후보로 내세웠다. 대접전 끝에 20만 표 대 19만 표로 자민당이 승리했다.

그 직후 나는 오사카부 경찰 캡5으로 발령받았다. 한난 광우병 보조금 사기사건, 나라奈良 여아 유괴 살인사건 등이 당시 발생했다. 2005년에는 107명이 숨진 JR후쿠치야마선 탈선사고가 터졌다. 사고 직후 나는 탈선사고 담당 데스크를 맡았다. 석면 건강피해 문제, 발달장애 시리즈 기획도 했다. 동화同和 정책6을 다룬 프로그램에서는 부락해방동맹과,

---

5 경찰 출입 및 사건담당 현장기자를 지휘하는 자리.
6 일본에서는 메이지 유신 이전 신분제에서 최하층이었던 천민 계층이 근현대에 들어서도 부락민으로 불리며 차별을 받았다. 일본정부는 부락민 차별 해소를 위해 특정 지역을 '동

부락 차별실태를 다룬 프로그램에서는 해방동맹과 각각 마찰을 빚었다. '부락 차별문제는 해결됐다'고 주장하는 민권연(민주주의와 인권을 지키는 부민연합)과 싸우며 팽팽히 맞붙었다. 탈북자의 비극을 묘사한 프로그램을 둘러싸고는 조선총련과 싸웠고 재일한국인 차별발언 소송을 취재하면서는 차별발언을 한 사람과 맞섰다. 이 모든 사건에서 나는 상대의 주장을 뒤집었다. 압력에 굴하지 않으면서 진실된 보도를 지켜 냈다고 자부한다.

취재현장을 떠나 도쿄에서 BS⁷뉴스 제작을 담당했다. 하지만 2011년 동일본 대지진 이후 '기자는 현장을 지켜야 한다'는 생각이 들었다. 원하던 대로 이듬해 현장기자로 돌아갔다. 오사카에서 기자생활을 하면서는 자살사건을 무마하려던 학교 및 교육위원회를 고발한 프로그램을 제작했고 오사카 시립 사쿠라노미야고등학교 체벌 자살사건,⁸ 극빈자 생활보호 현장 등을 취재했다. 그 뒤 오사카부 도요나카시 및 인근 지역을 담당하는 기자가 됐다.

2016년 7월, 오사카 법조팀장을 맡았다. 여기서 모리토모 사건과 마주했다. 천명天命으로 여기며 취재했다. 그리고 2018년 6월 인사이동⋯. 기자로서 더 이상 일할 수 없게 된 나는 NHK를 그만두고 〈오사카일일신문〉으로 옮기기로 결심했다.

화 지구'로 지정해 임대주택, 복지시설 등을 건설하고 보조금을 지급하는 등 여러 지원책
을 폈다. 하지만 차별은 좀처럼 해소되지 않았고 보조금을 둘러싼 갈등도 이어졌다.
7 위성 방송.
8 2012년 12월 이 학교의 한 교사가 농구부 주장이었던 2학년 학생을 구타하고, 이튿날
체벌을 당한 학생이 자살한 사건.

모리토모 사건은 모리토모 학원에 관한 사건이 아니다. 정부와 오사카부에 관한 사건이다. 이런 의견에 동의하지 않는 사람도 있을 것이다. 하지만 이상한 짓을 벌인 것은 모리토모 학원이 아니다. 정부와 오사카부다. 이유는 무엇일까? 이것을 독자와 시청자에게 전달하는 것이 바로 기자들의 임무다. 당연히 확실한 근거도 제시해야 한다.

이 책에서 나는 모리토모 사건을 어떻게 취재하고 보도했는지 그 과정을 설명하겠다. 기자로서 지켜야 할 비밀도 일부 드러냈다. 주장을 뒷받침할 근거를 확실하게 제시하려면 비밀을 조금이나마 밝힐 필요가 있기 때문이다. 취재원 보호원칙을 지키고 취재원 및 관계자들이 양해해 줄 수 있는 한도 내에서 언급할 수 있는 내용을 최대한 드러냈다. 모리토모 사건 보도를 둘러싸고 무슨 일이 일어났는지, 모리토모 사건에서 가장 주목해야 할 점은 무엇인지도 이 책에서 밝히겠다.

1장

모리토모 보도는 '손타쿠'의 시작이었다

두 개의 기사

여기 두 개의 기사가 있다. 같은 사건을 다룬 비슷한 기사지만 한눈에 봐도 뭐가 다른지 바로 알 수 있다. 첫 번째 기사는 앞부분에 아베 신조安倍晋三 총리와 아키에昭惠 여사(아베 총리 부인)가 나오지만, 두 번째 기사에는 그 내용이 없다.

[기사 ①] 원래 기사

제목: 국유지 매각금액 공개 요구 제소
작성지: 오사카
작성자: 아이자와

처리일시: 2017년 2월 8일 오후 3시 55분
문서종류: 보관기사

정부가 오사카 도요나카시 국유지를 학교법인에 매각하면서 금액을 공개하지 않은 것과 관련해 도요나카시 시의원이 "매각금액을 밝혀야 한다"며 오사카 지방법원에 소송을 제기했습니다. 학교법인이 이곳에 건설 중인 초등학교는 아베 총리의 부인 아키에 여사가 명예교장을 맡고 있습니다. 시의원 등은 배경에 뭔가가 있어 보인다고 주장하고 있습니다.

문제가 되는 곳은 도요나카시에 있는 8,770m^2 규모 부지로 정부가 지난해 6월 오사카의 한 학교법인에 매각해 현재 초등학교가 지어지고 있습니다. 이 토지에 대해 도요나카시 기무라 마코토(木村眞) 시의원은 매매계약서 정보를 공개해 달라고 재무성 긴키(近畿) 재무국[1]에 요구했지만 공개된 문서에는 금액이 적힌 부분이 까맣게 칠해져 매각금액이 드러나지 않았습니다. 정부 측은 "계약을 맺은 상대방 사업에 영향을 미칠 우려가 있고 상대방 이익을 침해할 수 있다"며 비공개 이유를 설명했습니다.

이에 대해 소송을 제기한 측은 "국가 재산을 매각할 때는 부당하게 싼 금액으로 팔리지 않았는지 체크하기 위해서라도 금액을 공개하는 것이 원칙이다. 적정한 금액이라면 누구도 문제를 제기하지 않을 테니 사업에 영향을 미칠 거라고는 생각하지 않는다"며 정부가 매각금액을 밝혀야 한다고 주장했습니다.

이곳에 지어지고 있는 초등학교의 명예교장은 아베 총리 부인인 아키에 여사입니다. 기자회견에서 기무라 의원은 "긴키 재무국이 최근 3년

---

1 오사카에 있는 재무성의 지칭.

간 판 국유지의 매각대금은 인터넷에 공개돼 누구라도 확인할 수 있다. 그런데 유독 이 땅에 대해서만 정보공개 청구에도 불구하고 매각액을 밝히지 않고 있다. 배경에 뭔가가 있어 보인다고 해도 할 말이 없을 것"이라고 주장했습니다.

[기사 ②] 데스크가 수정한 기사

제목: 국유지 매각금액 공개 요구 제소
작성지: 오사카
작성자: 아이자와
처리일시: 2017년 2월 8일 오후 5시 16분
문서종류: 범용문서

정부가 오사카 도요나카시 국유지를 학교법인에 매각하면서 금액을 공개하지 않은 것과 관련해 도요나카시의 시의원이 부당하다며 정부에 매각금액을 밝히라고 요구하는 소송을 제기했습니다.

도요나카시에 있는 $8,770m^2$ 부지는 원래 국유지였으나 정부가 지난해 6월 오사카의 한 학교법인에 매각해 현재 초등학교가 지어지고 있습니다.

기무라 마코토(木村眞) 도요나카시 시의원은 토지 매각대금 등을 밝히라고 재무성 긴키 재무국에 정보공개 청구를 했지만 공개된 문서에는 대금 등이 까맣게 칠해져 있었다고 합니다.

긴키 재무국은 기무라 의원에게 "계약을 맺은 상대방의 사업에 영향을 미치고 상대방 이익을 침해할 우려가 있다"고 설명했지만 기무라 의원은 "국가 재산이 부당하게 싼 금액으로 매각되지 않았는지 체크할 필요가 있어 비공개는 부당하다"며 매각대금 공개를 요구하는 소송을 오사카 지방법원에 제기했습니다.

기무라 의원은 기자회견에서 "이곳에 건설 중인 초등학교의 명예교장은 아베 총리 부인 아키에 여사다. 긴키 재무국은 누구라도 확인할 수 있게 최근 3년간 판 국유지의 매각대금을 인터넷에 공개하면서도 유독 이 땅에 대해서만 정보공개 청구에도 불구하고 매각액을 밝히지 않고 있다. 배경에 뭔가가 있어 보인다고 해도 할 말이 없을 것"이라고 말했습니다.

첫 번째 기사는 2017년 2월 8일 모리토모 사건의 발단이 된 오사카부 도요나카시 기무라 마코토 시의원 정보공개 소송 기자회견을 취재해 내가 쓴 것이다. 이 기사를 당시 NHK 오사카 방송국 법조 담당 데스크가 고친 것이 두 번째 기사다.

왜 이렇게 바뀌었을까? 여기에서부터 이야기를 시작해 보려고 한다.

이 소송은 정부가 소유했던 국유지가 학교법인 모리토모 학원(이사장 가고이케 야스노리籠池泰典)에 초등학교 건설용지로 팔린 것과 관련해 기무라 시의원이 '정보공개 청구를 했는데도 (매각금액을) 공개하지 않는 것은 부당하다'며 시작됐다. 다른 국유지의 매각금액은 전부 공개됐는데 이 부지에 대해서만 '상대방의 이익을 침해할 우려가 있다'며 공개되지 않았다. 그리고 이 학교의 명예교장은 아베 총리 부인인 아키에 여사다.

누구라도 "뭐라고?" 하며 의문을 제기할 것이다. 그게 이 뉴스의 가장 중요한 핵심이다. 그래서 나는 기사 앞부분에 아키에 명예교장에 대해 쓰고 본문에도 사실로 명기했다. 그러나 법조 데스크 Y는 리드에서 본문까지 이 사실을 지웠다. 그나마 기사 말미에 기무라 의원의 기자회견 발언을 인용하는 형식으로 아키에 여사에 대한 내용을 슬쩍 남기긴 했다. 이렇게 하면 '쓰지 않은 건 아니다'라고 변명할 수 있다. 하지만 기사 앞부분에 명확하게 드러내야 시청자 입장에서는 쉽게 귀에 들어온다. 기사 끝에 언급하면 뉴스에서 무엇을 전달하려는지 알기 어렵다.

왜 이렇게 고쳤을까? 윗선에서 지시가 있었던 것은 아니었다. Y 데스크의 판단에 따라 별 문제 없던 기사가 고쳐졌다. Y 데스크의 말이다.

"이 시점에서 아키에 여사 이름을 기사 앞에 쓰는 건 조금 …. 기무라 의원 발언을 인용하는 형식으로 쓰면 괜찮지 않을까?"

시청자가 이해하기 어려워도 상관없다는 정도가 아니었다. 아니, 이해하기 어렵게 쓰는 것이 좋겠다는 말이었다. 그야말로 '손타쿠[2] 기사'였다.

그래도 간사이[3]에서는 당일 저녁 보도 프로그램에 리포트가 나가기라도 했다.

"총리 부인 이름이 언급되니 틀림없이 정치문제가 될 것입니다. 지역 방송이 아니라 전국 방송으로 해야 합니다."

나는 Y 데스크에게 건의했다.

전국 방송으로 내보내려면 도쿄 보도국 네트워크부에 기사를 보내야

2 忖度. 알아서 상대 마음을 헤아린다는 뜻. 이 사건을 계기로 일본에서는 '아베 총리에게 알아서 긴다'는 의미로 널리 쓰였다.
3 오사카, 교토, 고베 등을 중심으로 한 서일본 지역.

한다. 하지만 위에서는 이 기사를 도쿄에 보내지 않았다. Y 데스크는 이렇게 말했다.

"도쿄에 이야기해 봤는데 필요 없다고 하길래 … ."

총리 부인이 관여됐을지도 모른다는 중요한 내용을 이렇게 빈약하게 써 가지고는 뉴스에 내보낼 수 없다. 아키에 여사가 명예교장으로 취임했다는 것이야말로 뉴스의 핵심 포인트인데, 그 부분 때문에 보도를 주저했다고밖에 생각할 수 없었다. 그야말로 '알아서 기는 보도'였다고 해도 할 말이 없다.

그러나 NHK의 보도 현실을 아는 나로서는 Y 데스크와 도쿄의 담당자가 고의로 이런 이상한 판단을 했을 것이라고는 생각하지 않았다.

'이건 정치적으로 민감한 부분이야. 귀찮아질지도 모르니까 일단 기사에서 관련 내용을 빼 버리자.'

'전국 방송은 일단 보류하자. 오사카에서 나간 뉴스는 오사카가 책임질 일이니 상관없어.'

관리직들이 이런 식으로 판단하는 것은 흔히 있는 일이다. 사건의 시시비비는 따지지 않은 채 말이다. 당시 나는 이런 미온적 판단에 불만을 느꼈지만 일단은 그냥 받아들였다. 그때는 나도 이 사건이 얼마나 중차대했는지 제대로 파악하지 못했다. 솔직히 말해 이날 기무라 의원이 기자회견을 열기 전까지는 모리토모 학원이라는 곳이 있는지조차 몰랐다.

다음 날 〈아사히신문〉이 이 사건을 크게 보도했다. 이 때문에 사람들은 '〈아사히신문〉이 모리토모 사건에 불을 붙였다'고 한다. 맞는 말이다. 하지만 그 전에 NHK가 간사이에서 먼저 보도했다. 이건 분명한 사실이다.

취재기자인 내가 쓴 기사를 담당 데스크가 고친 뒤 승인하면 방송에 나갈 수 있는 상태가 된다. NHK에서는 이를 '범용화'라고 부른다. 범용화된 기사는 전국 NHK 방송국의 모든 보도 단말기에서 볼 수 있다. 범용화된 기사를 보면 앞부분과 중간 부분 모두에서 아키에 여사에 대한 사실이 빠지고 기사 끝부분에야 의원 코멘트로 관련 내용이 간신히 남았다는 것을 알 수 있다. 이 기사를 오사카 방송국 TV 뉴스 담당자가 편집 영상에 맞춰 TV 코멘트용으로 다듬어 전송했다. 이 코멘트를 뉴스 앵커가 읽으면서 오후 6시 10분 오사카 보도 프로그램 '뉴스 핫 간사이'에 나갔다. NHK 오사카 뉴스 홈페이지 '간사이 뉴스 웹'에도 게재됐다.

시간상으로 따지면 이 기사가 〈아사히신문〉보다 빠른 보도였다. 물론 전국적으로 파장을 일으킨 것으로 따지면 〈아사히신문〉 보도가 불을 붙인 것이 분명하다. 덕분에 〈아사히신문〉은 일본신문협회상도 받았다.

'대형 할인'의 발각

이틀 뒤인 2월 10일, 놀라운 사실이 드러났다. 〈아사히신문〉 보도 이후 야당인 민진당[4]이 국회에서 재무성을 추궁했다. 그러자 재무성은 정보 공개 청구 당시 공개하지 않았던 국유지 매각액 관련 자료를 덜컥 내놨

---

4 2016년 3월 민주당 후신으로 창당된 야당. 2017년 총선거 준비 과정에서 내부 분열 끝에 희망의당과 입헌민주당으로 쪼개졌다.

다. 불과 이틀 만에. 게다가 내용은 더 기가 막혔다. 토지 감정가는 9억 5,600만 엔이었는데 땅에 묻힌 쓰레기 처리비용 명목으로 8억 1,900만 엔 등을 깎아 줘 실제 매각가격은 감정가의 7분의 1 수준인 1억 3,400만 엔이었다. 이렇게 많이 깎아 줘도 되는가! 당연히 〈아사히신문〉은 11일에 크게 보도했다.

11일은 토요일이었다. 심지어 국경일인 건국기념일[5]이었다. 나는 아침 일찍 숙직 데스크에게 걸려 온 전화에 깼다.

"이봐, 이런 기사가 〈아사히신문〉에 나왔어!"

나는 전날 재무성이 민진당에 자료를 제출했다는 사실 자체를 알지 못했다. 당황한 나는 알고 지내던 취재원들에게 전화를 돌려 민진당이 자료를 받았다는 사실을 파악한 뒤 어렵게 자료를 입수했다. 기사를 쓸 수 있게 돼 한숨 돌렸다. 그런데 곰곰이 생각해 보니 도쿄 정치부가 너무 심하다는 생각이 들었다.

민진당이 자료를 받았다는 사실을 정치부가 몰랐을 리 없다. 설사 자신들이 기사를 안 쓰더라도 오사카에 자료를 보내만 줬어도 이렇게 고생하지 않았을 것이다. 섭섭하게 생각했지만 알고 보니 사실은 달랐다.

도쿄 정치부는 그날 오사카 정치 담당 데스크에게 자료를 보냈다. 오사카 정치 데스크는 이 자료를 오사카 법조 담당 Y 데스크에게 건넸다. 그런데 거기서 멈춰 버렸다. 이 사실만 알았더라면 공휴일 아침 그렇게 고생하고 난리칠 필요가 없었다.

자료를 뭉갰던 Y 데스크는 관련 보도 첫날 기사를 이상하게 고쳤던 바

---

5 기원전 660년 일본 초대 천황인 진무 천황이 즉위한 날에서 유래한 국경일이다.

로 그 데스크다. 하지만 아무리 그래도 (정권에) 아부할 목적으로 자료를 숨기진 않았을 것 같았다. 오사카 보도부 넘버 2인 T 보도총괄이 Y 데스크에게 캐물었다. Y 데스크는 이렇게 해명했다.

"업무가 너무 바빠 (건네받은 자료가) 중요한 것인지 미처 몰라서 … ."

틀린 말도 아니었다. Y 데스크가 이런저런 업무 때문에 바빴다는 것은 부인할 수 없는 사실이다. 하지만 어쨌거나 데스크가 실수한 대가는 현장기자가 치러야 했다.

'8억 엔을 깎아 준 사실이 드러났다'는 기사를 어렵게 써서 11일 오후 6시 45분 뉴스에 내보냈다. 하지만 이 뉴스도 간사이에서만 나갔다. 전국 방송은 타지 못했다. 국유지 매각대금을 이렇게 많이 깎아 줬다는 사실이 드러났는데도 보도되지 않았다.

일단 한 번 내부에서 기사를 쓰지 않겠다고 판단하면 이후 타사에서 후속 기사가 나와도 보도할 타이밍을 잡기란 좀처럼 쉽지 않다. 그래서 일단 사건이 터지면 처음부터 적극적으로 치고 나가는 편이 좋다. 이건 모리토모 사건에만 국한되는 것이 아니다. 다른 보도에서도 마찬가지다.

가고이케 이사장과의 대면

다시 이틀 뒤인 2월 13일, 가고이케 모리토모 학원 이사장이 취재를 요청했던 각 언론사와 개별 인터뷰에 나섰다. 나는 동료인 히라이 게이조平井啓三 기자, 카메라 기자와 함께 오사카시에 있는 모리토모 학원으로 향했다.

　재단 사무실은 모리토모 학원이 운영하는 유치원 건물 3층에 있었다. 1층과 2층이 유치원이었고 3층에 사무실과 이사장실이 있었다.

　현관 정면에 들어서니 1층에 교육칙어[6]가 커다랗게 걸려 있었다. 그 옆에 일장기, 아베 총리 사진까지 ···. 이런 것이 유치원 아이들이 매일 다니는 장소에 걸려 있었다.

　계단으로 3층에 올라가다가 원아들과 마주쳤다. 아이들은 씩씩하게 큰 소리로 "안녕하세요"라고 인사했다. 교육칙어는 계단 벽에도 걸려 있었다. 3층에 도착하자 가고이케 이사장은 마침 한 방송사와 인터뷰를 하고 있었다. 별실에서 기다렸다. 우리를 안내하던 여성 직원은 드나들 때마다 매번 무릎을 꿇은 채로 문을 열고 닫았다. 예의가 깍듯한 고급여관 여주인 같았다.

　교실 안과 복도에는 봄에 개교할 예정인 초등학교의 교복과 가방이 전시돼 있었다. 교복은 물론 가방에도 학교 교표가 새겨져 있었다. 찍어 두면 나중에 자료화면으로 써먹을 일이 있을 것 같았다. 유치원 직원의 허락을 받고 인터뷰 전에 촬영을 시작했다. 때마침 앞서 진행되던 인터뷰가 끝나 직원이 우리를 맞이하러 왔다. 드디어 이사장과 대면했다. 이사장은 도대체 어떤 사람일까.

---

6 메이지 시대인 1890년 신민(臣民)에 대한 교육 이념으로 만들어진 것. 천황에 충성해 야 한다는 등의 내용이 담겨 군국주의 상징이라는 비판이 크다. 1948년 일본 국회 결 의로 공식 폐지됐지만 아베 정부에서 문부과학상 등 일부 각료가 "교육칙어를 현대적 으로 다시 정리해 학생들에게 가르치는 것은 검토할 가치가 있다"고 밝히며 우익 논란 이 불거지고 있다.

이사장실에 들어가자 가고이케 이사장은 S 고문 변호사와 나란히 앉아 있었다. 둘이 함께 인터뷰에 응하겠다고 했다. 변호사를 내보내고 이사장과만 인터뷰하는 것이 어떨까 싶었지만 이내 생각을 접었다. 괜히 인터뷰 상대에게 그런 제안을 했다가는 자칫 상대방 기분만 나쁘게할 수 있다. 더구나 이사장과의 첫 만남이었다. 모든 취재가 마찬가지이지만 우선 상대방 속으로 깊이 들어가지 않으면 제대로 된 이야기를들을 수 없다.

나는 모리토모 사건 같은 큰 사건은 장기전을 피할 수 없을 것이라고생각했다. 게다가 이사장은 사건의 열쇠를 쥔 중요 인물 중 하나였다. 어떻게든 신뢰를 이어가야 한다고 생각했다. 취재원의 생각이나 신조, 발언, 행동에 동조하고 말고의 문제가 아니다. 어떻게든 취재원 입장에 서서 왜 그렇게 생각하고 행동하는지 이해해야 한다. 그래야 그 사람의 호감을 얻고 마음을 열 수 있다. 취재란 그런 것이다.

동행한 히라이 기자와 작전을 짰다. 히라이 기자는 나보다 5년 후배이지만 베테랑이었다. 언제나 사회적 약자의 시선으로 세상을 바라보며생활보호 대상자, 비정규직, 장애인, 재일한국·조선인, 재일외국인, 차별받는 부락민 등 소외된 사람들 편에 서서 취재하는 자타공인 '진성좌익' 기자였다.

반면 나는 초임지가 야마구치였다. 야마구치는 메이지 유신의 고향이다. 야마구치현 사람들은 자신들의 조상이 메이지 유신에 큰 공을 세웠다는 점을 한없이 자랑스럽게 생각한다. 나도 그 영향을 받았다. 군대 분위기가 물씬 풍기는 술집에 형사와 함께 가서 군가를 부르곤 했다. 요시다 쇼인의 유훈을 가슴에 새기면서 집에는 물론 사무실(오사카 법조

기자실의 NHK 부스)에도 쇼인 신사[7] 달력을 걸었다. 후배 기자들은 분명 싫어했을 것이다. 자타가 공인하는 '진성 우익' 기자였다.

게다가 야마구치는 아베 총리의 정치적 고향[8]이기도 하다. 내가 야마구치에 있던 30년 전쯤에 아베 총리는 부친인 고 아베 신타로安倍晋太郎 의원의 비서로 도쿄에 있었기 때문에 직접 만날 기회는 없었다. 하지만 취재하면서 야마구치 정계에 지인이 많았기 때문에 여러 사람들에게 아베 총리와 아키에 여사에 대해 익히 들었다.

이런 좌익과 우익이 일생일대의 승부를 벌였다. 우선 내가 요시다 쇼인, 아베 총리 등에 대해 이야기하면서 가고이케 이사장의 관심을 샀다. 그런 뒤 히라이 기자는 좌익 시점에서 모리토모 학원의 교육방침, 가고이케 이사장의 사상, 신조 등에 대해 질문했다.

"선생님께 무슨 그런 실례되는 말을 하는 거야!"

그러면 나는 호통을 쳤다.

"선생님, 이런 무례한 짓을 하게 돼 정말 뭐라 드릴 말씀이 없을 정도로 죄송합니다."

일단 사과한 뒤, 또 이야기를 이어 갔다.

"그나저나 방금 제 후배가 여쭤 본 질문에 대해 어떻게 생각하고 계신지요?"

---

7 일본 우익사상의 뿌리로 일컬어지는 신사.
8 아베 총리 본인은 도쿄에서 태어났지만 조부인 아베 히로시(전 중의원), 외조부 기시 노부스케(전 총리)가 야마구치 출신이다. 아베 총리는 관방장관, 내무상 등을 역임한 아베 신타로가 1991년 숨지자 야마구치 지역구를 물려받아 이곳을 정치적 고향으로 삼았다. 1993년 첫 당선된 이후 이곳에서만 9선을 지냈다.

어떻게든 답을 *끄집어* 내지 못하면 기자가 아니다. 한편으로는 훗날 또 다른 취재를 위해 인간관계를 닦아 놓아야겠다는 생각도 있었다.

전국 방송을 타지 못한 인터뷰

인터뷰를 시작했다. 나와 히라이 기자는 만담에 가까운 인터뷰로 딱딱한 분위기를 풀고 본론에 들어갔다.

이야기를 시작한 가고이케 이사장은 상상했던 것과 달리 냉정하고 침착했다. 어떤 질문에도 성실하게 대답했다. 때로는 너무 성실하게 대답하다가 앞뒤가 안 맞는 말을 할 때도 있었다. 기자를 대하는 서비스 정신이 너무 투철했다. 대답하기 어려운 질문, 대답할 수 없는 질문에도 어떻게든 답을 하려고 노력했다.

세간의 관심이 집중되던 국유지 저가매입 문제에 관해서도 그랬다.

— "초등학교 건설 예정지로 구입하신 국유지 말씀인데요. 쓰레기 처리비용 명목으로 감정가보다 8억 엔 가까이 싸게 사셨더라고요. 쓰레기를 처리하는 데 실제로 그렇게 많은 돈이 필요한가요?"

가고이케: "아니에요. 그 정도까지는 안 들어가요."

— "그러면 실제로는 얼마 정도 들어가나요?"

가고이케: "음 … 수천만 엔? 뭐, 최대로 견적을 뽑아도 1억 엔 정도죠."

여기에서 S 변호사가 끼어들었다.

"잠깐만요. 이사장님. 쓰레기 처리비용은 정확히 알지 못합니다. 기자님, 1억 엔이라고 하는 숫자는 정확히 계산한 게 아닙니다. 이사장님이 대충 어림잡은 숫자이니 너무 앞서서 생각하지는 말아 주세요."

그제서야 변호사가 동석한 이유를 알았다. 가고이케 이사장이 이야기를 너무 많이 하다 보니 옆에서 체크하면서 고쳐주기 위해서였다. 〈아사히신문〉은 실제로 '처리비용, 실제로는 1억 엔'이라고 하는 기사도 썼다. 아마 가고이케 이사장에게 같은 이야기를 들었던 것 같다.

나는 1억 엔이 주먹구구 계산으로 나온 숫자라는 것을 알고 있었기 때문에 기사로 쓰지는 않았다. 하지만 적어도 처리비용으로 8억 엔은 너무 많은 금액이라는 것은 확실히 알고 있었다. 가고이케 이사장 본인이 직접 확인해 줬다.

가고이케 이사장은 놀라운 말들을 쏟아 냈다.

"나는 정부가 제시한 1억 3,400만 엔이라는 숫자를 받아들이기만 했을 뿐이다", "8억 엔이나 깎아 줬다는 것은 몰랐다", "구입대금은 10년 분할로 매년 1,340만 엔씩 내기로 했다", "이제까지 연간 임차료로 2,700만 엔을 냈는데 구입대금이 임차료의 절반 정도라 고마웠다" 등이 그것이다.

정부가 쓰레기 처리비용을 과다하게 계산해 매각대금을 깎았다는 점, 대금을 할부로 납부할 수 있게 돼 부담이 가벼웠다는 점 등을 이사장이 스스로 인정했다.

나는 이 부분이 중요하다고 생각하며 기사를 썼다. 〔기사 ①〕이 그것이다. 반면 데스크가 고친 것은 〔기사 ②〕다. 뉘앙스는 조금 다르지만 정부가 이상한 행동을 했다는 사실은 기사에 드러난다.

하지만 이 기사도 간사이에서만 방송됐다. 도쿄에는 보내지지 않았다. 2월 8일에 관련 문제가 드러나고 벌써 닷새가 지났는데도 NHK 전국 방송에는 한 꼭지도 나가지 않았다. NHK 전국 방송에서 모리토모 사건은 '세상에 없는 것'이었다.

[기사 ①] 원래 기사

제목: 국유지 매각 문제 '부담 덜어'
작성지: 오사카
작성자: 아이자와
처리일시: 2017년 2월 13일 오후 4시 32분
문서종류: 보관기사

정부가 공개하지 않던 오사카 도요나카시 국유지 매각대금 규모가 소송 제기 이틀 뒤에 갑자기 공개된 것과 관련해 토지를 구입했던 학교법인 이사장은 NHK 인터뷰에서 금액이 감정가의 14%에 불과했다는 것은 몰랐다며 "당초 임차료보다도 부담이 가벼워져 고마웠다"고 밝혔습니다.

문제가 되는 곳은 도요나카시의 8,800m² 규모 부지로, 정부는 지난해 오사카에서 유치원을 운영하는 학교법인 모리토모 학원에 팔았습니다. 현재 초등학교를 짓고 있으며 아베 총리 부인인 아키에 여사가 학교 명예교장을 맡고 있습니다.

국유지 매각대금에 대해 지역 시의원은 지난해 정부에 정보공개를 요구했지만 공개되지 않았습니다. 시의원은 이달 8일 정보공개 소송을 오사카 지방법원에 제기했습니다. 그러자 정부는 소송 제기 이틀 만에 갑자기 매각대금을 공개했습니다. 매각가가 감정가의 14%인 1억 3,400만 엔에 불과했다는 사실이 이때 밝혀졌습니다.

가고이케 학교법인 이사장은 오늘 NHK와의 인터뷰에서 정부가 제시한 금액을 그대로 받아들였을 뿐, 매입금액이 감정가의 14%였다는 사실은 알지 못했다고 말했습니다. 또 당초에는 정부와 이 땅을 임차하는 계약을 맺고 매년 2,700만 엔을 임차료로 지불할 예정이었으나 구입대금을 10년 분할로 연간 1,340만 엔을 내기로 하면서 부담을 덜게 돼 감사했다고 밝혔습니다.

당초 구입대금이 공개되지 않았던 경위에 대해 이사장은 정부가 공개할지 말지 물어보기에 "선택할 수 있다면 공개되지 않는 게 좋겠다"고 답한 것이지 먼저 나서서 적극적으로 공개하지 말아 달라고 요구한 것은 아니라고 밝혔습니다.

가고이케 이사장은 또 "초등학교는 2차 대전 패전 전까지 쓰였던 교육칙어를 암송시키는 등의 교육을 통해 애국심이 풍부한 아동을 키우려는 목적으로 세우려고 했다"며, "이 때문에 아베 총리 부인 아키에 여사에게 명예교장을 맡아 달라고 부탁했다. 아프지도 않은 배를 쑤셔 대니 불쾌하다"[9]고 말했습니다. "당초에는 '아베 신조 기념 초등학교'라고 이름을 지을 계획이었지만 취임 이후 총리 본인이 거절해 '미즈호 기념 초등학교'로 명칭을 바꿨다"고 언급했습니다.

---

9 문제 될 것이 없는데 언론이 쓸데없이 파고든다는 뜻.

[기사 ②] 데스크 수정 기사

제목: 국유지 매각 '법인은 움직이지 않았다'
작성부서: 오사카
작성자: 아이자와
처리일시: 2017년 2월 13일 오후 6시 00분
문서종류: 범용기사

오사카 도요나카시 국유지가 학교법인에 감정가의 14%에 팔렸고 정부가 이 매각대금을 비공개한 것과 관련해, 가고이케 학교법인 이사장 등은 NHK와의 인터뷰에서 "땅값은 정부가 제시했다"며 자신들이 직접 정부를 상대로 움직인 것은 아니라고 밝혔습니다.

문제가 되는 땅은 도요나카시 8,800m² 규모 부지로 정부가 지난해 오사카의 학교법인 모리토모 학원에 팔아 현재 초등학교가 지어지고 있습니다.

국유지 매각대금에 대해 지역 시의원이 정부에 정보공개를 요구했지만 정부는 비공개를 유지했습니다. 시의원이 소송을 제기하자 정부는 이틀 뒤인 이달 10일 갑자기 매각대금을 공개했습니다.

공개된 문서 등에 따르면 매각대금은 감정가 9억 5,600만 엔의 14% 수준인 1억 3,400만 엔으로 정부는 "땅에 묻혀 있는 쓰레기 처리비용 8억 엔을 뺐다"며 이유를 밝혔습니다. 이에 대해 모리토모 학원 측은 오늘 NHK 인터뷰에서 "정부가 타당한 금액을 제시했다고 생각한다"고 밝혔습니다. 학원 측 변호사도 "정부가 제시한 금액을 받아들인 것뿐이라 감정가의 14%에 불과했다는 것은 알지 못했다"며 법인 측이 정부를 상대로 움직인 것은 아니라고 언급했습니다.

매각대금이 한때 비공개된 것에 대해서 가고이케 이사장은 "정부가 공개할지 말지를 물어봐 공개되지 않은 게 좋겠다고 대답한 것뿐"이라고 말했습니다. 이곳에 건설 중인 초등학교 명예교장이 아베 총리 부인 아키에 여사인 것과 관련해서는 "애국심이 풍부한 아동을 키우기 위해 초등학교를 설립하려 했다. 이를 위해 아키에 여사에게 명예교장을 맡아 달라고 부탁했다"고 밝혔습니다. 국유지 구입이 이와 전혀 관계가 없는지 여부에 대해서는 "아프지도 않은 배를 쑤셔 대니 불쾌하다"고 말했습니다.

한편 정부는 쓰레기 처리비용을 8억 엔가량으로 예상해 토지 감정가보다 싸게 판 것과 관련해 "견적이 어떻게 그렇게 나왔는지 자세한 경위를 조사 중"이라고 밝혔습니다.

이렇게 가고이케 이사장과의 첫 인터뷰가 끝났다. 그런데 인터뷰 도중, 한 여성이 이사장실 한쪽에서 인터뷰를 지켜보며 자꾸 우리에게 뭐라고 소리를 쳤다.

"이사장님은 좋은 사람이에요! 이사장님은 훌륭한 사람이에요! 이사장님을 믿어 주세요! 우리의 아군이 되어 주세요!"

가고이케 이사장에게 푹 빠져 있는 모습이었다. 도대체 저 사람은 뭐 하는 사람일까? 그때까지만 해도 누군지 알지 못했다.

직원은 분명히 직원이었다. 하지만 평범한 보통 직원이 아니었다. 나중에 알게 되었는데, 그 사람은 유치원 부원장이자 가고이케 이사장의 부인, 그리고 선대先代 모리토모 이사장의 딸인 가고이케 준코였다.

가고이케 이사장이 가는 곳에는 꼭 준코 부인이 동행한다. 일심동체.

이 부부가 훗날 온갖 우여곡절을 겪을 것이라고는 당시만 해도 미처 알지 못했다.

오사카부 의회에 출석하고 있는 가고이케 야스노리 모리토모 학원 이사장.

2장

불붙은 보도 경쟁
초등학교 인가의 행방은?

분노한 시청자

NHK에서 오사카 등 지역 방송국이 기사를 전국 뉴스에 내보내려면 우선 도쿄 보도국 네트워크부에 기사 원고를 보내야 한다. 네트워크부는 전국의 지역 방송국에서 기사를 받아 방송에 내보낼 기사를 선정한 뒤 이를 다듬어 가공한다. 최근에는 굳이 방송을 하지 않더라도 NHK 뉴스 웹사이트(전국판)에 올리기 위해 네트워크부에 송고하는 경우도 많다.

앞에서 언급한 것처럼 NHK 오사카 방송국은 모리토모 사건에 대해 여러 차례 기사를 쓰고 보도하면서도 어떤 기사도 도쿄 네트워크부에 송고하지 않았다. 이 때문에 전국 방송에서는 물론 NHK 뉴스 웹사이트에서도 모리토모 사건은 '존재하지 않는 사건'이었다. 오사카 지역판 뉴스 웹사이트에서 기사를 읽을 수는 있었지만 다른 지역 시청자가 일부러 오사카 지역판 홈페이지까지 방문해 기사를 보기는 현실적으로 쉽지 않다.

꿈쩍도 하지 않던 도쿄 보도국은 2017년 2월 17일을 기해 180도 바뀌었다. 이유가 있었다. 주요 매체가 모리토모 학원의 가고이케 이사장과 인터뷰한 2월 13일이 그 계기였다. 재밌고 독특한 캐릭터를 소유한 가고이케 이사장은 시청률이 가장 중요한 민영 방송사들에게 더없이 좋은 소재였다. 시청률에 도움이 되니 민영방송들은 일제히 와이드쇼[1] 등에서 대대적으로 가고이케 이사장을 다루기 시작했다. 전국의 시청자들은 자연스레 모리토모 학원과 국유지 매각 문제에 대해 알게 됐다.

그런데 유독 NHK만 전국 방송에서 관련 보도를 하지 않고 있었다. 상황이 이렇게 되자 "왜 NHK는 모리토모 소식을 보도하지 않고 있나", "정권 눈치를 보는 것인가"라며 항의하는 시청자들의 목소리가 쇄도했다. 정확히는 모르지만 150건가량의 민원이 있었다고 한다. NHK는 시청자들의 불만이 수신료 납부 거부로 이어지는 것을 가장 두려워한다.[2] 항의가 쇄도하자 보도국 간부들은 현장에 "모리토모 문제를 철저하게 취재해 보도하라"는 지시를 내렸다.

2월 17일, 아베 총리는 국회에서 "내 자신 혹은 아내가 (모리토모 사건에) 관여돼 있다면 총리직은 물론 국회의원직도 그만두겠다"고 답변했

---

1 후지 TV, TV 아사히 등 민영방송들이 오전 혹은 한낮에 방송하는 뉴스 쇼. 주요 시사이슈를 흥미롭게 보도해 인기가 높다. 한국의 종합편성채널 시사 프로그램과 비슷하다.
2 매달 2,500원의 수신료를 전기요금에 붙여 반강제적으로 수신료를 거두는 한국의 KBS와 달리 NHK는 직접 고지서를 발부해 가구당 최대 3,490엔의 수신료를 거둔다. 광고가 없는 NHK 특성상 방송국 살림살이를 수신료에 절대적으로 의존할 수밖에 없기 때문에 수신료 징수에 방송국 전체가 사활을 건다.

다. 도쿄 정치부가 이 발언을 기사로 썼다. 이 기사가 모리토모 사건에 대해 NHK가 전국 방송으로 보도한 첫 뉴스였다. 그런데 그때까지 NHK 전국 뉴스는 모리토모 사건에 대해 전혀 보도하지 않았기 때문에 아베 총리가 왜 이런 답변을 국회에서 했는지 앞뒤 정황을 설명할 수 없었다. 나는 이제까지 오사카에서 내보냈던 보도를 토대로 모리토모 사건에 대해 정리한 기사를 썼다. 이게 모리토모 사건과 관련해 오사카 방송국이 도쿄에 보낸 첫 기사였다.

이날 이후 도쿄에서도 정치부, 경제부, 사회부가 경쟁적으로 모리토모 관련 기사를 썼다. 당연히 전국 뉴스에서 중요하게 다뤘다. 오사카에서 쓴 내 기사도 이후에는 도쿄로 보내져 전국 전파를 탔다. 이제야 겨우 제대로 보도할 수 있게 됐다.

당시 가장 큰 쟁점은 문제가 된 초등학교를 인가해 줄지 여부였다. 모리토모 학원이 설립을 준비하던 초등학교는 그해 4월 개교 예정이었다. 이미 오사카부의 사립학교 심의회(통칭 사학심의회)에서 조건부 인가를 얻은 상태였다. 조건부 인가를 획득하면 큰 문제가 없는 한 그대로 개교 직전에 정식 인가가 나온다. 그러나 모리토모 학원의 유치원에서 아이들에게 '아베 총리 만세'를 외치게 하고 교육칙어를 암송시키는 등의 (이상한) 교육 실태가 잇따라 보도되면서, '이런 학교를 정식 인가해서는 안 된다'는 목소리가 커지기 시작했다.

인가 여부에 이목이 집중되는 가운데, 사학심의회는 2월 22일 임시 회의를 열기로 했다. 당연히 이 문제를 다루기 위해서였다. 전국적인 주목을 받게 되면서 심의회 기자회견장에는 오사카뿐만 아니라 도쿄에서도 많은 보도진이 몰려들었다. 나도 당연히 갔다.

그런데 예정 시간을 넘겼는데도 회의는 끝나지 않았고 기자회견도 덩달아 늦어졌다. 회의에서 격론이 벌어졌다는 뜻이다. 내용에 주목하지 않을 수 없었다. 저녁 뉴스 시간은 점점 다가오고 있었다. 뉴스 마감 시간에 맞추려면 기자회견이 끝나기를 마냥 기다릴 수 없었다. 이럴 땐 회의장에서 흘러나오는 이야기를 들으면서 원고를 써야 한다. 기자회견장에는 나와 별도로 기자 두 명이 배치됐다. 카메라 영상은 방송국 내부에 실시간으로 전송됐다. 당장이라도 방송국 안에서 데스크와 기자가 영상을 보면서 기사를 쓸 수 있도록 준비했다.

정신이 번쩍 들다

기자회견이 시작됐다. 가지타 에이지梶田叡一 사학심의회 회장과 요시모토 가오루吉本馨 오사카부 사학과장이 마이크를 잡았다. 모든 설명이 대략 마무리된 뒤 내가 첫 질문을 던졌다.

"조금 전 정식 인가에 대해 조금 더 신중하게 검토하겠다고 하셨는데, 인가하지 않을 수도 있다는 뜻입니까?"

가지타 회장이 답했다. "조건부 인가를 낸 경우라면 보통은 그대로 정식 인가가 나옵니다. 하지만 이번 건은 신중하게 검토할 필요가 있습니다. 검토한 뒤 정식 인가를 하지 않을 수도 있습니다."

개교 예정일은 4월 1일이었다. 이미 입학 신청을 한 아이들도 있었다. 특히 모리토모 학원 유치원에서 많이 만났다. 그 아이들은 교복과 가방을 사 놓고 입학을 손꼽아 기다리고 있을 것이다. 그런데 심의회 사람들은 개교를 한 달가량 앞둔 지금 시점에 정식 인가를 내줄지 여부를 확실히 알 수 없다고 했다. 개교를 코앞에 두고 '인가하지 않겠다'고 결정하면 입학을 준비하던 아이들은 어떻게 될까. 그때 가서 다른 초등학교로 옮길 수 있을까? 아이들을 위해서라면 한시라도 빨리 확실한 결정을 내려야 하지 않을까?

정신이 번쩍 들었다. 회장과 과장에게 질문 공세를 퍼부었다. 한시라도 빨리 방침을 확실히 정해야 하는 것이 아닌지, 시기를 분명하게 해야 하는 것이 아닌지 추궁했다. 회견장에서 나 혼자만 질문하는 상황이 이어지자 사회자는 "다른 분 질문 받겠습니다"라며 내 질문을 막으려고 했다. 나는 "지금 질문하고 있잖아! 나중에 해!"라고 일갈한 뒤 회장과 과장에게 질문 공세를 이어 갔다. 가지타 회장은 끝까지 침착함을 유지했지만 요시모토 과장은 끝내 화를 참지 못하고 내 질문에 신경질적으로 답변했다.

옆에 있던 후배 기자가 어디선가 전화를 받고는 내게 메모를 건넸다. "총괄께서 방송국에 전화하라고 하십니다."

오사카 보도부 넘버 2인 T 보도총괄이 안에서 생중계 영상을 보고 이대로 내버려 둬서는 안 되겠다고 판단한 것이다. 그 자리에서 메모지를 구겨 내던지고 질문을 이어 갔다. 1시간가량의 회견 중 50분 정도를 내가 독점한 것 같았다. 특이한 것은 다른 기자 누구도 나를 막지 않았다는 점이다. 압도당했는지 기가 막혔는지 '이상한 놈은 건드리지 않는 게 낫다'고 생각한 건지 … . 아마 모두 해당됐을 것이다.

50여 분간 질문을 퍼부은 뒤 남은 10분 동안 헐레벌떡 기사를 썼다. 베테랑 기자로서 수없이 겪어 온 상황이다. 기자는 마감 시간에 맞추기 위해 상황이 어찌됐던 서둘러 기사를 써야 할 일이 많다. 게다가 이 기자회견 기사를 내가 아닌 안에서 데스크나 다른 기자가 멋대로 쓰게 내버려 둘 수는 없었다. 안에서 쓴다면 어떤 내용이 될지 모른다. 이 기사만큼은 현장에서 취재한 내가 그곳에서 받은 느낌을 바탕으로 써야 한다고 생각했다.

제목은 당연히 "초등학교, 인가되지 않을 수도"로 달았다. 이게 가장 중요한 핵심이었기 때문이다. 회견이 끝나는 시간에 맞춰 거의 동시에 기사를 송고했다. 기자회견이 끝난 뒤 나는 곧바로 가지타 회장에게 다가갔다. 싸울 듯이 질문했으니 마무리를 지어야 했다. 싸운 상대와는 씩씩거린 채 그대로 헤어져서는 안 된다. 반드시 화해한 뒤 추가 취재를 해야 한다. 나의 취재 철칙이다. 취재원과 크게 싸울 수도 있지만 그러고 나서는 화해와 추가 취재를 잊지 말아야 한다.

—"가지타 회장님. (명함을 건네며) NHK의 아이자와 기자라고 합니다. 조금 전 회견 때는 죄송했습니다."

가지타 회장: "아, 괜찮아요. 알고 있었으니까요. 상대방을 화나게 해 속내를 들으려고 한 거죠?"

사실 그런 취재 기법은 알지 못했다. 그런 의도로 질문한 것은 아니었지만 침착하게 대답해 준 회장이 고마웠다. 곧바로 본론에 들어갔다.

—"회장님께서 조금 전 '인가하지 않을 수도 있다'라고 말씀하셨는데요. 인가하지 않을 경우, 그 학교에 입학할 예정인 아이들은 어떻게 되나요?"

가지타 회장: "오늘 기자회견에서 아이들을 걱정한 건 당신뿐이었습니다. 정말 훌륭한 자세라고 생각합니다. 아이들에 대해서는 우리도 주

의 깊게 생각하고 있어요. 이미 생각하고 있으니까 괜찮아요."

— "아이들을 보낼 곳을 생각하고 계시다고요?"

가지타 회장: "그렇습니다. 인가하지 않았을 때 입학 예정인 아이들의 문제를 어떻게 처리할지 검토해 보라고 사무처에 지시했습니다."

이건 빅뉴스다. 심의회가 초등학교 인가를 불허했을 경우를 대비해 아이들이 옮길 학교를 검토하고 있다는 것은 사실상 학교를 정식 인가할 생각이 없다는 뜻이다. 다만 현 시점에서 대놓고 못을 박아 말할 수 없기 때문에 에두른 표현으로서 "인가하지 않을 수도 있다"라고 한 것이다.

곧바로 요시모토 과장을 찾았다. 요시모토 과장은 공무원이다. 회견에서 흥분하며 말하던 내가 다가오자 경계심을 드러냈다.

요시모토 과장: "아직도 질문할 게 남았습니까?"

— "아까 기자회견에서는 실례가 많았습니다. 하지만 제가 걱정하는 것은 아이들입니다. 초등학교가 정식 인가되지 않으면 갈 곳을 잃어버리잖아요. 어떻게 하실 겁니까?"

이렇게 말하자 요시모토 과장도 경계심을 다소 푼 것 같았다.

요시모토 과장: "압니다. 저희도 생각하고 있습니다."

— "어떻게 하실 겁니까? 아이들은 어디로 보내야 하나요?"

요시모토 과장: "공립 초등학교로 보낼 수밖에 없어요. 그래서 준비하고 있어요."

— "입학 희망자는 도요나카시뿐 아니라 여기저기 흩어져 있을 텐데요."

요시모토 과장: "입학 희망자들이 어디에 사는지 모두 파악하고 있습

니다. 모든 지역 지자체들과 논의 중입니다."

　이제는 확실하다. 인가를 불허할 생각이 없다면 아이들이 사는 지역 자치체들과 논의할 이유가 없다. 판단에 확신이 들었다. 그런데 어쩐 일인지 〈교도통신〉은 "초등학교를 인가할 방침"이라고 기사를 썼다. 내 기사와는 180도 달랐다. 〈교도통신〉에 이런 기사가 나면 데스크는 움츠러들게 마련이다.

　데스크: "〈교도통신〉에 이런 기사가 나왔는데, 어떻게 할까요?"

　─ "기자회견이 끝나고 가지타 회장, 요시모토 과장과 이야기해 봤는데요. 두 사람 다 인가하지 않는 것을 전제로 (후속 대책을) 준비한다고 인정했어요. 마음 같아서는 "인가하지 않을 방침"이라고 쓰고 싶지만 일단은 기자회견에서 가지타 회장이 말한 대로 "인가하지 않을 수도 있다" 정도로 쓸까 해요."

　데스크도 납득했다. 당초 내가 쓴 대로 뉴스가 나갔다. 그런데 다음 날 아침, 각 조간신문들은 대부분 〈교도통신〉이 보도한 것처럼 "인가할 방침"이라고 썼다. 기자회견에서 가지타 회장이 "조건부 인가가 나오면 통상은 그대로 인가한다"고 한 말을 근거로 삼았다. 물론 그 말은 나도 들었다. 그러나 가지타 회장은 곧바로 "하지만 이번에는 인가하지 않을 수도 있다"라고 덧붙였다. 이를 종합하면 인가하지 않는 쪽에 무게가 실리는 것이 당연하다. 그런데도 회견장에 있던 기자들 대부분은 이를 이해하지 못한 듯하다. 기자로서 능력이 부족한 것이 아닌가 싶었다. 결과를 보면 누가 옳았는지 확실히 알 수 있다.

총리 답변과 어긋나는 증언

가고이케 이사장과의 첫 인터뷰에서 벌였던 좌익-우익 합작 작전. 그 작전이 성공했다는 것은 얼마 지나지 않아 알 수 있었다. 모리토모 학원 고문인 S 변호사에게 전화가 걸려 왔다.

"아이자와 기자님. 이사장님이 특정 언론사를 선택해 인터뷰하고 싶다고 하시네요. 주변에서는 모리토모 학원의 이념을 감안해 요미우리 TV가 좋지 않겠냐고 합니다만, 이사장님도 저도 아이자와 기자님을 믿고 NHK와 인터뷰를 진행하는 게 어떨까 싶습니다. 어떠십니까?"

때마침 이사장에게 여러 가지를 직접 확인하고 싶던 참이었다. 속속 공개되고 있는 유치원 원아들의 영상, 독특한 교육 방침, 거세지는 비판···. 마쓰이 이치로松井一郎 오사카부 지사도 초등학교 정식 인가에 부정적인 견해를 드러내기 시작했다.

아베 총리도 이제까지 모리토모 학원에 대해 내비치던 생각과 반대로 학원 측과 가고이케 이사장을 비판하기 시작했다. 특히, 아키에 여사의 명예교장 취임 경위에 대해 2월 24일 국회에서 "취임을 거절했는데 그 후 강연에서 돌연 (명예교장에 취임한다고) 학원 측이 소개해 결과적으로 (어쩔 수 없이 수락을) 하게 됐다"고 답변했다. 의지와 무관하게 억지로 취임하게 됐다는 설명이었다.

과연 사실일까? 그간 지적돼 온 일련의 문제에 대해 가고이케 이사장은 어떻게 설명할까? 비판적으로 돌아선 마쓰이 지사나 아베 총리에 대해 어떻게 생각하고 있을까? 이런 궁금증에 가고이케 이사장의 답변을 듣고 싶었다. 게다가 독점 인터뷰 제의라니. 바로 결심했다. 인터뷰 일시는 2월 26일 일요일 오후 6시 반으로 정했다. 가고이케 이사장과 S 변호사가 NHK 오사카 방송국에 와 인터뷰하기로 했다.

인터뷰하기 전 '진성 좌익' 히라이 기자가 말했다.

"모리토모 학원 유치원에서는 아이가 실수로 오줌을 싸면 그대로 젖은 속옷을 가방에 넣어 집에 돌려보낸대요. 이게 진짜인지 물어보세요."

이런 질문을 어떻게 하라는 걸까. 쉽지 않겠지만 일단 상황을 보면서 질문해 보겠다고 했다.

인터뷰 당일, 모습을 드러낸 것은 가고이케 이사장과 변호사만이 아니었다. 열 명 정도가 이사장과 함께 왔다. 유치원 학부모와 학원 지지자들이라고 했다. 그중 한 여성은 인터뷰를 전부 동영상으로 찍었다. 질문하는 장면과 발언을 모두 촬영했다. 향후 어떤 식으로든 유출될 것 같았다. 아니, 인터넷으로 유출될 것을 각오했다. 모리토모 학원을 편드는 발언은 일절 할 수 없었지만 그렇다고 이사장 기분을 상하게 하는 질문도 하기 어려웠다. 그랬다가는 인터뷰가 깨지는 것은 물론 향후 취재도 어려워질 듯했다. 어떻게 균형을 잡을지 생각하면서 질문을 시작했다.

인터뷰가 시작되자 가고이케 이사장은 입을 열었다.

"나에 대해 국회 등에서 이러쿵저러쿵 말이 있지만, 이번 국유지 매매건에 대해 나는 한 점도 부끄러움이 없습니다. 정치인이 편의를 봐준 적도 없어요. 나는 일본인으로서 올곧은 마음을 갖고 학교를 설립하려 했습니다. 그것만은 제대로 인터뷰에 담아 주길 바랍니다. 그게 이번 인터뷰에 응하는 조건입니다."

나는 대답했다.

"알겠습니다. 약속드리겠습니다. 가고이케 선생님이 지금 말씀하신 것, 반드시 제대로 담겠습니다. 하지만 그것에 대해서만 질문할 수는 없다는 점을 이해해 주십시오. 이사장님께 여쭈고 싶은 게 몇 가지 있는데 그것도 뉴스에 담겠습니다. 물론 이사장님이 지금 당부하신 부분도 꼭 넣겠습니다. 그러면 되겠습니까?"

가고이케 이사장은 수락했다. 인터뷰가 시작했다. 우선 가고이케 이사장이 호소하고 싶은 것, "한 점 부끄러움이 없다"는 이야기를 들었다. 여기서부터가 승부다. 질문을 시작했다. 이날 취재에서 가장 중요한 핵심인 아키에 여사의 명예교장 취임 경위에 대해서였다. 가고이케 이사장은 이렇게 답했다.

"여사님께는 사전에 명예교장 취임을 부탁했을 당시 허락을 받았습니다. 그랬기 때문에 강연장에서 여사님을 명예교장으로 소개한 겁니다. 모리토모 학원의 교육이념에 동조해 주셔서 저희 유치원에도 와 주시고 아이들에게도 지지를 보내 주셨다고 생각합니다. 유치원에는 서너 번 정도 오셨습니다. 유치원에 대해 잘 알고 계시기 때문에 명예교장에 취임하신 것입니다."

당시 아키에 여사 페이스북에도 다음과 같은 글이 올라와 있었다.

'오사카 쓰카모토 유치원에서 강연. 원아들은 매우 예의 바르게 행동하고 있습니다. 매일 아침 기미가요를 부르고 교육칙어, 〈논어〉, 〈대학〉 등을 암송.'

가고이케 이사장의 답변 내용은 아베 총리의 국회 답변과 분명히 달랐다. 어느 쪽이 옳은지는 알 수 없지만 적어도 모리토모 문제의 당사자가 총리 답변과 어긋나는 말을 한 것만으로도 큰 뉴스다. 내일 뉴스 제목은 정해졌다.

당시 유치원과 관련해 세간에 알려진 여러 사안들에 대해서도 질문했다. 가고이케 이사장은 어떤 질문에도 우물쭈물하지 않고 딱 부러지게 대답했다. 동석자의 카메라는 여전히 돌고 있었지만 인터뷰 분위기는 부드러웠다. 나는 인터뷰 말미에 히라이 기자에게 부탁받은 질문을 했다.

"오줌을 싼 아이의 젖은 바지를 그대로 가방에 넣어 귀가시켰다는 이야기가 있습니다. 그런 일이 실제로 있었습니까?"

다시 생각해 봐도 영 내용이 별로인 질문이다. 그런데 가고이케 이사장은 자세를 고쳐 잡고 단호하게 대답했다.

"맞습니다. 예의범절을 가르치기 위해서였습니다. 처음부터 그렇게 한 건 아닙니다. 처음 오줌을 쌌을 때는 깨끗이 씻긴 뒤 옷을 말려서 들려보냈습니다. 그렇게 했는데도 몇 번이고 계속 오줌을 싸는 아이가 있었습니다. 보통 제대로 교육받은 아이라면 두 살쯤에 기저귀를 뗍니다. 몇 번이나 실수가 반복된다는 것은 부모가 제대로 가르치지 않았다는 뜻이에요. 부모에게 이를 알릴 필요가 있다고 생각했습니다. 그래서 젖은 속옷을 그냥 가져가게 했습니다."

신념을 갖고 실천한 내용인 만큼 대답에도 자신감이 넘쳤다. 놀라웠다. 이 정도면 취재는 충분했다.

인터뷰를 마친 뒤 다음 날 아침뉴스용 기사를 썼다.

'명예교장, 사전에 승인받았다. 총리 답변과 다른 증언'이라고 제목을 달았다. 이렇게 메인을 쓴 뒤 이사장과의 약속대로 '땅 거래에 정치인

모리토모 학원 초등학교 건설 현장. '국유지'라는 표시가 눈에 띈다.

이 편의를 봐준 것은 없었다'는 내용을 기사 마지막에 덧붙였다.

그러나 데스크는 나와 반대로 '정치인이 편의를 봐준 것은 없었다'는 부분을 메인으로 올리고 '총리 답변과 다르다'는 내용은 기사의 마지막 부분으로 돌렸다. 여러 취재 내용 중 무엇을 위로 올리고 뒤로 할지는 각자 생각이 다를 수 있다. 따라서 데스크가 고친 것이 이상하다고 할 수는 없지만, 그래도 나로서는 불만이 없지 않았다. 하지만 결과적으로는 가고이케 이사장과 한 약속을 제대로 지키게 됐다.

가고이케 이사장은 NHK 인터뷰에 응한 뒤 요미우리 TV와도 인터뷰했다. 하지만 요미우리 TV의 방송 내용에 불만을 품고 이후에는 거리를 뒀다.

가고이케 이사장은 "요미우리 TV가 나를 우스꽝스럽고 이상하게 담으려고 했다"고 불만을 터뜨렸다. 애초 약속과 달랐다는 점도 지적했다.

"그 점에서 아이자와 기자는 약속대로 우리가 호소하고 싶은 것을 제대로 전해 줬습니다. 고맙습니다."

성심성의껏 대답하다

사학심의회 기자회견장에서 난동(?)을 부린 뒤 가지타 회장, 요시모토 과장과 관계 복원을 도모한 것에 대해서는 이미 언급한 바 있다. 그러나 오사카부 담당자, 특히 사학과 직원들은 나를 여전히 '괴물 기자'로 생각하고 있을 것 같았다. 기자회견이 끝난 뒤 회장, 과장과 화해했다는 사실을 모를 테니 그렇게 생각하는 것은 당연할지도 모른다.

오사카부청에는 NHK 기자 세 명이 상주하고 있다. 그중 여기자인 Y 기자가 교육위원회 및 사학과 담당이다. 기자회견 당일, Y 기자는 다른 취재 일정 때문에 회견장에 오지 않았지만 사학과 직원들에게 "NHK에 굉장한 기자가 있다"는 말을 전해 들었다고 한다. Y 기자는 자신이 담당하는 곳에서 이상한 짓을 저질러 취재하기 어렵게 만든 나에게 불신감을 가졌던 것 같았다.

당시 모리토모 사건에서는 초등학교 인가 여부가 가장 큰 쟁점이었다. 그런데 법조 담당으로 모리토모 사건을 담당한 나와 오사카부 사학 담당인 Y 기자의 사이가 벌어지다 보니 서로 불편했다. 그때 히라이 기자가 주선해 자신과 Y 기자, 나 세 명이 함께하는 자리를 마련했다. 히라이 기자는 오사카 취재 경험이 풍부해 Y 기자가 그에게 자주 조언을 구했다.

3월 1일 밤, 단골인 초밥집에 자리를 잡았다. 나와 히라이 기자는 야근 중이던 Y 기자가 일을 마치고 오기를 기다렸다.

밤늦게 도착한 Y 기자는 침울한 표정이었다.

―"왜 그래? 얼굴이 안 좋은데."

Y 기자: "선배가 취재한 모리토모 관련 내용을 확인하러 오사카부 간부를 찾아갔거든요. 그런데 그 간부가 격노하더라고요. '그런 이야기 어디서 들었어? 전부 거짓말이야. NHK가 그런 보도를 한단 말야? 만약 보도하면 당장 기자회견을 열어서 오보라고 책임을 묻겠어'라며 엄청 화를 냈어요. 어쩔 수 없이 위에 그대로 보고한 뒤 기사로 안 썼어요."

―"이봐. 취재 내용을 확인하는데 어떤 관료가 순순히 '그렇습니다. 사실입니다'라고 대답하겠어? 오보를 증명하기 위해 기자회견을 열겠다고? 기자생활 하면서 그런 회견을 했다는 얘기는 들어 본 적도 없어. 말도 안 되는 일이라고. 만약 정말로 틀린 내용이라면 아니라고 부정하면 그만이지. 오보회견을 열겠다고까지 목소리를 높이는 것은, 달리 말해 취재 내용이 진짜라는 증거야. 사실상 팩트를 인정했다고 해석하는 게 진짜 기자야. 그게 취재의 기본이지. 일단 팩트로 받아들이고 사실상 인정한 부분을 확실히 해 두기 위해 취재원을 물고 늘어져야 해. 지금 그 간부가 그렇게 말한 건 지금 확인해 줄 수 없는 사정이 있기 때문일 거야. 사정이 뭐겠어? 아마 심의회 담당자에게 아직 관련 내용이 전달되지 않았을 테니 그 전에 기사가 나면 곤란해질 수 있지 않겠어? 지금쯤 그 간부, 아마 당황하면서 전화기를 붙잡고 보고하고 있을 거야. 담당자에게 보고를 마쳤다면 기사가 나가지 말아야 할 이유는 사라졌다고 볼 수 있지. 그러면 아마 태도가 확 달라질걸."

Y 기자: "그럴까요? 과연 그럴까 … ."

Y 기자는 반신반의했다. 나는 말을 이어 갔다.

—"지금 당장 그 간부에게 전화해서 내가 지금 시킨 대로 물어봐. 틀림없이 사실을 인정할걸."

Y 기자: "음. 그래도 간부를 화나게 해서 위에서 야단맞으면 어쩌죠."

—"거 참. 선배나 데스크가 시키는 대로만 해서는 평생 얼치기 기자 신세를 면치 못한다고. 위에다가는 비밀로 해 둬. 취재원한테 팩트만 확인받으면 아무도 뭐라고 못해. 속는 셈 치고 내가 알려 준 대로 질문해 봐."

몇 번이나 되풀이해서 말하자 Y 기자는 마지못해 식당 밖으로 나가서 전화를 걸었다. 그리고 몇 분 뒤, 만면에 웃음을 띠며 돌아왔다.

Y기자: "선배 말이 맞았어요! 아까와는 태도가 전혀 달라요. '어쩔 수 없었다'는 느낌이랄까요."

—"거 봐. 비밀로 할 이유가 없어지면 대응이 달라지는 법이야. '결국 인정할 것'이라고 생각하고 정성을 다해 계속 파고들면 상대는 결국 인정하는 법이지."

Y 기자는 즉시 위에 보고했다. 사장될 뻔한 취재 내용은 다시 살아나 다음 날 아침뉴스에 나가게 됐다. 맛있는 초밥을 먹으며 축배를 들었다. 수고가 헛되지 않았음은 물론이다. 그날 이후 Y 기자는 자주 나에게 조언을 구했다. 덕분에 함께 공조 취재를 할 수 있게 됐다.

3장

'클로즈업 현대 +' 제작으로 옥신각신하다

싸움 끝에 동료로

긴급 '클로즈업 현대 +'

모리토모 사건을 둘러싼 보도 경쟁이 치열해지면서 NHK는 2월 말에 간판 보도 프로그램 '클로즈업 현대 +'[1]에서 이 사건을 다루기로 했다. 방송 예정일은 3월 13일. 시간 여유가 없었다. 이렇게 이슈에 맞추어 급하게 제작하는 경우가 종종 있다.

도쿄와 오사카에서 보도 프로그램 PD들이 대거 동원됐다. 취재는 누가 맡아야 할까? PD들은 먼저 도쿄 사회부에 제안했다. 그러나 도쿄 사회부는 모리토모 건에 대해 거의 취재를 해 놓지 않아 아는 것이 없었다.

---

1 NHK 종합채널에서 매주 화~목요일 오후 10시에 방영한다. 주요 이슈를 심층 취재 보도한다.

모리토모 사건 기사는 대부분 오사카 보도부에서만 써 왔다. PD는 오사카에 취재를 요청했다. 우리로서도 바랐던 바다. 이렇게 오사카 기자들과 도쿄 및 오사카 보도 프로그램 PD들이 대규모 취재팀을 결성했다. 이제는 프로그램 방향을 어떻게 가져가야 할지, 취재를 어떻게 진행해야 할지 결정해야 했다.

첫 회의는 2월 27일 오후 1시 반, 오사카성이 내려다보이는 NHK 오사카 방송국 11층 보도부 사무실에서 열렸다.

나는 모리토모 사건에 두 가지 큰 의문점이 있다고 봤다. 첫째, 인가 기준을 충족시킬지 의문이 가는 초등학교에 왜 '조건부 인가'를 내 줬는가. 둘째, 초등학교 예정지로서 왜 국유지가 감정가보다 크게 낮은 가격에 팔렸는가.

첫 번째 문제는 인가를 담당하는 오사카부의 문제이고, 두 번째는 국유지 매각을 맡고 있는 중앙정부의 문제다. 지방, 중앙 할 것 없이 행정 원칙을 지키지 않고 모리토모 학원이 초등학교 설립을 할 수 있도록 최대한 편의를 봐준 것 같았다. 대개 공무원들은 원리원칙, 규제 등에 지나치게 충실한 나머지 늑장을 부리거나 어떻게든 몸을 사리는 경우가 대부분이다. 그런데 유독 이 건에 대해서는 지나칠 정도로 융통성을 발휘했다.

보통 이런 경우라면 뇌물수수는 아닐까 의심해 볼 수 있다. 하지만 아무리 봐도 이번 사건은 뇌물과는 별 관계가 없어 보였다. 무엇보다 관여한 공무원이 너무 많았다. 인가를 담당하는 오사카부 사학과장 이하 담당 직원들, 국유지 매각에 관여한 재무성 긴키 재무국과 국토교통성 오사카 항공국 직원들, 재무성을 비롯한 중앙정부의 고위 관료들…. 이들 모두를 매수해야만 가능한 일이다. 이렇게 많은 사람에게 뇌물을 먹이면 반드시 어딘가에서 말이 새고 탈이 나게 마련이다. 게다가 모리토모 학원은 돈이 없다. 이렇게 많은 공무원들에게 뇌물을 줄 돈이 없다. 그 정도로 돈이 많았다면 국유지를 이렇게 무리해서 싸게 살 필요도 없었을 것이다.

그러면 도대체 왜 원리원칙에 충실한 공무원들이, 그것도 중앙정부 고위직을 포함한 수많은 공무원들이, 뇌물을 받은 것도 아닌데, 일개 학교 법인이 요구한 대로, 초등학교 설립에 이토록 편의를 봐줬을까? 이것을 밝혀낼 수 있을지가 가장 큰 과제였다.

하지만 취재가 금방 될 것 같지는 않았다. 프로그램 방영까지 남은 기간은 2주. 모든 의문을 2주 안에 밝혀내는 것은 무리라고 판단했다. 우선 '초등학교 인가' 문제에 집중하기로 했다. 문제가 현재진행형인 만큼, 당장 앞으로 어떻게 될지에 관심이 쏠리고 있기 때문이다. 그리고 이것은 오사카부가 담당하는 일이기 때문에 오사카 기자들이 최우선으로 취재해야 하는 문제이기도 했다. 가장 중요한 취재원은 뭐니 뭐니 해도 인가 여부의 키를 쥐고 있는 오사카부 사학심의회, 그중에서도 가지타 회장과 사학과였다.

모리토모의 초등학교 인가신청에 대해 사학심의회는 2014년 12월 정례 회의에서 일단 인가를 보류했다. 위원들 사이에 여러 우려가 제기됐기 때문이다. 그런데 불과 한 달 뒤인 2015년 1월, 임시 회의를 개최해 조건부 인가를 결정했다.

한 달 만에 나온 정반대의 결론. 대체 왜 그랬을까? 한 달 새 무슨 일이 일어난 것일까? 취재 회의에서 이 부분을 다뤄 보자고 제안하자 PD

들도 수긍했다. 프로그램 전체 틀이나 명확한 취재 포인트는 추후에 결정하기로 하고 일단 취재를 시작했다.

가장 중요한 취재원에게 걸려 온 전화

그날 밤 나는 오랜만에 일찍 일을 마치고 절친 동기, 오사카의 TV 뉴스 제작 부문 K 수석과 여자 후배인 T 기자와 함께 단골 초밥집에 갔다. Y 기자와 의기투합했던 바로 그 집이었다. 정확하게 따지자면 Y 기자를 만나기 이틀 전에 이들과 자리를 함께했다.

K 수석과 T 기자는 함께 일했던 동료 중에서도 특히 신뢰하며 친하게 지냈다. 손님은 우리뿐이었지만 즐겁게 옛 추억과 근황 등을 나누느라 분위기는 결코 썰렁하지 않았다. 이야기 도중 휴대폰으로 전화가 걸려 왔다. 낯선 전화번호가 찍혀 있었다. 누구 전화인지도 모른 채 일단 전화를 받았다.

— "네, 아이자와입니다."

상대: "아이자와 기자시군요. 저, 사학심의회 가지타입니다."

세상에, 사학심의회 가지타 회장이었다. 첫 회의에서 가장 중요한 취재원으로 꼽았던 가지타 회장이었다. 회의를 마친 직후 가지타 회장과 접촉하기 위해 그가 학장으로 있는 대학에 전화를 걸었다. 자리에 없다고 하기에 "다시 전화 드리겠습니다만 학장님께 NHK 아이자와 기자가 전화했다고 전해 주십시오"라고 부탁했다. 기대도 안 했는데 이렇게 밤

늦은 시간에 전화가 온 것이다. 깜짝 놀랐다.

가지타 회장이 말을 꺼냈다.

"우리 심의회 위원들은 걱정이 아주 많아요. 이 초등학교가 정말 괜찮을지, 입학 예정자는 충분히 모았다지만 학교가 인가에 필요한 서류를 제대로 갖추고 있을지 걱정이 많아요. 교원자격증을 가진 교사들이 있다지만 자격증만 있고 교직 경험은 없는 교사들로만 채우면 곤란한데⋯. 기부금 등 자금은 제대로 모으고 있는지도 궁금해요. 위원들은 심의회 사무처에 다음 회의 때 제대로 보고하라고 강하게 요구했습니다. 다음 회의에서 상황에 따라 인가를 보류할 수도 있습니다."

깜짝 놀랐다. 사학심의회 회장이 인가보류 가능성을 언급한 것이다. 그야말로 특종 정보다. 가지타 회장은 말을 이어 갔다.

"인가보류 결정이 나오면 곧바로 입학 예정자 학부모들과 접촉해야 합니다. 왜 보류했는지 설명회도 해야 합니다. 이 학교 대신 들어갈 가까운 공립 초등학교도 소개해야 합니다. 이런 일들은 꽤 민감해요. 아이도 부모도 마음에 큰 상처를 입을 수 있으니까요.

솔직히 문제가 있었지만 2년 전에 조건부 인가를 내줬어요. 하지만 지금 이대로 밀고 가겠다는 생각은 하고 있지 않습니다. 이 정도로 문제가 있을 줄은 아무도 몰랐어요. 운영하다 보면 괜찮아지겠지 하는 정도로만 생각했죠. 물론 학교 커리큘럼을 손봐야 한다는 목소리는 애초부터 있었습니다. 작금의 사태에 깜짝 놀랐고 솔직히 화도 납니다. 교육계 전체의 신뢰 문제이기도 합니다. 다음 회의를 마친 뒤에는 상황에 따라 긴급 회견을 개최할 수도 있습니다. 지금은 심의회 위원들의 의견을 정리하는 것이 중요합니다. 일부 위원만 정보를 독점하지 않도록 모두

가 의견을 내고 정리할 필요가 있습니다."

필사적으로 메모했다. 전화기를 들고 있어 수첩을 펴 들기 어려웠다. 맞은편에 앉아 있던 동기 K 수석이 수첩을 잡아 주어 내가 메모하기 편하게 했다. 마지막으로 가지타 회장에게 물었다.

"좋은 말씀 대단히 감사합니다. 그런데 왜 저에게 이런 말씀을 해 주시는 거죠?"

"그건 말이죠. 당신만이 그날 아이들을 걱정해 주었기 때문이에요. 당신이라면 내 이야기를 이해할 수 있을 것 같아서 전화했어요."

기자로서 최고의 만족감을 느낀 순간이었다. 전화를 끊고 나니 맞은편에 앉아 있던 K 수석이 눈물을 흘리고 있었다.

"나는 말이야, 기자로서는 너만큼 성공하지 못했어. 정말 대단해. 취재원과 이런 신뢰관계를 갖고 있는 네가 부러워."

K 수석은 사실 NHK에서 나보다 훨씬 더 출세한 인물이다. 지방 방송국 국장으로 승진할 가능성도 높았다. (실제로 그해 시코쿠 모 지역에서 국장이 됐다.) 그런 K 수석이 나를 부러워한다니, 천생 기자다. 기자는 어딜 가도 기자정신을 잃지 않는다.

만취한 K 수석을 택시에 태워 보냈다. 나와 T 기자 둘만 남았다. 전철도 끊겼다.

어떻게 할지 고민하다 2차로 마실 가게를 찾기로 했다. 한 가게에서 크게 스피커를 높여 록 음악을 틀고 있었다. 폴리스의 〈록산느〉[2]였다. 록

2 스팅이 이끌던 그룹 '폴리스'(The Police)의 1집(1978년) 수록곡.

에 푹 빠졌던 고교 시절 히트했던 곡이다. 이 집으로 정했다. 건물 3층 '마일 하이 클럽'이라는 가게 문을 열자마자 가게 주인에게 소리쳤다.

"폴리스를 틀었네요!"

맥주를 시켜 놓고 T 기자와 이야기를 나누며 음악에 귀를 기울였다. 가게에 흐르고 있던 음악들 모두 내 마음을 울리는 명곡이었다.

"아까부터 내가 좋아하는 곡들만 트시던데, 어쩌면 이렇게 귀신같이 내 취향을 알았죠?"

"손님 첫마디에 딱 알아차렸죠."

폴리스를 알아본 나의 한마디에 취향을 파악한 것이다. 이 집 사장, 대단해 보였다.

이날 이후 나는 매일 밤 퇴근하고 이 가게를 찾았다. 가게 맞은편에 있던 '에혼마치 하이하이 타운', 인근에 있던 바 '바타바타'에도 발길이 향했다. 반년 뒤, 나는 아예 이 동네로 이사왔다.

협업하지 않은 혼성팀

프로그램은 PD가 만든다. 아이디어를 내고 어떻게 구성할지 생각하고 촬영, 편집을 한 뒤 자막도 쓴다. 이를 위해서는 PD도 취재를 해야 한다. 훌륭한 PD는 기자 이상으로 취재를 한다.

'클로즈업 현대 +' 제작을 위해 모인 PD들은 고참부터 새내기까지 다양했다. 그중 도쿄의 U PD는 현장에서 취재하는 일선 PD로서는 최고참에 들어가는 노련한 베테랑이었다. 그와는 처음 만났다. 산전수전 다

겪은 강인한 풍모가 느껴졌다. 2월 27일 첫 회의 후 U PD는 취재팀 전원에게 메일을 보냈다.

[2017년 2월 28일 오후 2시 54분]

'클로즈업 현대 +' 취재를 맡게 됐습니다. 이번 취재에서는 2014년 12월 정례회의 때의 '인가 보류' 판정이 다음 해 1월 '조건부 인가'로 바뀌게 된 배경을 찾아야 합니다. 잘해 봅시다. 각자가 맡은 심의회 위원과 약속이 잡히면 연락 주세요. 여건이 되면 저도 같이 가겠습니다.

2012년 오사카부의 사립 초등학교 설치 기준이 완화됐는데, 그 경위와 배경도 취재할 생각입니다. 이와 관련해 어떻게 취재할지 등에 대해 이야기를 나눴으면 합니다. 앞으로도 수시로 연락하며 검토해 갑시다.

핵심을 잘 파악하고 있었다. 베테랑 기자와 PD들에게 정확하게 지시를 내리고 있었다. 하지만 이후 나는 U PD와 수차례 부딪혔다.

U PD에게 메일을 받고 나도 취재팀 기자들에게 메일을 보냈다.

[2017년 2월 28일 오후 5시 38분]

제목: 중요정보

취재팀 여러분께.

오사카 방송국 법조팀장 아이자와 기자입니다. N 기자와 함께 관계자를 취재해 몇 가지 중요한 정보를 확인했습니다.

1. '인가 보류'에서 '조건부 인가'로 바뀐 한 달간, 가고이케 이사장은 부의

회 등을 돌며 "잘 좀 봐달라"며 부탁했다고 함. 중간에 주선한 사람은 야마구치현 호후시 마쓰우라 시장이었음. 마쓰우라 시장은 당시 학교를 위해 열심히 기부금을 모으고 있었음.

2. 재무성을 움직이려면 거물급 인사가 필요함. ○○ 의원이 아닐까 추측됨. 근거는 없음.

3. 지금까지 이 사건을 뭉개 왔던 〈요미우리신문〉과 〈산케이신문〉[3]이 기사를 쓰기 시작했음. 아마도 신문사 상층부가 정부로부터 '총리와 무관하다'는 확답을 받은 뒤 '고'(go) 사인을 내려 기사를 내기 시작했을 것임. 이걸 봐서도 이번 사건의 주범은 아베 총리가 아니라 ○○ 의원이라고 추측됨. (확실하게 확인되지는 않은 정보임. 오프 더 레코드.)

'인가 보류'에서 '조건부 인가'로 바뀌기까지 문제의 1개월 사이에 가고이케 이사장이 인가를 내 달라고 협조를 요청하면서 부의회 의원들을 만나고 다녔다는 이야기가 당시 돌았다. 가고이케 이사장은 뭐라고 말했을까? 어떤 협조를 요청했을까? 이걸 확인하려면 부의회 의원들도 만나 봐야 했다. 하지만 팀원들에게 "같이 하자"고는 하지 않았다.

일단 부의회 의원 취재에 돌입했다. 나는 확실히 해 두기 위해 취재팀 전원에게 메일을 보냈다.

3 두 신문 모두 일본의 대표적인 보수 매체로 아베 정권에 대해 우호적이다.

[2017년 3월 3일 오전 11시 40분]

제목: N 부의회 의원 건

취재팀 여러분께.

N 의원에게는 2월 28일에 이미 저와 N 기자가 자세히 이야기를 들었습니다. 이런 이야기는 외부에 발설하지 마십시오. 기자회견에서 나온 공식 코멘트만 말하세요. (N 의원은 3월 3일 〈요미우리신문〉에 이상한 기사가 나와 긴급 회견을 했음.)

참고로 오늘 아침에 제 30년 전 취재원인 호후시 마쓰우라 시장에게 전화가 왔습니다. 자신이 왜 모리토모 문제에 관여하게 됐는지 자세히 설명해 줬습니다. 정치인의 말을 다 믿을 수는 없지만 나름대로 앞뒤가 맞는 말이었습니다.

출고할 필요가 있으면 '단독'을 달고 보도하겠습니다. 취재하신 정보가 있으면 모두 T 총괄과 N 데스크에 보내 검토를 받으시길 바랍니다.

이런 당부에도 불구하고 당시 취재팀에서는 '취재했다'는 사실조차 공유되지 않았다. 당연히 서로 무엇을 취재했는지 내용도 알지 못했다. 협업 플레이와 정보 공유의 중요성을 그렇게 강조했건만 소용없었다. 그래도 나는 혼자 일방적으로 팀원들에게 취재한 정보를 계속 보냈다. 언젠가는 내 진심을 알아줄 것이라 믿었기 때문이다. 당시 내가 팀원들에게 보낸 취재 메모를 두 꼭지 소개한다. 2017년 3월 3일 오후 2시 41분에 보낸 메모다.

[취재 메모 1]

N 의원 취재

고향은 도요나카시. 문제가 된 부지가 있는 지역.

　도요나카시를 맡았던 아이자와 기자와 현재 맡고 있는 N 기자 둘이 2월 28일 N 의원과 만남. N 의원이 말하기를, "3년 전 사학심의회에서 인가 보류되고 얼마 뒤 가고이케 이사장이 나를 찾아왔었다. 인가가 나지 않아 곤란한데 어떻게 안 되겠냐는 이야기를 했다. 이사장을 소개해준 사람도 같이 왔었지만 말은 가고이케 이사장만 함."

- 만남 뒤에 별도로 나눈 전화
　—"중개인이라는 사람, ○○○ 씨죠?"
　　"아니야. 야마구치현 사람이야. 벌써 소문났어?"
　—"혹시 호후 시장인가요?"
　　"맞아."
　—"호후 시장과는 어떻게 아는 사이세요?"
　　"골프 친구. 네 번 정도 같이 쳤어. 초등학교를 위해 꽤 열심히 기부금을 모으고 다니던데."

- 현지에서는 문제의 그 땅이 모리토모 학원에 매각되면서 "뒤에 뭔가 있다"는 소문이 쫙 퍼졌음. 어떤 힘이 작용했다는 것.

원래 그 땅은 도요나카시가 공원으로 조성한다는 이야기가 예전부터 돌았지만 여러 여건상 실제로 공원을 만들기는 쉽지 않았음. 우선 동쪽 토지만 구입했고 서쪽은 어쩔 수 없이 방치. 근처의 오사카 음악대학이 그

땅을 사고 싶다고 정부에 신청했던 적이 있음. 지역에서는 이게 실현될 경우 '음대 거리'가 돼 인기가 높아질 수 있는 만큼 오사카 음대가 산다는 소식을 환영하는 목소리가 컸음. 하지만 정부는 음대 측이 5억 엔가량을 제시했는데도 '너무 싸다'며 제안을 거절.

음대 관계자 취재

— "당시 이야기를 듣고 싶다. 잘 아는 사람을 소개해 달라."

"조금만 기다려 달라."

• 당일 밤 전화가 걸려 옴

이야기해 주겠다는 사람을 찾았지만 "학교 관계자 이름으로는 취재에 응하지 않겠다"고 함. 3월 2일 열리는 이사회에서 상의해 본 뒤 답을 주겠다고 함. 적어도 본인은 긍정적이라는 뜻.

• 3월 2일 밤 전화가 걸려 옴

거절당함. 이사회에 이야기해 봤는데 "논란이 커지고 있으니 지금은 신중하자"는 결론이 났다고. "홍보팀에 전화하면 개략적인 내용은 말해 줄 것"이라고 했지만 홍보팀에게 제대로 이야기를 듣긴 어려울 듯.

그래도 "〈아사히신문〉이 보도한 기사는 모두 맞는 내용"이라고는 함. 이건 보도해도 된다고. 분명히 8억 엔에 사려고 했다고. 구체적인 내용은 기억나지 않지만.

유치원 학부모 취재

— "유치원에 다니고 있는 원아 학부모를 찾고 있다."

"유치원은 도요나카시가 아니라 요도가와구인데."

—"요도가와구에도 유신회[4] 부의원이 있잖아(N 의원도 유신회 소속).
　　그 사람을 통해서라도 어떻게 해 달라."
　　"알겠다. 하지만 너무 기대하지는 마시길."

● 그날 밤 전화
취재에 응한다는 학부모를 찾았음. 가고이케 이사장 생각에 찬성하는
사람이라고. 애초에는 여러 학부모들에게 이야기를 들은 뒤 정리하고
싶었지만 상황이 상황인 만큼 일단 이사장에게 양해를 구한 뒤 이 학부
모에게만이라도 이야기를 들을 생각.

● 가고이케 이사장에게는 따로 전화함. "학부모에게 (취재에 응해도 좋
　겠냐는) 전화가 올 테니 양해해 달라"고.

● 3월 2일 전화
아직도 답장이 없음. 다시 물어봐야겠음.
　—"그 사람은 6세반 학부모? 아니면 7세반?"
　　"7세반. 그런데 그 초등학교에는 안 보내겠다던데."
　—"될 수 있으면 그 학교에 아이를 보내겠다는 보호자를 만나고 싶다."
　　"거 참…. 무리래도."(웃음)

4 우익 성향의 야당. 일본 중의원 의석 총 465석 중 11석에 그칠 정도로 소수정당이나 오
  사카부 의회에서는 88석 중 42석을 차지하고 있는 최대 정당이다. 일본 중의원이 있는
  정당 중 유일하게 도쿄가 아닌 오사카에 당 본부를 두고 있다.

[취재 메모 2]

야마구치현 호후시 마쓰우라 시장 취재

2017년 3월 3일 아침. 본인에게 전화가 옴.

전날 야마구치 방송국의 호후시 담당기자에게 부탁해 시청 비서과에 면담을 신청. "시장님은 바쁘신데, 전화로는 안 될까요?"라고 하기에 "전화도 괜찮습니다"라고 함. "30년 전 현의원 시절부터 알고 지낸 사람입니다. 지금은 오사카에서 기자로 있습니다"라며 '오사카'를 강조. 다음 날 전화가 옴.

시장: "어제 전화를 하셨다던데 …. 모리토모 학원 때문이죠?"

— "그렇습니다."

시장: "그런데 왜 내게 전화를?"

— "시장님이 초등학교를 위해 기부금 모금에 적극적으로 나서셨다는 말이 있던데요."

시장: "그런가요? 사실과 좀 다릅니다만."

— "그렇잖아도 이 문제를 두고 사람들마다 제멋대로 이러쿵저러쿵 이야기를 하더군요. NHK는 하나하나 내용을 꼼꼼하게 취재해 보도합니다. 몇몇 언론들처럼 하나 들으면 하나 쓰고 그러지는 않거든요."

시장: "가고이케 이사장과는 잡지에서 대담했던 적이 있어요. 〈지지〉 (致知)라고 하는 잡지 2015년 4월호죠. 1월인가 2월인가에 대담을 나눴는데 4월호에 기사가 실렸어요. 당시 제가 '전국 교육개혁 수장 회의' 회장직을 맡고 있어서 그 인연으로 대담했습니다. 유아 교육의 중요성에 대한 대담이었습니다. 이야기를 나눠 보니 그 분이 훌륭한 유아 교육을 하고 계시다는 생각이 들었어요. 가고이케 이사

장은 제게 '언젠가 초등학교도 운영해 보고 싶다'고 하더군요. 좋은 생각인 것 같아 간사이 지방에 계신 몇 분을 소개해 드렸어요. 저는 1만 엔쯤 기부금을 드렸어요. 부탁하는데 들어주지 않을 수 없잖아요. 응원하는 마음으로 준 거예요. 내 선거구에 사는 분이 아니니 선거법 위반은 아닙니다.

그런데 이듬해에 또 기부 요청서가 왔어요. 소개해 드렸던 사람들에게 '무례한 것 아니냐'는 불만이 나왔습니다. 지난 1년간 고맙다는 말 한마디 안 해 놓고서는 돈 달라는 부탁만 왔으니까요. 바로 가고이케 이사장에게 전화했습니다. '이런 식으로 하면 (당신을) 소개해 준 나에게도 문제가 생긴다. 유의해 주셨으면 한다'고 했죠. 나는 가고이케 이사장을 훌륭한 교육자라고 생각했거든요. 요즘 국유지와 관련해 이러쿵저러쿵하는 이야기가 있는 것 같은데 한 도시의 시장으로서는 간여할 일이 아닙니다."

─ "고맙습니다. 또 전화 드릴지 모르겠습니다만, 잘 부탁드립니다."

가고이케-오사카 부의회를 연결한 시장

3월 3일 저녁, N 의원에게 재차 전화가 왔다.

N 의원: "미안합니다. 아침에 기자회견이 있어서."

─ "들었습니다. 지난번 이야기 계속 이어서 해도 괜찮지요?"

N 의원: "괜찮습니다. 그나저나 뉴스 봤는데, 꼭 내가 소개해 준 사람처럼 보이던데."

―"그렇지 않습니다만, 재차 확인해 보겠습니다. 그나저나 마쓰우라 시장과 어떤 관계인지 다시 물어봐도 될까요."

N 의원: "그때 마쓰우라 시장이 전화해서 '잘 부탁드린다'고 하더라고. 얼마 안 있어 만나자고 하길래 얼굴이나 보자는 생각으로 (가고이케 이사장을) 만났죠. 초등학교를 하려고 하는데 심의회에 이런저런 건이 있다는 말이었어요. 나는 '심의회에 무슨 수로 부탁할 수 있단 말인가'라는 분위기를 풍겼지. 딱 부러지게 거절은 안 했지만 이사장도 감은 잡았을 겁니다. 그 후로 연락이 전혀 없었으니까."

―"전에 마쓰우라 시장과 골프 친구 사이라고 하셨는데 어떻게 알게 되셨습니까?"

N 의원: "벌써 20여 년 전인데, 내가 아직 회사에 다니던 시절 골프 시합에 갔더니 마쓰우라 시장이 있더라고(N 의원은 일본 아마추어 선수권 대회에서 우승할 정도로 실력이 좋음). 그 뒤로 함께 식사한 것 같아요. 아마 당시 마쓰우라는 부의원이었던 것 같은데."

―"야마구치현 의원이었습니다."

N 의원: "맞아 맞아. 현의원."

―"골프장이 어디였는지 기억이 나십니까?"

N 의원: "음…. 오래 전 일이라서 어디인지는 까먹었지. 시모노세키였던 것 같기도 한데."

―"야마구치현이었습니까? 야마구치에는 좋은 골프장이 엄청 많죠."

N 의원: "그런 것 같긴 한데 확실히 기억나진 않아요."

―"마쓰우라 시장에게 전화로 이런저런 이야기를 듣긴 했지만, 아침이기도 했고 의원님이 기자회견을 하기 전이라 말을 아꼈습니다. 그런

데 그 뒤로는 전화를 해도 받지를 않아요. 시청에 전화해도 '이미 나가셨다'고 하더라고요. 오후 4시쯤이었는데 말이죠. 마쓰우라 시장님께 전화해 저에게 연락 달라고 전해 주실 수 있으신가요? 의원님이 부탁하면 될지도 몰라요."

N 의원: "알았어요. 전화해 볼게."

그 뒤 N 의원에게 문자메시지가 왔다.

'마쓰우라 시장, 취재에 안 나간답니다. 그리고 학부모 취재 역시 무리라고 하네요.' 메시지를 받자마자 전화를 걸었다.

— "시장님이 자꾸 피하는데요."

N 의원: "그래요? 딱히 나쁠 것도 없어 보이는데."

— "그러니까요. 연락오면 전해 주세요. 그리고 한 학부모가 어제 가고이케 이사장에게 전화했답니다. 연락이 가면 취재에 응해 주십사 부탁했다고 하더군요."

N 의원: "이사장에게 연락을 못 했던 것 같던데요. 오늘 내 기자회견도 있었고 다른 여러 움직임도 있고 해서 겁먹지 않았을까."

— "제가 이사장님께 부탁해서 취재에 응해 달라고 할까요? 혹시 그 학부모 성함이 어떻게 되죠?"

N 의원: "○○ 씨."

— "○○ 씨밖에 없을까요? 다른 분은 없을까요?"

N 의원: "아니, 그 사람밖에 없대도. 그렇게 많지 않다니까."

당시 나는 하루도 쉬지 않고 아침부터 늦은 밤까지 취재하고 있었다. 다른 팀원들이 취재한 내용은 많지 않았고 조바심도 점점 심해졌다.

암구호는 '취재는 사랑이다'

취재팀 PD들은 가고이케 이사장과 꼭 다시 인터뷰해야겠다고 생각했다. 당시 자민당의 고노이케 요시타다鴻池祥肇 참의원은 "가고이케 이사장에게 종이 꾸러미를 받았는데 현금이라고 생각해 되돌려 줬다"고 증언했다. 이런 이야기들과 관련해 다시 한 번 인터뷰하면서 제대로 이야기를 듣고 싶었다. 그중에서도 U PD가 가고이케 이사장과 다시 인터뷰하자고 강하게 주장했다. 사학심의회 가지타 회장보다도 가고이케 이사장을 다시 인터뷰하는 것이 더 중요하다고 했다.

충분히 이해했지만 당장 인터뷰를 또 하기는 어려울 것 같았다. 이미 2월 26일에 가고이케 이사장과 두 번째 단독 인터뷰를 막 진행했기 때문이다. 어쨌거나 모리토모 학원 측과 이에 대한 얘기를 나누긴 했다. 일부 PD들은 재단 측 학부모들을 인터뷰하고 싶다고도 했다. 재단을 지지하는 학부모들이 어떤 생각을 하고 있는지 확인해야겠다는 이유에서였다. 그래서 여러 건의 인터뷰를 병행해 타진했다.

그러던 중 가고이케 이사장에게 답이 왔다. 답장을 받고 곧바로 취재팀에 메일을 보냈다. 메일이 장문이었던 데다 표현이 지나치게 깍듯해 취재팀원들이 눈살을 찌푸렸을지도 모른다.

[2017년 3월 4일 오후 11시 55분]

제목: 가고이케 이사장님께 전화가 왔습니다

취재팀 여러분. 오사카 방송국 법조팀장 아이자와입니다.

모리토모 학원 가고이케 이사장님께 전화가 왔습니다.

유치원에 아이를 보내는 학부모를 인터뷰하는 것과 관련해 "저희 쪽으로 와 주지 않겠느냐"는 말씀이 있으셨습니다. 언제 하는 게 좋을지 물어보시기에 "가능하다면 빨리 하시죠. 월요일은 어떨까요?"라고 부탁드렸습니다. 인터뷰 시간은 낮이 좋다고 하시네요. 취재 성공까지 한 걸음 더 다가간 것 같습니다.

이달 5일 열릴 입학 설명회에 대해서는 한마디도 말씀하지 않으셨습니다. 저희가 찾아뵙는 것은 실례라고 생각해 다시 묻지는 않았습니다. 관계자 여러분께서도 이사장님의 기분을 해치지 않도록 유치원, 재단에 대한 직접 취재 등은 삼가 주셨으면 합니다. 이사장님께 여쭙고 싶거나 궁금한 게 있으면 저한테 말씀해 주세요. 제가 전달하겠습니다.

내가 가고이케 이사장님께 전달한 말은 다음과 같습니다.

· 내가 직접 야마구치에 가서 호후시 마쓰우라 시장과 이야기했다.

· N 의원과도 사전에 만났다.

· 애초 N 의원에 대한 기사는 쓸 생각이 없었다.

· 하지만 〈요미우리신문〉이 써서 어쩔 수 없이 쓰게 됐다.

이사장님께서는 "기자로서 예의를 갖추지 않은 무례한 자의 취재에는 일절 응하지 않겠다"라고 하셨습니다. 당연한 말씀이지요. 그래서 저는 이런 이야기를 했어요.

- 야마구치에 '채향정'이라는 음식점이 있다. 내가 결혼 피로연을 열었던 곳이다.
- 메이지 유신 원훈이 붓글씨로 쓰인 책이 큰 방에 놓여 있었다.
- 그곳이 그리워서 오랜만에 갔다가 아베 총리가 직접 손으로 쓴 책을 찾았다.
- 그 사진을 찍었고 이사장님께 보여 드리고 싶다.
- 야마구치 특산물인 '토시로 우이로우'[5]를 사왔으니 드셔 보시라.

이사장님이 "과자 유통기한이 언제까지인가"라고 물어보시기에 일주일이라고 대답했습니다. 일주일 안에 다시 뵐 수 있는 분위기였어요. 그래서 재빨리, 뻔뻔스럽지만 세 번째 인터뷰를 부탁드렸습니다. "고노이케 의원에 대한 반론을 인터넷에 올리셨던데 좀 약합니다. 외람되지만 TV 인터뷰가 효과적이지 않을까요"라고요. 이사장님은 "고문 변호사와 상의한 뒤 결정하겠다"라고 말씀하셨습니다.

취재팀 여러분께서도 이사장님의 호의를 믿고 답을 기다려 주세요. 물론 고문 변호사에게는 내일 제가 직접 연락할 겁니다. 적극적인 답을 받을 수 있도록 성의를 다해 부탁드릴 생각입니다. 취재는 언제나 성의와 진심이 담겨야 하니까요.

우리 취재의 암구호는 '취재는 사랑이다'입니다.

저는 조선총련 간부들에게 "너는 진짜배기 우익"이라고 칭찬을 들었던 적이 있어요. 가라오케에서 1980년대 가요와 군가를 불러 이를 증명했죠. 참고로 군가는 처음 근무했던 야마구치에서 경찰과 군대식 술집에 같이 가서 배웠습니다.

---

5 화과자의 일종으로, 일본인들이 후식으로 즐겨 먹는다.

물론 조선총련 간부는 진성 좌익기자 히라이 씨의 소개로 지난달 말에 만났습니다. "당신을 평양으로 초대하겠다"는 말도 들었어요. 곧바로 "선물도 부탁드립니다. 김정은 단독 인터뷰로요"라고 부탁했죠. 그러자 돌연 약해져서는 "내가 그 정도로 대단하진 않아"라며 말끝을 흐리시더군요.

나는 "할 수 없네요. 그럼 요도호 사건[6] 범인 독점 인터뷰로 대신하겠습니다"라고 말씀드렸습니다. 사실은 '메구미[7] 단독 인터뷰'를 부탁드리고 싶었습니다만 처음 대면한 분에게 그건 너무 큰 실례라고 생각해 포기했습니다.

이번 취재가 마무리되면 히라이 씨와 함께 북한에 출장을 가고 싶습니다. (웃음) 그럼 잘 부탁드립니다.

다음 날인 3월 5일, 모리토모 학원 고문인 S 변호사에게 전화가 왔다. 이사장에게 부탁한 학부모 인터뷰를 7일에 하기로 했다고 말했다. 변호사 사무실에 학부모를 불러 미리 설명한 뒤 변호사와 동석하는 조건으로 인터뷰하겠다는 것이었다.

S 변호사는 "아이들이 교육받을 권리를 침해당하고 있다"고 말했다. 나는 "권리가 침해당한다는 점에 동감한다. 지금은 학교 설립 인가 여부가 불확실한 게 가장 큰 문제"라고 대답했다. 변호사의 말과 내가 말한

---

6 1970년 3월 30일 일본 적군파 요원 9명이 승객과 승무원 등 129명을 태우고 도쿄를 출발해 후쿠오카로 향하던 일본항공(JAL) 비행기를 납치해 북한으로 망명한 사건. 이튿날 비행기는 서울 김포공항에 비상착륙했지만, 이들은 다시 북한에 데려가 달라고 요구해 끝내 평양에 갔다.

7 1977년 11월 15일 만 13세에 니가타시에서 납치돼 납북당한 일본 여성. 북한 정부는 메구미가 1986년 결혼한 뒤 우울증을 앓다가 1994년 자살했다고 밝히며 유골을 일본 측에 넘겨줬으나 일본 측은 DNA 감정 결과 메구미 유골이 아니라고 발표했다. 일본에서 납치된 납북자를 상징하는 인물이다.

내용의 뉘앙스는 미묘하게 다르지만 모리토모 학원 측은 자신들과 생각이 같다고 느끼는 것 같았다.

가고이케 이사장 본인의 인터뷰에 대해서는 "아베 정부에 대한 비판으로 받아들여질 수 있으므로 지금 시점에서는 어렵다"는 답이 돌아왔다. 나는 "고노이케 의원을 비판하는 것과 정부를 비판하는 것은 다르다. 설령 고노이케 의원에게 문제가 있다고 해도 그게 정권의 문제로 번지지는 않을 것"이라며 설득했지만 결과는 달라지지 않았다. 그는 "세상은 그렇게 생각하지 않는다. 고노이케 의원은 아소 다로 부총리[8]와 가까운 사람이라 정권 비판으로 받아들일 사람도 있을 것이다. 인터뷰는 사양하겠다"고 고집했다.

나는 PD들에게 "프로그램 방영 전에 세 번째 인터뷰는 어려울 것 같다. 과거 두 차례 인터뷰 영상을 쓸 수밖에 없다"고 말했다.

그러자 U PD에게 두 통의 메일이 연달아 왔다.

[2017년 3월 5일 오전 11시 44분]

이 프로그램은 새로운 사실을 밝혀내기보다는 지금까지 나타난 것처럼 이상한 사건의 경위 등을 다양한 증언을 통해 드러내는 게 목적입니다. 사건의 배경에 어떤 문제가 숨어 있는지 윤곽을 밝히는 것도 이 프로그램의 취지 중 하나입니다.

그런 점에서 볼 때 지금까지 찍어 놓은 가고이케 이사장의 인터뷰는 어디

---

8 부총리 겸 재무장관. 당내 2위 파벌인 아소파 수장으로 아베 총리의 '상왕'이라는 평가까지 나올 정도로 실세 중의 실세다.

까지나 당시 시점에서 그가 내놓은 변명에 불과합니다. 우리들이 새로 취재해 확실하게 알게 된 '이상한 부분'을 명쾌하게 설명해 주지 못합니다. 물론 지금까지는 취재원과 신뢰를 구축하기 위해 그런 취재도 필요했다고 생각하지만, 이것만으로는 연일 보도되고 있는 일련의 의혹에 대해 시청자들의 의문을 풀어 줄 수 있는 프로그램을 제작하기 어렵다고 판단됩니다.

따라서 인터뷰를 다시 하든가, 인터뷰가 어려우면 서면으로 답변을 받을 필요가 있습니다. 고노이케 의원 문제를 비롯해 의문점이 너무 많습니다.

물론 과거 두 차례 인터뷰도 프로그램에서 주요하게 쓸 수 있을 것 같긴 합니다만 이를 토대로 한걸음 더 나아갈 필요가 있습니다. 그렇지 않다면 프로그램 제작 자체가 불가능해지는 게 아닐지 걱정됩니다.

내일 월요일 저녁 취재팀이 모이는 회의에서 앞으로 모리토모 학원 문제에 어떻게 접근할지 반드시 논의해 방침을 공유해 주시기 바랍니다.

[2017년 3월 5일 오후 12시]

조금 전 메일에 덧붙여 보냅니다.

재단 변호사가 동석해 모리토모 측이 내용을 주도하는 형태로 학부모를 인터뷰한다면 학원에 대한 수많은 의문에 대해 새로운 답변을 끄집어 내지 못할 것 같습니다. 프로그램 내용도 이상해질지 모릅니다. 학부모 인터뷰를 제대로 전한다는 조건으로 이사장 인터뷰를 끌어내는 거래를 해 보면 어떨까요? 촬영이 화요일이니 그 전에 그 제안을 하는 게 필요하지 않을까요?

메일을 받고 화가 치밀었다. 왜 화가 났는지는 내가 취재팀에 보낸 두 통의 답장 메일을 읽어 보면 알 수 있다. 장문의 메일이지만 일부를 요약해 소개한다.

[2017년 3월 5일 오후 2시 38분]

제목: 취재의 최종 목표 및 변호사 동석과 관련해

취재팀 여러분께.

오사카 법조팀장 아이자와입니다.

여러분들의 취재 덕분에 사건의 진상이 한 꺼풀씩 벗겨지고 있습니다. 이번 기회에 일련의 취재를 통해 우리가 추구하는 목표는 무엇인지 생각을 공유해 보고 싶습니다. 만나서 이야기 나누면 좋겠습니다만 시간이 없는 관계로 우선 메일로 제 생각을 말씀드립니다.

이 문제의 본질은 모리토모 학원이 아닙니다. 국가가 왜 국유지를 헐값에 할부로 팔았는지, 운영이 제대로 될지도 불투명한 초등학교를 오사카부가 왜 무리수를 두어 가며 인가하려고 했는지가 핵심입니다. 이를 추궁하는 데 있어 빠뜨려서는 안 될 부분이 있습니다. 그것은 바로 이번 사건이 일어난 이유입니다. 모든 사건에는 이유가 있습니다.

일각에서는 이번 사건을 록히드 사건[9] 혹은 리크루트 스캔들[10]과 비교하기도 합니다. 야마모토 다로(山本太郎) 의원은 이번 사건을 '아키드'[11]라고 명명했습니다. 눈길을 끄는 명칭이지만, 사건의 본질과는 거리가 멉니다. 록히드나 리크루트는 거대 기업이고 거물 정치인에게 이익을 주려는 명확한 동기가 있었습니다. 하지만 모리토모 학원은 유치원 한 곳을 운영하는

---

9 미국 군수업체 록히드사가 일본 고위 관료들에게 뇌물을 제공했던 사건. 1976년 2월 미국 의회 청문회에서 밝혀진 뒤 당시 다나카 가쿠에이(田中角榮) 총리가 구속된 전후 일본 최대 비리 사건이다.

10 1988년 일본에서 발생한 대형 스캔들. 일본 리크루트사가 계열사 주식을 상장 직전에 정치인, 관료 등에게 헐값에 줘 시세차익을 챙기게 한 사건.

11 '아베'와 '록히드'의 합성어.

학교법인에 지나지 않습니다. 행정을 왜곡하면서까지 무리해서 대체 무슨 이익을 얻을 수 있었을까요? 왜 그랬을까요? 거기에 이 문제의 본질이 있습니다. 그것을 모르면 진상을 밝힐 수 없습니다.

내가 모리토모 학원 이사장과 가까이 지내는 것은, 그가 어떤 인물이건 간에 스스로의 논리와 신념이 있을 것이기 때문입니다. 내가 갖고 있는 우익 사상 같은 것이지요. 자신 나름대로 스스로가 옳다고 믿을 이유가 있을 겁니다. 그 이유를 듣겠다는 겁니다. 그것을 있는 그대로 전하겠다는 겁니다.

뉴스를 보는 시청자들은 '말도 안 된다'고 생각할 수 있지만 당사자는 "내 말과 뜻을 제대로 전했다"고 받아들일 것입니다. 받아들이는 방식은 사람마다 다르겠지만 말입니다.

학부모 취재에 변호사가 동석하면 학부모가 자신의 생각이나 본심을 드러내지 않을 것이라는 우려도 있습니다. 실은 변호사가 동석해야 속내를 더 제대로 들을 수 있을지도 모릅니다. 변호사가 함께하면 마음이 편안해져 긴장을 풀 수 있습니다. '무슨 말을 해도 옆에 변호사가 있으니 괜찮다'고 안심해 속내를 털어놓을 수 있습니다.

이는 '취재는 성의와 진심'이라고 하는 내 지론에 부합합니다. '변호사가 있으면 자신이 듣고 싶은 것을 들을 수 없다'고 하는 것은 취재하는 기자나 PD의 자기중심적 생각입니다. 나는 항상 '상대는 어떻게 생각할까, 어떤 기분일까'를 먼저 생각합니다.

상대 입장에서 보면 그렇지 않아도 낯선 카메라 앞에 서는 것 자체가 긴장되는 일입니다. 유치원을 지지하는 학부모라면 일련의 보도를 '학원 때리기'로 생각해 이사장에 대한 믿음을 거두지 않을 것입니다. 그런 사람들은 이사장 권유 때문에라도 신념을 지킬 겁니다.

이솝 우화의 '북풍과 태양'을 떠올려 봅시다. 상대를 추궁하는 질문을 반복하는 것은 회오리바람과 같습니다. 바람이 불수록 상대는 옷깃을 단단히 여입니다. 하지만 상대 입장을 생각해 질문하는 것은 햇볕에 비유할 수 있습니다. 마음이 따뜻해져 스스로 외투를 벗을 겁니다.

학원 측 변호사가 옆에 있다면 '무슨 말을 해도 괜찮아. 변호사가 지켜 줄 거야'라는 마음이 들 것입니다. 외투 따위는 필요 없습니다. 상대가 외투를 벗으면 우리가 듣고 싶은 이야기를 자연스럽게 들을 수 있습니다.

처음에는 상대가 말하고 싶은 것을 물어야 합니다. 그 후에 정말로 내가 듣고 싶은 것을 질문하면 됩니다. 그러면 진실을 말할 것입니다. 그들이 하고 싶은 말을 제대로 전한다면 나머지 껄끄러운 부분을 방송해도 그들은 불평을 하지 않을 것입니다. '잘했다. 당신을 믿겠다'라는 마음을 가질 겁니다. 그렇게 해야 다음 취재도 할 수 있습니다. 이것이 제가 말하는 (취재의) 성의입니다.

[2017년 3월 5일 오후 3시 24분]

제목: 이사장의 세 번째 인터뷰

이사장의 세 번째 인터뷰는 계속 시도하겠습니다. 다만 취재팀 여러분과는 생각이 조금 다릅니다.

PD라면 누구나 '프로그램을 만드는 데 꼭 필요하니 뭐든 손에 넣고 싶다'고 생각하겠지만, 이는 자기중심적입니다. 상대방 입장에서 생각해 보면 어떻게 될까요? 아베 총리 지지자라면 '지금은 무슨 말을 해도 정권 비판으로 받아들여질 테니 인터뷰하지 않겠다'고 생각할 것입니다. 이런 사람들에게 "제발 서면 인터뷰라도 … "라고 조른다면 상대방은 '이 자식들, 우리 입장을 조금도 이해해 주지 않아'라고 생각할 것입니다. 신뢰는 무너지고 아무것도 얻지 못합니다.

보통의 기자, PD라면 포기하겠지만 저는 포기하지 않습니다. 두 번째 화살을 생각하고 있습니다. (두 번째 화살 내용은 향후 실행할 가능성이 있으므로 생략.)

이것뿐이 아닙니다. 어떻게 취재하더라도 '상대방 입장에서 생각한다'는 기본 스탠스만큼은 변하면 안 됩니다. 이런 생각에 동의할 수 없는 분들은 자신의 방법대로 취재하시면 됩니다. 각자 생각에 따라 자유롭게 하시면 됩니다. 다만 취재를 대하는 예의가 저와 다른 분들과는 웬만해선 함께 일하기 어렵습니다.

제 방식대로 하려면 당연히 인터뷰 성사에 시간이 걸립니다. 그렇다고 프로그램 방영시기에 맞추려 인터뷰 일정을 짜는 것은 본말전도입니다. 이사장 인터뷰가 성사되지 않아 프로그램을 제작할 수 없다면 이사장 인터뷰가 될 때까지 방영을 연기하면 됩니다. 현실에 방송을 맞추지 않고 자신의 사정이나 프로그램 형편에 현실을 맞추려고 한다면 '출가 사기'[12]의 전철을 밟게 됩니다. 지금 이사장 인터뷰를 프로그램 방영에 맞추려고 한다는 것은 당시 사건에서 조금도 교훈을 얻지 못했다는 뜻입니다.

메일을 쓰느라 신칸센에서 잠 한숨 제대로 못 잤습니다. 그래도 여러분들과 생각을 공유하는 데 도움이 됐다면 잠을 못 잔 것쯤은 상관없습니다.

나중에 U PD에게 물었더니 메일을 읽고 깊이 반성하며 마음을 바꿨다고 했다.

---

12 〔지은이 주〕 '클로즈업 현대 +'가 2014년 5월 14일 다뤘던 신종 사기 수법. 출가하면 호적 이름을 바꿀 수 있는 것을 악용해 많은 다중 채무자를 출가시켜 거액의 주택융자를 금융기관 등에서 가로챘다는 내용. 그러나 프로그램에 조작이 있었다는 지적이 나왔고 일본 방송윤리검증위원회가 '중대한 방송윤리 위반이 있었다'는 의견서를 발표했다. 이를 계기로 NHK에서는 재발 방지를 위한 교육을 하고 있다.

불신감

앞서 3월 4일, 또 다른 중요한 과제인 사학심의회 가지타 회장 인터뷰 취재를 시도했다. 휴대폰으로 전화를 걸었지만 연결되지 않았다. '전화로 드리고 싶은 말이 있습니다'라고 메시지를 보냈더니 '일본 시간 내일 오후 6시 반 이후라면 OK입니다!'라는 답장이 돌아왔다. 해외에 있는 것 같았다.

가지타 회장은 바쁜 사람이다. 인터뷰를 잡기 쉽지 않을 것 같았다. 그렇다면 아예 오늘 밤 불시에 전화를 걸어 전화 인터뷰를 부탁하는 것도 방법일지도 모른다. 나는 PD들에게 전화 인터뷰를 준비해 달라고 부탁했다. 하지만 가지타 회장 귀국 후 인터뷰를 잡을 수 있을 것 같아 전화 인터뷰는 결국 하지 않았다.

이때 PD들이 가지타 회장에게 묻고 싶었던 내용은 다음과 같다.

- 2014년 12월 정례 심의회 때 모리토모 학원 재무상황에 대한 우려와 의문이 컸다고 한다. 처음 인가신청을 받고 어떤 느낌을 받았나?
- 심의회 위원들의 질문에 오사카부 사무국은 제대로 답변했는가?
- 사무국이 인가답신을 서두르고 있다는 인상을 받았는지? 인가답신을 전제로 정부와 모리토모 학원 간의 매매계약이 진행되고 있다는 취지의 사무국 발언을 어떻게 받아들였는가?
- 회장으로서 '이것은 반드시 통과시켜야만 하는 안건'이라는 느낌을 받았는가?
- 인가 보류에서 한 달 만에 조건부 인가로 바뀌었다. 왜 바뀌었는가?

어떤 부분이 풀려 결정이 바뀌었나?

• 최근 혼란에 비춰 봤을 때, 심의회가 제 역할을 했다고 볼 수 있는가?

꽤 까다로운 질문도 있었지만 시간만 된다면 인터뷰에 응해 줄 것 같았다. 그간 가지타 회장은 나에게 호의적이었기 때문이다.

다음 날인 5일, 가지타 회장은 '다른 일로 도쿄에 있다. 도쿄에서라면 만나 줄 수 있다'고 전해 왔다. 단, 인터뷰가 아니라 사전 취재로. 조건부 인가 당시의 상황에 대해 더 자세히 들으려면 공식 인터뷰로 취재해야 했다. PD들은 'PD도 꼭 한 명 그 자리에 데려가 달라'고 요청했다. 가지타 회장에게 부탁했고 얼마 뒤 취재팀원들에게 메일을 보냈다. 메일에는 취재팀원들에 대한 나의 불신감이 드러난다.

[2017년 3월 5일 오후 1시 17분]

조금 전 사학심의회 가지타 회장에게 전화가 왔습니다.

"도쿄에 확실히 오는 건가"라고 묻기에 "물론입니다. 지금 신오사카역에서 신칸센을 타고 있습니다"라고 대답했습니다.

회장님은 도쿄에서 오후 3시에 공식행사에 참석해 4시 반~5시 사이쯤 마친다고 합니다. 그 후 곧바로 차량으로 하네다 공항에 갑니다. 시간이 없으니 차 안에서 이야기를 나누자고 했습니다. 제가 "함께 취재 중인 PD가 동승해도 되겠습니까"라고 부탁하니 흔쾌히 수락했습니다.

저는 어제 "함께 갈 PD가 정해지면 곧바로 본인이 연락할 것"이라는 말을 들었습니다. 하지만 어찌된 일인지 아직까지도 연락이 없습니다. 누가 동행 취재에 나섭니까? 정말로 가긴 갑니까?

　저는 예의를 잘 따지는 사람이기 때문에 예의를 지키지 않는 것을 그냥 넘어가지 않습니다. 회장에게 동행 취재를 부탁한 마당에 "사정상 PD는 오지 않았습니다"라고 말하고 싶지 않습니다. 시간이 얼마 남지 않았습니다. 잘 부탁드립니다.

　먼저 같이 취재 가자고 제안해 놓고 연락하지 않는 것은 무슨 경우인가. 당시 나는 사소한 일로 짜증을 내곤 했다.

　조금 뒤 PD팀에서 부랴부랴 연락이 왔다. 결국 베테랑인 U PD가 동행하기로 했다. 나는 성질이 급해 곧잘 화를 내지만 시간이 지나면 금방 잊는다. 그와 둘이서 가지타 회장 차에 타 이야기를 들었다. U PD는 다음과 같은 메일을 모두에게 보냈다.

[2017년 3월 5일 오후 6시 32분]

　취재팀 여러분,

　조금 전 하네다 공항에서 아이자와 기자와 함께 가지타 회장 취재를 마쳤습니다. 심의회 회장으로서 일련의 심의 과정 및 심의 내용에 대해 갖고 있던 문제의식과 앞으로 어떻게 할지에 대해 들었습니다. 의미 있는 대화를 많이 나눴습니다. 오늘 들은 내용은 메일로 공유하겠습니다.

　소란을 피워 죄송합니다. 아이자와 기자께 감사합니다.

　그는 내 장문의 메일을 읽은 무렵부터 나의 생각을 이해하기 시작한 것 같았다. 한편 가지타 회장은 대만에서 돌아와 오사카부청에 계속 전화했는데도 아무도 나와 있지 않은 것에 약간 화가 나 있는 모습이었다.
"문부과학성에 이런 사태가 벌어졌다면 일요일이라도 반드시 직원이 나와 있었을 것"이라고 했다. 관계자들 모두 마음고생이 심했을 것이다.

'사람을 헐뜯는 보도'

3월 7일, 재단 측 학부모 인터뷰가 S 고문 변호사 사무실에서 변호사 입회하에 이뤄졌다. 인터뷰가 끝난 뒤 나는 변호사와 잠깐 대화를 나눴다.
"가고이케 이사장 인터뷰 좀 어떻게 안 될까요?"
"14일까지 오사카부에 서류를 제출해야 합니다. 그게 끝나면 생각해 볼 여지가 있는데, 오늘 밤 이사장과 만날 예정이니 상의해 보겠습니다."
"카메라 인터뷰가 어려우면 그냥 만나서 이야기만 해도 괜찮아요. 정 안 되면 전화라도 하게 해 주세요."
나는 며칠 전 야마구치에 출장 갔을 때 산 과자를 변호사에게 건넸다. 애초 가고이케 이사장에게 주려고 샀던 선물이었다. 실낱같은 한 가닥 희망을 걸고 전화를 기다렸다. 하지만 취재는 난항을 겪었다.
그날 밤 늦게 이사장 부인인 준코 부인으로부터 메시지가 왔다.

선물 감사합니다. 이력서를 되돌려 달라고 하기에 거절했습니다.
사람들을 헐뜯는 보도는 이 정도쯤 해 두시죠.

무슨 말인지 감이 잡히지 않았다. 곰곰이 내 나름대로 해석해 봤다.

초등학교 교사로 채용됐던 교사가 일련의 보도를 보고 '그만두겠습니다. 이력서를 돌려주세요'라고 말했다는 것 같다. 그런데 '사람을 헐뜯는 보도'라는 말은 대체 무슨 뜻일까? 적어도 내가 지금까지 한 보도만 보면 준코 부인도 납득하고 평가해 줄 만한데 말이다. 나는 왜 이런 메시지를 보냈는지 묻는 문자메시지를 보냈다. 다시 답장이 왔다.

나쁜 놈들이나 고발하세요. 하늘에서 내려다보고 이뤄 주실 겁니다. 답장은 보내지 마세요. 자겠습니다.

뭔가 다른 보도를 보고 메시지를 쓴 것이 아닐까? 나도 남들과 같은 보도를 하고 있는 줄 착각하고 있는 것이 아닐까?

한편 재단의 S 고문 변호사로부터 새벽 1시가 넘어 전화가 왔다. 이런 말을 했다.

- 왜 정부와 오사카부에 보조금 산정액을 각각 다르게 보고했는지 확실히 설명하라고 오사카부로부터 요청이 왔다. 보조금 사기라는 말까지 듣고 있다.
- 이사장 부인이 너무 화를 내고 있어 말이 통하지 않는다.
- 내가 고문을 맡기 전에는 무슨 일이 있었는지 솔직히 모르겠다.
- 오늘 인터뷰를 한 학부모도 "인터뷰가 내 생각대로 되지 않았다"며 불만을 터뜨리고 있다. 내가 "오늘 뉴스에 나가지는 않을 것 같다. 나중에 자료화면 정도로나 쓰일 것"이라고 달랬지만 이성적인 말이 전혀 통하지 않는다.

변호사도 초췌한 모습이었다. 이래서는 이사장 인터뷰가 어려울 것 같았다.

초등학교 인가는 어떻게 되나?

방송일이 점점 다가왔다. 제작 스케줄도 바빠졌다. 우선 11일(토) 오후 1시에 현장 PD와 기자들이 참석하는 1차 시사를 열고 12일(일) 오전 11시에 방송 전 시사를 해야 한다. 프로그램 편집 책임자도 참석한다. 13일(월) 오후 2시 30분에는 방송 당일 시사가 있을 예정이었다.

하지만 나는 11일 오전에 오사카에 가야 할 일이 있었다. 11일 첫 시사 시간을 뒤로 미룰 수 없을지 부탁했다. 한편으로는 평소 맡고 있는 재판 취재도 챙겨야 했다. 3월 14일에는 애초 이 사건의 발단이 된 정보 공개 소송의 1차 구두 변론이 있을 예정이었다. 사실 정부가 이미 모든 정보를 공개해 버렸으니 정부가 모든 것을 인정하고 소송을 거둬들일 줄 알았다. 그런데 원고 측 변호사가 돌연 "정부가 싸우겠다고 한다. 자세한 이유는 추후 밝히겠다고 했다"고 전해 왔다. 정말 이상한 일이었다.

게다가 정부 측 대리인은 전직 판사를 포함해 모두 열한 명이었다. 이들에게 지출되는 변호사 비용은 모두 세금이다. 변호사는 당시 자신의 블로그에 '세금을 낭비하지 말라는 소송에 도전을 하듯 대리인 11명을 세운 것은 대체 무슨 일인가'라고 지적했다.

나는 이 재판도 취재해야겠다는 생각이 들었다. 법조기자 후배 두 명에게 취재를 맡겼다. 재판정 촬영을 신청하고 스케치도 해 놓으라고 지시했다. 스케치할 대상은 당연히 정부의 대리인이었다. 어떤 표정을 지으면서 법정에 나올지 스케치할 생각이었다. 상황에 따라서는 재판이 끝난 뒤 정부 측 대리인을 법원 밖으로 데리고 나가 인터뷰하는 것도 방법이다. 물론 대답 없이 도망치겠지만 그 모습을 촬영하면 그것만으로도 나쁘지 않다.

초등학교 인가는 어떻게 되는 것인가? 이와 관련해서도 드디어 상황이 움직이기 시작했다. 3월 8일, 오사카부청 담당 기자가 정보를 알려줬다. 오사카부가 사학심의회 회의 일정을 앞당기는 것을 검토 중이라고 했다. 모리토모 학원에 요청한 자료 제출기한이 3월 14일인 점을 감안해 15일이나 16일에 회의를 연다는 것이었다.

사학심의회 가지타 회장에게 확인하기 위해 전화를 걸었다. 틀린 정보였다. 7일 오자와 이치로小澤一郎 자유당 대표가 오사카를 방문해 가지타 회장과 오사카부 간부를 만난 자리에서 나온 얘기였다고 했다.

가지타 회장: "오자와 대표가 '빨리 결론을 내야한다'고 하길래 '15일 혹은 16일로 앞당겨 개최하는 걸 검토하고 있다'고 했습니다. 무엇보다도 대체 학교를 빨리 확보하는 걸 최우선에 두고 있다고 강조했어요. 오자와 대표도 그런 방향으로 열심히 힘써 달라고 당부하더군요."

―"그렇다면 긴급 임시 회의에서 한 번에 최종 결정할 예정입니까?"

가지타 회장: "그렇습니다. 그런데 지금은 연도 말[13]이라 바빠 정족수

13 일본은 거의 모든 학교, 회사 등이 3월 31일에 회계연도, 학년도 등을 마친 뒤 4월 1일

를 채울 만큼 위원들이 모일지 불투명합니다."

　—"정족수는 몇 명인가요?"

　가지타 회장: "정확히는 모르지만 어쨌든 이 시기에 교장이나 학교 경영자를 모으는 것은 매우 어려운 일입니다. 사학과에 조정을 부탁해 뒀습니다."

　—"초등학교에 채용될 예정인 교사가 그만둘 것이라고 보도가 나오던데요."

　가지타 회장: "그것도 중요한 문제입니다. 그 학교에 오랜 경험이 있는 분은 그 선생님밖에 없어요. 그 부분도 사학과에 확인해 달라고 요청했습니다."

　—"확인되면 바로 연락 주십시오."

　몇 분 뒤, 회장이 전화를 여러 번 걸어 왔다.

　가지타 회장: "확인했습니다. 사학과가 모리토모 학원 측에 문의했는데, 그 선생님은 처음에 학교에 오겠다고 했다가 얼마 전 안 오겠다고 번복했다는군요. 사실 그 선생님은 '총괄 교사'로 올 예정이었다고 합니다. 초등학교에서 37년간 근무한 경력이 있다고 하네요. 그 분 외에 초등 교사 경험이 있는 분은 한 명뿐이고 그나마 경력이 1년에 불과해요. 그만뒀다는 교사 본인에게 연락해 확인하라고 사학과에 재촉해 뒀습니다."

자로 신년도 업무를 시작한다. 입학과 학기 시작, 회사·정부의 예산 집행 및 인사발령 등이 대부분 4월 1일자로 이뤄진다. 이 때문에 한 해 업무를 마무리하는 3월 말에는 대단히 바쁘다.

오사카부가 '총괄 교사가 그만뒀다고 모리토모 학원이 오사카부에 알렸다. 이 사람 외에 베테랑 교사는 없다'는 부분을 확인해 주면 기사로 써도 될 것 같았다. 이건 부청 담당 기자에게 맡기기로 했다.

확실히 사학심의회와 사학과가 초등학교 인가를 미루는 쪽으로 움직이고 있다고 느껴졌다. 하지만 사태는 우리의 상상을 넘어 전개됐다.

인가신청 취하 소동

3월 10일 금요일. 한 소식통이 내게 정보를 줬다.

'모리토모 학원이 초등학교 인가신청을 취하했다. 이제 인가를 결정할 이유가 없다.'

경악할 일이었다. 가고이케 이사장이 일생의 역작으로 자신의 모든 힘을 쏟던 초등학교의 개교를 포기했다는 것인가? 이미 정식 인가는 물 건너갔다고 보고 스스로 신청을 취하한 것일까? 어쨌든 심의회 결론을 기다릴 필요도 없이 초등학교 개교는 없던 일이 됐다. 서둘러서 기사를 써야 했다. 이럴 때 NHK에서는 슈퍼 속보[14]로 짧은 기사를 내보낸다.

"모리토모 학원이 초등학교 인가신청을 스스로 취하한 것으로 확인됐습니다. 초등학교는 개교하지 않습니다."

즉시 전국 방송으로 속보가 방송됐다. 특종이었다. 잠시 뒤 학원 측이 기자회견을 하겠다고 알려 왔다. 인가신청 취하 기자회견이었다. 특

---

14 긴급사건이나 사고가 났을 때 한두 줄로 내보내는 속보.

종을 보도한 직후 내용이 확인된 것이다. 기자에게 이보다 더 통쾌한 일
은 없다.

그날 밤 U PD에게 메일이 왔다.

[2017년 3월 10일 오후 9시 42분]

아이자와 기자, 계속되는 취재에 수고 많으십니다.

인가취하 소식에 놀랐습니다. 편집실도 오후 내내 소란스러웠습니다.

인가가 취하된 만큼 이제는 애초 왜 조건부 인가가 났는지에 대해 추궁해
야 한다고 생각합니다. 가지타 회장 인터뷰를 다시 제안할 수 있을까요? 인
가취하 국면으로 바뀌었으니 인터뷰에 응해 줄 가능성이 있지 않을까요?

아이자와 기자 의견은 어떠십니까? 재발 방지, 인가행정 본연의 자세까
지 다루면 보다 의미 있는 프로그램이 될 것 같습니다.

이건 당연하다. U PD는 내 취재에 의존하면서 한편으로는 나를 겁내
하며 쭈뼛대고 있었다. 사실 이날 밤 나는 또다시 화를 내며 편집실에
올라갔다.

전날인 9일, 도쿄 시부야 NHK 방송센터의 '클로즈업 현대 +' 편집실
에서 있었던 일이었다. 온 에어on air까지 나흘밖에 남지 않았다. 많은
PD들과 편집 담당자가 한 방에서 여러 편집기를 사용해 영상 편집을 하
고 있었다.

10일, 나는 도쿄에 있었기 때문에 오사카에서 열린 모리토모 학원 기
자회견에 갈 수 없었다. 대신 다른 기자가 참석했다. 나는 그 기자의 연
락을 받으면서 친한 기자 세 명(이제는 모두 출세해 더 이상 기자가 아니지

도쿄 시부야 NHK 방송센터.

만) 과 회식을 즐기고 있었다. 한창 바쁠 편집실에 전화했는데 프로그램 시사 스케줄이 바뀌었다는 사실을 알게 됐다. 일부는 이미 알고 있었다는데 나는 알지 못했다. 시사 스케줄은 중요하다. 스케줄에 맞춰 취재 일정을 짜고 시사 참가 시간을 비워 둬야 하기 때문이다. 나를 빼놓고 시사를 하려던 것일까? 여기서 일단 화가 났다.

화가 치민 일은 또 하나 있었다. 가고이케 이사장 인터뷰가 프로그램에 들어가지 않는다는 것을 알게 됐다. 나는 그때까지 어떻게 하면 이사장 인터뷰를 할 수 있을지 궁리하고 있었다. 왜 그런 점을 전혀 고려하지 않았을까. 인터뷰가 들어가는 경우와 들어가지 않는 경우, 두 가지 경우의 수를 모두 생각해 둬야 하는 것 아닌가.

부드러운 술자리에서 나는 전화로 버럭 화를 내면서 "지금 당장 가겠다"고 전화를 끊었다. 동료들과의 자리는 그렇게 끝났다. 좋지 않은 행동이었지만 그때는 흥분해 정신이 없었다. 나는 택시를 타고 곧장 시부야 센터로 갔다.

편집실에 들어서자마자 U PD 및 동료 PD들에게 또다시 분노를 터뜨렸다. U PD는 이렇게 회상했다.

"아이자와 기자가 얼마나 훌륭한지 알고 있었습니다. 진심으로 반성했습니다. 한편으로 겁 없는 사람이라는 것도 알게 됐지요."

줄타기 취재

11일 아침, 나는 PD들과 다른 기자, 데스크들과 함께 도쿄 편집실에서 대기하고 있었다. 이때 전화가 걸려 왔다. 준코 부인이었다. 전화를 받으니 대뜸 "아이자와 기자에게 배신당했다. 믿을 수 없다"고 말을 쏟아냈다. 하지만 그 당시 내가 방송한 것은 아무것도 없었다. 왜 배신자라고 하는지 도통 짐작이 가지 않았다.

"잠깐만요. 전에 이사장님 인터뷰를 방송했을 때 제게 감사한다고 하지 않으셨나요? 아이자와 기자는 믿을 수 있다고 하셨잖아요. 그 뒤로 변한 것은 아무것도 없습니다. 왜 배신당했다고 하시는 겁니까?"

하지만 무슨 말을 해도 통할 기미가 없었다. 나도 흥분해 점점 목소리를 높여가며 부인과 싸웠다. 주변 PD와 기자들이 숨죽이며 지켜보고 있었다.

"아무튼 가고이케 이사장님 바꿔 주세요."

계속된 입씨름 끝에, 간신히 이사장을 바꿔 줬다. 이사장은 냉정을 유지했다.

"아이자와 기자, 미안합니다."

느닷없이 부인의 언행에 대해 사과했다. 나는 이때다 싶었다. 인터뷰 하려면 이때 부탁해야 한다. 부인이 중간에 끼어들면서 이사장과의 연락은 갈수록 어려워지고 있었다. 지금 여기서 설득해야 했다. 설득은 잘 됐다. 부인이 걸어 온 분노의 전화를 역으로 받아치고 인터뷰 약속을 받아 냈다.

다음은 U PD와 내가 주고받은 메일이다.

[2017년 3월 11일 오전 10시 20분]

아이자와 선배, 어젯밤 편집실에 들러 주셔서 감사합니다. 프로그램의 방향성과 짚어야 할 포인트를 공유할 수 있었던 소중한 시간이었습니다.

그나저나 방송을 위해 개별 인터뷰를 해 주신다니! 이렇게 고마울 데가 없습니다. 아직 모르는 것도 많은데 제게 이렇게 베풀어 주시는 게 많으니 큰 도움이 됩니다. 사학심의회 가지타 회장 인터뷰도 잘 부탁드립니다.

[2017년 3월 11일 오후 12시 19분]

아이자와입니다.

사학심의회 가지타 회장과 연락이 됐습니다. 내일 오후 2시 이후 인터뷰가 가능하답니다. 집으로 모시러 갑시다. 인터뷰 장소는 18층 제 2 응접실로 잡았습니다.

가고이케 이사장, 고문 변호사와는 연락이 닿지 않습니다. 오늘 답이 올지 모르겠네요. 이대로 오사카에 있어 봤자 할 게 없어서 일단 도쿄로 갑니다.

어쨌든 내일 2편 시사에 가는 건 어렵습니다.

[2017년 3월 11일 오후 12시 26분]

아이자와 선배,

메일 잘 읽었습니다. 수고가 많으십니다.

가고이케 이사장 인터뷰는 내일 이후에 해도 괜찮습니다.

오늘 시사는 지금 오사카에서 출발하는 아이자와 선배 도착시간에 맞춰 시작하는 게 맞을 것 같습니다. 오후 4시 이후에 할까 합니다. 잘 부탁드립니다.

[2017년 3월 11일 오후 1시 45분]

아이자와입니다.

이사장도 변호사와 연락이 닿지 않는다고 합니다. 기다리다가는 끝이 없을 것 같아 일단 내일 오전 10시 오사카 방송국에서 보기로 했습니다.

이사장 말로는 지금도 기자들이 유치원 주위에서 취재경쟁을 벌이고 있어 이사장이 밖에 나가기만 하면 모든 언론사들이 쫓아온다고 합니다. 내일도 당연히 오사카 방송국까지 쫓아올 겁니다. 혼란을 피하기 위해 이사장 차를 지하 1층으로 유도해 거기서 엘리베이터를 타고 오게 할 생각입니다.

모리토모 학원에는 다음과 같은 질문지를 보냈다.

Q. 애초 심의회에서 '조건부 인가'가 났는데 여러 의문이 커지면서 인가신청을 스스로 취하하셨습니다. 신청을 스스로 취하한 이유와 일련의 사태에 대한 이사장님의 생각, 지금 심경을 말씀해 주십시오.

Q. 아베 총리, 아키에 여사를 비롯해 지금까지 이사장님의 교육 방침에 힘을 실어 준 정치인이 있었습니다. 그런 분들의 응원을 그간 어떻게 받아들이셨습니까? 또 이번 사태와 관련해 정치인 및 지원해 준 분들에게는 어떤 마음이 드십니까?

Q. 고노이케 의원은 기자회견에서 가고이케 이사장 부부가 들고 온 종이 꾸러미를 보고 바로 현금이란 것을 알아차렸다고 합니다. 실제로 꾸러미 안에는 무엇이 들어 있었습니까? 또 고노이케 의원 비서는 국유지의 매각 수속 등에 대해 가고이케 이사장에게 여러 차례 상담을 받았다고 하는데 그에 대해서도 말씀해 주십시오.

Q. 야마구치현 호후시 마쓰우라 시장은 가고이케 이사장의 교육방침에 찬성해 초등학교가 들어설 도요나카시 N 의원에게 응원을 부탁했다고 합니다. 이사장님은 마쓰우라 시장과 어떻게 알게 되셨습니까? 또 어떤 부탁이 있었습니까?

Q. N 의원은 이사장님으로부터 "심의회에서 초등학교 인가가 보류됐다. 어떻게든 해 달라"는 부탁을 받았다고 했습니다. 이에 대해 부의회 의원으로서 아무것도 해 줄 수 없고 아무것도 해 주지 않았지만, 회의 일정은 사무처 측에서 알아본 뒤 알려 줬다고 말합

니다. 실제로는 어떠한 이야기가 오갔습니까?

Q. 초등학교 공사와 관련해 같은 날짜가 찍힌 계약서가 세 개 있습니다. 그런데 금액이 모두 다릅니다. 왜 세 개인지, 어느 금액이 맞는지, 다른 금액은 무엇인지 여쭙고 싶습니다. 또 이사장님은 기자회견에서 국가에 보조금을 돌려줬어야 했다고 말씀하셨습니다. 그런데 무슨 사정이 있어서 돌려주지 않으셨습니까?

밤늦게 걸려 온 전화

만반의 준비를 갖췄다. 이제 오사카에서 가고이케 이사장 인터뷰를 하기만 하면 된다. 11일은 질풍노도의 하루였다. 조금 피로를 풀고 싶었다. 이럴 때는 술이 최고다. 지인과 술집에서 술잔을 기울이는데 전화가 왔다. 가고이케 이사장이었다. 자정이 넘은 늦은 시간이었다. 불길한 예감이 들었다.

전화를 끊고 나는 서둘러 취재팀원들에게 메일을 보냈다.

[2017년 3월 12일 오전 12시 47분]

제목: (긴급중요) 이사장이 취소했습니다.

아이자와입니다.

조금 전 가고이케 이사장에게 전화가 왔습니다. "컨디션이 안 좋다"며 인터뷰를 취소했습니다. 이런 말을 주고받았습니다.

가고이케: "아이자와 기자, 가고이케입니다." (어두운 느낌)

— "선생님. 이렇게 늦은 시간에 어쩐 일이십니까?"

가고이케: "그게요, 몸이 안 좋아서요. 내일 인터뷰, 하지 않을까 해요."
(말하기 어려운 듯)

— "그러십니까. 마음고생이 겹쳐서 그런가 봅니다. 내일은 푹 쉬세요. 몸
이 최우선이니까요. (그러면서 모순된 부탁) 그럼 모레 월요일 아침은
어떠세요? 오전도 좋습니다."

가고이케: "그건 (잠시 침묵) 그때 봐서 결정하겠습니다."

— "물론 그러셔야죠. 컨디션을 봐 가면서 결정하셔야죠. 또 연락드리겠
습니다."

말하기 힘든 건 분명해 보였지만 그래도 컨디션이 나쁘다는 말은 핑계인
것 같습니다. 방송 전까지 인터뷰는 어려울 것 같지만 끝까지 계속 노력해
보겠습니다.

오랜 세월 취재를 하다 보면 이런저런 일이 많습니다. 저도 30년이나 기
자생활을 하고 있는데 이런 일은 흔히 있었습니다 … 라고 하는 것은 거짓
말입니다. 정말 아쉽습니다.

하지만 이걸로 취재가 끝난 것은 아닙니다. '클로즈업 현대 +'에는 넣지
못하게 됐지만 우리의 취재는 계속됩니다. 이사장과 저의 신뢰관계는 끊어
지지 않았습니다.

메일에 쓴 내용은 모두 진심이었다. 갑작스러운 인터뷰 취소는 뼈아
팠다. 너무 아프지만, 취재는 끝나지 않았다. 취재는 계속해야 했다.

방송 전날인 3월 12일 밤 모리토모 학원 S 고문 변호사에게 전화가 왔

다. 이사장이 정신적으로 힘들어 컨디션이 나빠진 것은 사실이라고 했다. 부부 싸움도 심했다고 했다. 여하튼 프로그램 전까지 인터뷰에 응하는 것은 어렵게 됐다.

이날은 오사카에서 사학심의회 가지타 회장, N 의원과 인터뷰를 계속했다. 이런 얘기들을 들었다.

[가지타 회장과의 대화]
- 심의회가 인가를 보류한 상황에서 사무처 측이 한 달 뒤 임시회의를 개최하기로 결정했다.
- 당시에도 여러 의문이 들었지만 사무처가 괜찮다고 해 조건부 인가를 결정했다. 이런 어두운 이면이 있을 줄은 몰랐다. 큰 힘이 작용했다고밖에 생각되지 않는다.
- 교육칙어를 가르치는 것은 괜찮다. 하지만 '안보법제[15] 만세'는 안 된다. 교육기본법 위반이다.
- 신청을 취하하지 않았어도 인가는 안 됐을 것이라는 생각이 위원들의 공통된 인식이다.

[N 의원 인터뷰 내용]
- 호후 시장 소개로 만나기로 약속했지만 시간이 됐는데도 나타나지 않

---

15 '평화안전법 제정비 법안'과 '국제평화 지원법안' 등 두 개의 법안을 통칭해 부르는 명칭. 자위대 활동 범위를 넓혀 사실상 미국이 하는 군사 작전에 무제한적으로 참여할 수 있는 내용을 담아 '군국주의 회귀'라는 비판을 받았다. 한국 등 주변국은 물론 국내의 거센 반대에도 불구하고 자민당 주도하에 2015년 9월 일본 참의원을 통과했다.

았다. 그 뒤 일이 있어 나가던 나를 쫓아오기에 커피숍에서 만났다.

- 팸플릿을 보여 주며 초등학교에 대해 열정적으로 이야기했다. 심의 회에서 인가가 나지 않았다는 말도 했다. 어떻게든 도와 달라고 부탁 하는 것 같았다.
- 아무것도 해 줄 수 없었지만 일단 사학과에 물어본 뒤 회의 개최일을 알려 줬다.
- 그 이후로는 만나지 않았다. 나는 아무것도 하지 않았다. 억울하고 난처하다.

이에 대해 U PD에게 메일이 왔다.

[2017년 3월 12일 오후 8시 2분]

아이자와 선배,

심의회 회장과 N 의원 인터뷰 등 프로그램의 중요한 포인트를 취재해 주셔서 감사합니다. 저도 조금 전 시사를 끝내고 현재 수정 및 검토 중입니다. 대략적으로 이런 이야기들이 나왔습니다.

- 심의회 회장을 필두로 사건과 관련된 사람들을 실제로 인터뷰하는 등 취재가 잘 됐다. 모든 언론이 따라붙어 취재하는 사건에서 새로운 내용을 찾아내고 있다. 탄탄한 취재를 한 만큼 시청자를 충분히 설득할 수 있도록 프로그램을 만들었으면 좋겠다.
- 의혹을 풀어 줄 핵심은 아직 나오지 않은 만큼 의혹은 의혹대로 일단 두자. 이번 취재로 알게 된 것과 아직 밝혀지지 않은 부분을 명확하게 구별해 제시하자.

향후 작업 일정은 다음과 같습니다.

① 지적한 내용을 반영하면서 대본 및 전체 구성을 재작성. 오후 10시 넘어서까지 해야 할 듯.
② 그 후 VTR을 수정·편집. 심야까지 작업 예정.
③ 내일 오전 10시에 제작에 관여한 기자·PD·CP(책임 프로듀서)와 시사. 여기서 나온 코멘트를 중심으로 수정.
④ 내일 오후 2시에 편집 책임자, 캐스터와 당일 시사.

아이자와 기자는 작업 ①에 합류해 주시고 대본을 토대로 느낀 점을 말씀해 주세요. 피곤하실 텐데 잠시 눈이라도 붙이세요. 기다리고 있겠습니다.

우여곡절 끝의 방영

프로그램 제작도 드디어 끝이 보였다. 방영 하루 전에 간부 시사를 끝낸 뒤 여기에서 나온 지적을 토대로 수정작업에 들어가면 된다. 나는 오사카에서 인터뷰가 있어서 오후 5시 반부터 시작하는 시사에 참여하기 어려웠다. 시부야 방송센터 편집실에 도착한 오후 9시 이후에 작업에 합류했다. 여기서 다시 내 마지막 분노가 폭발했다.

"편집이 왜 이 따위야! 가지타 회장 인터뷰가 왜 이래!"

시사 당일 오후에 오사카에서 찍었던 사학심의회 가지타 회장 인터뷰 영상을 그대로 도쿄로 보냈기 때문에 편집하기에는 사실 빠듯했다. 그것을 감안해도 너무 황당했다. 인터뷰 흐름을 무시하고 되는 대로 따서 이어 붙이는 식으로 대충 편집했기 때문이다. 편집된 영상만 본 간부들은 몰랐겠지만 나는 내가 직접 찍은 인터뷰였기 때문에 금방 알아챌 수 있었다.

나는 인터뷰에서 가지타 회장 속내를 어떻게든 끌어내기 위해 궁리하며 질문했다. 따라서 질문과 대답을 모두 사용해야 내용을 제대로 전달할 수 있다. 철저한 의도를 갖고 했던 인터뷰였건만, 편집자는 그것도 모른 채 질문은 사용하지도 않고 대답만, 그것도 앞뒤 맥락을 무시하고 제멋대로 누더기처럼 영상을 잘라 붙였다. 이런 편집은 인터뷰이의 대답을 왜곡하고 무례를 범할 뿐 아니라 결과적으로 시청자를 속일 수 있다. 편집을 맡은 PD는 U PD가 아닌 다른 사람이었다.

내 분노의 지적은 PD들에게 전달된 것 같았다. 이들은 잘못을 인정하고 회장 인터뷰 부분을 완전히 바꿨다.

철야 작업 끝에 간신히 영상과 코멘트가 완성됐다. 3월 13일 오후 10시에 프로그램은 무사히 전파를 탔다. 스튜디오에 출연한 기자는 프로그램 마지막에 내가 애초 내건 두 가지 의문점을 들며 "의심은 아직 풀리지 않았다. 계속 취재하겠다"고 말했다. '취재로 해명되지 않은 것'을 굳이 밝히고 계속 취재하겠다고 선언하는 것은 NHK 프로그램으로서는 지극히 이례적인 형태였다. 궁금한 점이 밝혀질 때까지 끝까지 취재해 속편을 제작하겠다는 다짐이기도 했다.

프로그램이 끝난 직후 밤과 다음 날 낮, 나는 팀 전원에게 메일을 보냈다.

[2017년 3월 13일 오후 11시 21분]

제목: 업무 협의

취재팀 여러분. 수고하셨습니다.

특히, 히라이 기자(진성 좌익 기자). 자네도 도쿄에 왔었으면 좋았을 텐데. 오사카에 돌아가는 대로 면밀하게 업무 협의를 합시다.

프로그램에서 N 기자가 공언한 대로 수수께끼는 아직 풀리지 않았습니다.

록히드 사건은 다치바나 다카시(立花隆)[16]라고 하는 기자 한 명의 취재에서 시작됐습니다. 리크루트 스캔들은 〈아사히신문〉 가와사키 지국 취재가 발단이 됐습니다.

훗날 모리토모 학원 사건은 NHK 오사카 보도부가 불을 붙였다고 전해질 것입니다. 내가 신입기자 시절 읽었던 〈여기는 오사카 사회부〉[17]의 꿈이 실현될지도 모릅니다. 적어도 저는 '나 자신이 오사카 사회부'라는 생각으로 취재하고 있습니다. 꿈을 실현하기 위해 지금부터 T 총괄의 승인하에 면밀한 업무 협의를 하겠습니다.

[2017년 3월 14일 오후 12시 38분]

아이자와입니다.

사학심의회 가지타 회장에게 조금 전 전화가 왔습니다. 어제 방송된 프로

---

16 일본의 언론인이자 논픽션 작가. 1940년생. 1974년 월간지 〈문예춘추〉 11월호에 "다나카 가쿠에이의 금맥과 인맥"이라는 기사를 보도하며 다나카 수상의 뇌물수수 사실을 파헤쳐 다나카 수상 몰락의 신호탄을 쐈다.

17 1991~1996년 만화 잡지 〈미스터 매거진〉에 연재됐던 만화. 한 젊은 기자가 다양한 사건을 겪으며 민완기자로 성장하는 스토리를 그렸다. 2001년 TBS에서 드라마화됐다.

그램에 대단히 만족하며 '아주 좋았다'고 말씀하셨습니다.

모리토모 학원 측으로부터는 반응이 없었습니다. 아마 그럴 경황이 없었을 겁니다. 프로그램을 보지 못했겠지요. 가고이케 이사장에게는 정성을 담아 메일을 보냈습니다. 답장이 있을 것으로 기대하고 있습니다.

그런데 제가 사실 사고를 쳤습니다. 오늘 일어나 보니 오전 9시였어요. 10시에는 오사카에 있어야 했는데. 곧바로 여기저기 대타를 부탁하면서 결국 여러분께 폐를 끼치게 되었습니다.

왜 이렇게 됐냐면 업무 미팅에 열중하느라 N 데스크와 헤어지고 난 뒤에도 나 스스로와 대화를 나눴기 때문입니다. 장소는 아는 사람만 아는 '스트로베리 필즈'. 시부야 도큐핸즈 건너편 북쪽에 있는 빌딩 2층이지요. 1990년대 말에 있었던 사회부 록 밴드의 집합소이기도 하죠. 새벽 2시였지만 누군가 있을 것 같았는데 아니나 다를까 A가 있었습니다. 그 녀석, 아무 말도 하지 않았지만 알고 있었을 겁니다. 곧바로 'The WHO'를 신청했습니다. 저는 망설이지 않고 술을 시켰습니다.

저는 요즘 잘 가진 않지만, 그 가게가 잘됐으면 하는 염원을 담아 마시던 술을 키핑해 뒀습니다. 누구라도 가게에 가서 드세요.

덧붙여 U PD. 당신과 일하면서 마음에 들었습니다. 속편도 꼭 함께합시다. 'NHK 스페셜' 제안에 쓰일 수 있도록 정보를 모아 두세요. 오사카 보도진 여러분께도 잘 부탁드립니다.

뒤이어 도쿄 보도국 사회프로그램부 담당자가 팀 전원에게 보낸 메일이 왔다.

[2017년 3월 14일 오후 2시 54분]

여러분, '클로즈업 현대 +' 제작하느라 정말 수고 많으셨습니다.

여러 면에서 민감한 주제를 다루느라 취재현장에서 고생도 많으셨죠. NHK의 취재력을 보여 주는 냉정하고 깊이 있는 기획이었다고 생각합니다.

방송 직후부터 반향이 전해지고 있습니다. 프로그램을 높게 평가한 부분이 눈에 띕니다. 시청자들의 전화와 팩스, 메일 등이 쇄도할 정도로 반응이 뜨겁습니다. 몇 개를 보내 드립니다.

- 오늘은 NHK가 국민의 품에 돌아온 기념일입니다.
- '클로즈업 현대 +'를 봤습니다. 깊이 파고든 방송이었습니다. 용기 있게 방송해 주셔서 감사합니다.
- NHK는 죽었다고 체념하고 있었습니다. 하지만 NHK도 사실은 이런 걸 방송하고 싶었던 거지요.
- 많은 지식인들은 지금 일본에 전쟁 전야의 분위기가 풍긴다고 합니다. 두 번 다시 전쟁을 저지르는 실수는 하지 말아야 합니다. 그러기 위해서는 언론이 정권을 비판하는 당연한 모습을 되찾을 필요가 있습니다.
- 위에서 압력이 있을지도 모르겠지만 우리 국민은 당신들 편입니다.
- 제발 정권의 거짓말에 속고 있는 많은 사람에게 진실을 전해 주세요.

시청률은 7.4%였습니다. 오후 10시대 시청률로는 꽤 높았습니다. 관심이 높았다는 것을 보여 줬다고 생각합니다.

당시 NHK는 공격적으로 보도에 나섰다. 나는 2월과 3월에 하루도 쉬지 않고 아침부터 늦은 밤까지 취재하느라 뛰어다녔지만 조금도 피곤하지 않았다. 보람 있는 일은 아무리 해도 과로가 아니다.

이날 저녁 나는 U PD에게 메일을 보냈다. 모리토모 학원에 대한 정보를 전하는 메일이었다. 이것은 U PD에 대한 내 신뢰의 징표였다. 그도 나를 믿어 줬을 것이다. 취재와 제작 과정에서 여러 차례 충돌했지만 우리는 서로 같은 곳을 바라보는 동지가 됐다. 남자들끼리 주먹다짐을 벌인 뒤 서로 인정하고 친구가 된다는 소년 만화의 세계는 실제로 존재했다.

4장

주목을 끈 가고이케 이사장 부부

교육자이자 교양인

독특한 사상과 신조를 바탕으로 한 유치원, 그리고 매스컴에서의 여러 발언들. 가고이케 이사장이라는 인물에 사람들이 주목한 것은 어찌 보면 당연했다. 준코 부인도 세간의 관심을 끌었다. 그러나 이들에 대해서는 많은 오해도 있는 것 같다.

  나는 가고이케 이사장, 준코 부인과 만남을 거듭하면서 조금씩 거리를 좁히고 단독 인터뷰도 했다. 이는 내가 그들을 흥밋거리로 다루지 않고 성심성의껏 접촉하면서 그들과 한 약속을 지켰기 때문이라고 생각한다.

  처음 만났을 때 이사장의 관심을 끌기 위해 진성 좌익 히라이 기자와 연극을 벌이기도 했지만 그때도 거짓말은 결코 하지 않았다. 첫 근무지인 야마구치에서 쇼인 선생님을 존경하는 것, 메이지 유신의 고향 조슈를 자랑으로 여기는 야마구치현 사람의 마음을 이해하고 스스로도 거의 동화된 것, 아베 총리와 만난 적은 없지만 아베 총리의 지역 정계인사들을 알고 있던 것 등은 모두 진실이었다. 진성 우익을 자부하는 나지만 가고이케 이사장의 사상 및 신조와는 생각의 차이가 있었다. 그래도 한편으로는 그의 말들을 이해할 수 있었다.

세간의 많은 이들은 그들을 '독특한 생각을 갖고 기이한 행동을 하는 사람들'이라고 여기는 듯하다. 하지만 나는 어떤 사람이든 속내를 들여다보면 이해할 수 있는 부분이 있다고 생각한다. 가고이케 이사장도 마찬가지다. '아베 총리 만세'를 외친 것이나 오줌 싼 아이의 속옷을 젖은 채로 가방에 넣어 집에 보내는 것 같은 행동은 지나친 감이 없지 않지만 이해할 수는 있다. 교육칙어를 암송시키는 것도 생각하기 나름이지만 하나의 신조로서는 가질 수 있다고 생각한다. 오사카부 사학심의회 가지타 회장도 '교육칙어는 있을 수 있지만 아베 총리 만세는 안 된다'고 말했다.

유치원 가정통신문의 민족 차별적인 내용이 문제가 됐지만 그것은 가고이케 이사장이 쓴 것이 아니었다. 나는 가고이케 이사장이 독특하지만 결코 엉뚱하지만은 않다고 생각했다. 그 사람의 생각을 이해하고 존중하면서 접근한 것이 신뢰로 이어진 듯하다.

나는 가고이케 이사장을 긍정적으로 생각했다. 자신의 신념에 근거하는 독자적인 교육이념을 갖고 이를 실현하는 데 모든 힘을 기울여 온 교육자, 전통적 가치관을 존중하며 고전 등 책에 통달한 교양인이라고 생각한다.

일례를 들어 보자. 나는 현재 〈오사카일일신문〉에서 '태풍'(노와키野分)이라는 코너명으로 칼럼을 쓰고 있다. 칼럼을 시작할 당시 신문사 간부로부터 "한자 두 글자로 코너명 아이디어를 달라"는 요청을 받았다. 나는 그날 우연히 가고이케 이사장과 만나기로 했다. 가고이케 이사장 자택에서 그에게 물었다.

"선생님, 이번에 신문 칼럼을 연재하게 됐는데 한자 두 글자로 제목을 생각해 보라고 합니다. 뭔가 좋은 아이디어 없습니까?"

가고이케 이사장은 팔짱을 끼고 잠시 생각하더니 이렇게 말했다.

"노와키野分 어떻습니까? 가을의 태풍이라는 뜻이지요. 계절이 바뀌는 시기입니다. 아이자와 기자는 지금 인생의 분수령에 서 있지 않습니까. (내가 31년 근무한 NHK를 그만두고 〈오사카일일신문〉으로 옮긴 지 얼마 되지 않았을 때였다.) 게다가 여기에는 '세상을 휘젓는다'는 의미도 있지요."

좋은 아이디어라고 생각해 그날 회사에 돌아가 이 제목을 제안했다. 물론 그대로 코너명이 됐다.

사례가 하나 더 있다. NHK는 10여 년 전에 뉴스 리포트에서 가고이케 이사장을 다뤘다. 주제는 '원아들과 럭비를 하는 열혈 유치원장'이었다. 리포트에 등장하는 가고이케 이사장은 확실히 열혈 교사 그 자체였다.

NHK는 뉴스로 다룰 때 취재 대상에 문제가 없는지 신중하게 검토한다. 이 리포트를 제작한 기자도, 기사를 넘긴 M 데스크도 내가 잘 안다. 모두 당시 오사카에서 동료로서 일하던 이들이다. M 데스크는 그후 오사카 방송국장을 거쳐 모리토모 사건 당시 도쿄 보도국장을 맡고 있었다. 이들이 이상한 인물을 뉴스에 등장시키지는 않았을 것이다. 당시 내용과 딱 맞는 사람이라고 생각해 뉴스에 내보냈을 것이다.

이 뉴스의 존재를 알게 된 뒤 나는 M 국장을 만났을 때 "제가 가고이케 이사장 프로그램을 만들고 있는데요. 괜찮으시겠어요?"라고 놀렸다. 당시 리포트를 완전히 까먹고 있던 M 국장은 "무슨 내용이었지? 문제없을까?"라며 진짜로 걱정했다.

M 국장은 정치부 출신으로 내 4년 선배다. '빨리빨리'를 입에 달고 사는 열혈남으로 오사카 국장이었던 때에도 자주 보도국에 내려와 뉴스를 걱정했다. 주변에서는 그를 '청년장교'라고 놀렸다. 그래도 청년장교, 괜찮지 않은가. 나는 M 국장을 좋아했다.

가짜 100만 엔의 진상은

가고이케 이사장은 신념에 확신이 있었기 때문에 흔들림 없이 시종일관 자신의 태도를 유지했다. 솔직한 성품이라 보통이라면 주저할 법한 이야기도 흔쾌히 털어놨다. 오해받을 부분이 없지 않지만 그가 의도적으로 거짓말한 적은 거의 없다고 생각한다.

가고이케 이사장을 둘러싸고는, 아베 총리에게 받았다는 현금 100만 엔을 돌려주기 위해 2017년 6월 21일에 아키에 여사가 경영하는 술집을 방문했던 일이 자주 입길에 오르내린다. '아베 총리에게 돌려주려던 100만 엔짜리 돈다발은 다발 맨 앞과 맨 뒤의 두 장만 진짜 지폐였고 속은 그냥 종이였다'는 예의 그 건이다. 취재하러 온 TV 카메라 앞에서 일부러 돈다발을 보여 주다가 전국적으로 알려져 거짓말쟁이라는 이미지를 강하게 심어 줬다.

이 사건에 대해서 가고이케 이사장은 이렇게 말했다.

"가짜인 줄 몰랐습니다. 알고 있었다면 일부러 TV 카메라 앞에서 보여 주지 않았을 거예요. 진짜 100만 엔짜리 돈다발도 준비했었거든요. 진짜인 줄 알았는데 가짜였어요."

그렇다면 그 가짜 돈다발은 누가 마련했을까? 왜 준비했을까? 취재를 통해 확실한 증거를 확보하지는 못했기 때문에 '누가'는 일단 차치하고라도, '왜'에 대해서는 사정을 잘 아는 사람이 다음과 같이 설명했다.

"당시는 모리토모 학원에 검찰 압수수색이 들어간 직후라 이사장 자신도 언제 구속될지 모른다고 생각했어요. 구속되면 소지품은 모두 압수되지요. 돈다발도 물론이고요. 그것을 두려워해 어떤 사람(실명으로 들었다)이 만약을 위해 가짜 돈다발을 준비한 겁니다. 그것을 이사장에게 알리지 않고 건네는 바람에 이사장은 가짜인 줄도 모른 채 카메라 앞에서 공개한 거죠."

진실인지 아닌지는 아직 취재해 보지 않았다. 하지만 어느 정도 진실이 담겼다는 느낌은 든다.

모리토모 사건 취재로 정신없던 어느 날 오사카 혼마치의 한 가게에서 젊은 A 기자와 술을 마셨다. 그날도 우리는 모리토모 사건에 대해 이야기를 나누고 있었다. 그때 옆에 혼자 앉아있던 한 여성이 갑자기 "지금 모리토모라고 했나요? 제가 모리토모에서 일했는데 …"라며 말을 걸어왔다. 모리토모 학원에서 일했던 사람을 이곳에서 만나다니 깜짝 놀랐다.

"그게 언제쯤이었나요?"

"그게 … 제가 전문대를 나와 갓 취업했을 때니까, 대충 30년도 더 됐죠."

"그때도 가고이케 이사장이 재단에 있었나요?"

"네. 당시 이사장님 딸과 결혼했죠."

여기서 당시 이사장이란, 선대 이사장인 모리토모 히로시. 준코 부인의 아버지다. 가고이케 이사장은 준코 부인과 결혼한 뒤 모리토모 학원에 들어가 선대 이사장이 세상을 떠난 뒤 2대 이사장에 올랐다.

"그때 모리토모 학원 분위기는 어땠습니까?"

"이상했어요. 예를 들면 (선대) 이사장님이 우리 (유치원 여교사) 한테 치마를 입으라고 하는 거예요."

"지금 선생님들은 다들 운동복을 입고 계시던데요."

"보통 그렇죠. 아이들을 상대해야 하니 편한 옷을 입는 게 상식이잖아요. 그런데 치마를 입으라고 했어요. 그리고 립스틱은 분홍색으로 바르라고 … ."

"(웃음) 그거 그냥 취향 아닐까요. 아이들을 상대해야 하니 립스틱을 바르지 말라고 한다면 몰라도, 핑크 립스틱이라니 … ."

"어쨌든 그런 식으로 이사장님은 자신의 취향을 강요했어요. 이것저것 세세한 규칙이 많아서 정말 싫었죠. 열 받아서 자주 탕비실에 가 몰래 담배를 피우면서 기분전환을 했어요. 아, 이건 비밀이에요."

"비밀은 무슨, 30년 전 이야기잖아요. (웃음) 이미 유치원도 그만뒀는데 상관없지 않으세요?"

"아무튼 그 유치원[1] 싫었어요. 게다가 다른 선생님들한테 이지메도 당했어요."

"그건 또 왜요?"

"준코 부인과 닮았다고요."

"제가 준코 부인을 만난 적이 있는데 별로 닮지 않으신 거 같은데요."

"저는 만나 본 적이 없어서 몰라요. 근데 다른 선생님들이 제가 비슷하게 생겼다면서 괴롭히는 거예요. 참기 힘들어서 2년 만에 그만뒀어요."

여기서 나는 질문을 핵심으로 옮겼다.

"가고이케 이사장은 어떤 분이었습니까?"

"가고이케 이사장님께는 사실 신세를 좀 졌어요. 전문대학 나와서 유치원 선생님이 되고 싶었지만 어디에도 취직이 되지 않았어요. 악보도 볼 줄 모르고 오르간을 칠 줄도 몰랐으니까요. 음악을 들으면서는 치겠는데 악보를 보면서는 못 치겠더라고요. 그래서 어느 유치원에서도 저를 써 주지 않았어요. 그때 가고이케 이사장님이 채용해 주셨어요. 그래서 감사하고 있어요. 결국 2년 만에 그만뒀지만."

이 말들이 진실인지 아닌지는 확인하지 않았다. 하지만 우연히 마주친 우리에게 거짓말할 이유는 없다. 내용은 구체적이었고 진실성도 있어 보였다. 그녀가 말한 가고이케 이사장의 캐릭터는 세간에 알려진 모습과는 다르다는 것을 알 수 있다.

---

1 〔지은이 주〕 현재 모리토모 학원 산하 쓰가모토 유치원이 아닌, 지금은 사라진 다른 유치원.

이런 말을 해 주는 사람을 만나는 것은 우연이다. 하지만 기자에게는 운도 실력이다. 우연의 만남이 행운이 될지 말지는 만난 후의 대화에 달려 있다. 기자의 역량은 그럴 때 시험대에 오른다.

가고이케 이사장 부부와 일정 부분 신뢰가 쌓였다고 느껴 왔지만 상황은 점점 꼬이기 시작했다. 2017년 3월 10일, 모리토모 학원이 초등학교 인가신청을 취하한 뒤부터다. 왜 상황이 바뀌었을까. 감이 잡히는 부분이 있지만 여기에서는 따로 적지 않겠다.

분명한 것은 앞에서 언급했듯이 11일 이른 아침, 준코 부인에게 돌연 "배신당했다"는 일방적인 전화를 받았다는 점이다. 그때도 가고이케 이사장은 냉정했고 일단 세 번째 인터뷰에 응하겠다고 약속했지만 당일 밤에 인터뷰를 취소했다. 그 후에는 이사장과 연락이 닿지 않았다. 아무 일도 없었는데 이런 변화가 나타날 리 없다. 무슨 일이 있었겠지만 추측에 불과하다.

이럴 때일수록 조급함은 금물이다. 잠시 사태를 관망하고 차분히 기회를 엿보며 다시 한 번 접근해야 한다. 당분간 가고이케 이사장 부부와 접촉하지 않기로 했다. 기회는 꼭 다시 올 것이라 믿으면서.

5장

국유지 문제에서 보조금 사기까지
초점을 바꾼 검찰 수사

물밑에서 진행된 수사

국유지를 싼 가격에 매각하는 것은 국민 재산을 떨이로 넘기는 것과 마찬가지다. 긴키 재무국 공무원은 국유지를 조금이라도 비싼 값에 팔기 위해 노력해야 했는데 8억 엔이나 싸게 매각해 국가에 손해를 끼쳤다. 이것은 형법상 배임죄에 해당하지 않을까? 누구나 그런 의문을 가질 수 있다.

사건이 알려진 뒤 배임죄 등으로 형사고발이 줄줄이 이어졌다. 매각 건을 맡았던 긴키 재무국의 당시 국장과 담당자들, 상급 관청인 재무성 이재국 간부들, 쓰레기 철거비용 산정을 담당했던 국토교통성 오사카 항공국 담당자 등. 나중에 발각된 공문서 조작을 포함해 고발이 접수된 대상자는 38명에 이르렀다.

고발이 접수되면 수사기관은 반드시 수사해 입건 여부를 판단해야 한다. 고발이 접수된 곳은 오사카지검 특수부였다. 도쿄지검으로 들어온 고발도 모두 오사카로 이송됐다.

고발을 접수한 오사카 특수부가 곧바로 긴키 재무국의 압수수색 등 강제 수사에 나서지 않을까 하는 예상도 있었지만, 일은 그렇게 진행되지 않았다. 하지만 물밑에서는 조용하게 수사가 이뤄지고 있었다. 시간이 흐르면서 점차 수사 움직임이 드러나기 시작했다.

당시 나는 오사카에서 법조를 담당하던 NHK 기자 세 명 중 팀장이었다. 20대인 후배 기자 두 명과 함께 법원, 검찰청 등 법조 관련 취재 전반을 담당하고 있었다. 그들 입장에서 보면 나는 거의 아버지뻘 세대다. 두 명 중에서 연차가 높았던 H 기자(여성)가 2번기, 제일 연차가 아래인 F 기자(남성)가 3번기였다.

2번기란 그 분야 담당기자 중 연차가 위에서 두 번째라는 의미다.[1] 옛 군대에서 3기 편대의 지휘관을 1번기, 후부 좌측 서열 2번째 비행기를 2번기, 후부 우측의 가장 풋내기 비행기를 3번기라고 부른 것에 유래한다. 사실 언론계에서는 군대 용어가 자주 쓰인다. 예를 들어 유군遊軍(딱히 담당을 정하지 않고 상황에 따라 투입돼 취재하는 기자)이라든가, 병참(물자 보급. 최근에는 '로지'라고 부름. 이것도 '로지스틱스'라는 영어 군대용어의 약칭), 전현全舷(지국 기자 전원이 쉬는 것. 신문 용어로 휴간일 전날에 시행함. 원래는 구 해군에서 군함의 모든 승무원이 상륙하는 것을 가리킴) 등이 대표적이다. NHK는 뉴스를 365일 방송하기 때문에 전현은 없다.

---

1 한국 언론계에서는 1진, 2진, 3진 등으로 부른다.

요즘은 이런 말을 잘 안 쓰는 것 같다. 인터넷 사회가 돼서 그럴지도 모른다.

신문사에서는 네다섯 명이 팀을 이뤄 법원과 검찰청을 나눠 맡는다. 각각 영어의 머리글자를 따 J(justice, 재판) 담당, P(prosecution, 검찰) 담당이라고 부른다. 하지만 나는 양쪽 취재를 동시에 하는 것이 도움이 될 듯해 팀을 나누지 않고 모두에게 법원과 검찰청 취재를 같이 시켰다. 다만 검찰 내 어떤 영역을 누가 취재할지는 정했다. 구역 정리가 없으면 취재가 겹치게 되고 출입처에서도 귀찮아하기 때문이다.

오사카지검에는 여섯 부서가 있지만 취재처로서 가장 중요한 곳은 역시 특수부다. 특수부를 젊은 두 기자에게 맡겨 경쟁을 유도했다. 기자들이 선망하는 특수부 취재는 젊은 기자들에게 묘한 매력을 준다. 그들

검찰에 출두하기 전 자택 앞에서 취재진의 질문에 답하고 있는 가고이케 이사장.

이 특종을 따내 방송국 내에서 좋은 평가를 받아 자신이 원하는 부서로 인사발령을 받았으면 했다. 앞으로 크게 성장해야 할 기자들이기 때문이다. 50대 중반에 접어든 나와는 입장이 달랐다. 나는 검찰청에서 주로 검사장이나 차석, 부장 등을 맡았다. 법원, 변호사회, 오사카 교정관구(교도소 등을 관할하는 법무성 내 조직) 취재도 했다.

"압수수색 들어갑니다"

모리토모 사건이 터지기 직전인 2017년 1월, 오사카지검 특수부에서 다뤘던 사건이 하나 있었다. 불교 내 특정 종파와 관련한 사건이었다. 특수부는 이미 해당 종파 사찰의 주지스님 및 관계자를 구속했다. 하지만 수사는 사찰 한 곳에 그치지 않았다. 해당 종파 본산의 간부들을 수사 대상에 넣어 간부가 주지를 맡고 있던 사찰과 부속 유치원에 대한 압수수색을 검토하고 있었다. 2번기 H 기자가 이 사실을 특종으로 잡았다.

뉴스가 될 것 같아 3번기 F 기자를 현지에 파견했다. F 기자는 압수수색 전날 해당 종파 간부와 단독 인터뷰를 하는 데 성공했다. 그는 이런 인터뷰 취재를 잘했다.

게다가 압수수색 당일 내가 직접 검찰 관계자를 취재한 결과, 단순히 압수수색으로 끝나지 않을 것임을 알게 됐다. 종파 간부를 구속할 것 같았다. 영상 취재까지 만반의 태세를 갖추고 현장에서 특수부가 도착하기를 기다렸다.

현장에 나간 F 기자로부터 시시각각 보고가 들어왔다.

"지금 검사와 사무관이 왔어요. 사찰 부속 유치원 안으로 들어갔습니다."

"지금 종파 간부에게 이야기를 듣는 게 유치원 창문 너머로 보입니다."

조사를 시작했다는 뜻이다. 곧 압수수색이 시작될 것이고 종파 간부는 임의동행되어 구속될 것이다. 임의동행이 일단 이뤄지면 더 이상 도망갈 우려가 없다. 우선 압수수색을 했다는 팩트부터 보도하기로 했다. 나는 설레는 마음으로 다음 상황을 기다렸다.

그런데 예상 밖의 보고가 들어왔다.

"검사와 사무관이 밖으로 나왔습니다. 종파 간부는 옆에 없어요."

뭔가 내가 잘못 알고 있는 것 같았다. 분명히 임의동행인 줄 알았는데.

몇 분 후, F 기자가 흥분하며 내게 보고했다.

"왔습니다! 수색 차량이 엄청 왔어요. 속속 안으로 들어갑니다."

압수수색이 시작됐다. 이번에야말로 임의동행에 나설 것이 분명했다. 나는 준비해 놨던 압수수색 예정 기사를 손보면서 검찰 간부에게 이를 알렸다. 수사 관계자들은 당연히 '현장에 NHK 취재팀이 와 있다'는 보고를 검사들에게 했을 것이다. 그런 상황에서 우리가 "뉴스에 내보낸다"라고 통보한 것이다.

나는 알고 지내던 검찰 간부에게 문자메시지를 보냈다.

"신병을 확보하면 (뉴스에) 내보낼 생각입니다."

그러자 검찰 간부로부터 급하게 전화가 걸려 왔다.

"내보낸다고요? 뭘 내보낸다는 겁니까?"

"지금은 일단 사실관계만 보도합니다. 압수수색을 했다고 할 겁니다."

"구속했다고 내보낼 겁니까?"

"그건 우리가 알아서 합니다."

"구속했다고 보도한다고요? 그러면 오보가 될 텐데."

오보일 리 없을 것이라고 믿었지만 전화로는 그렇게 말하지 않았다.

"우리가 판단해 하겠다"라고 애매하게 말을 맺으면서 전화를 끊었다. 검찰이 구속할 것이라고는 생각했지만 실제로 구속하기 전까지는 그렇게 보도할 생각이 없었다.

나는 '임의동행했습니다'라는 현장 보고가 들어오기를 기다리고 있었다. 그런데 수색이 시작됐는데도 종파 간부를 데려갈 기색은 보이지 않았다. 어떻게 된 걸까. 내가 뭔가 착각하고 있던 것은 아닐까.

그때, 현지에 있는 3번기 F 기자로부터 "조급하게 굴어 실수하면 큰일 납니다"라는 메일을 받았다. 말투는 건방졌지만 정말 중요한 포인트를 지적한 보고였다. 애초 이 특종을 따낸 2번기 H 기자도 중요한 부분을 지적했다.

"저는 구속이라고 확실히 듣지 않았습니다. 아이자와 선배께도 그렇게 전했습니다."

생각해 보니 그랬다. 뭔가 혐의가 있어 압수수색에 들어간다는 이야기는 들었지만 구속한다는 말은 없었다. 오늘 계획이 단순하지 않다는 이야기를 듣고 내가 '구속할 게 틀림없다'고 짐작했을 뿐이었다. 감이 이상했다.

그러고 보니 조금 전 검찰 간부가 "오보가 될 텐데"라고 전화한 것도 심상치 않았다. 처음에는 기사가 나가는 것을 막기 위한 의도적 거짓말 같았지만, 생각해 보니 그런 말을 함부로 입에 올릴 사람이 아니었다. 구속된다고 보도하면 오보가 될 것이라는 말은 정말일까? 종파 간부는 구속되지 않는 것일까? 대체 어떻게 돼 가고 있는 것일까?

이때 깨달았다. 이미 사찰 주지들은 구속된 상태다. 종파 간부는 아직 구속하지 않을 것 같았다. 너무 깊게 생각하다 보니 그만 착각에 빠져 버린 것이다. 후배들이 제대로 취재했다.

당사자를 구속하지 않는데 압수수색 자체만 가지고 보도할 수는 없다. 이날 찍은 압수수색 영상과 단독 인터뷰는 나중에 종파 간부가 구속됐을 때 쓸 자료화면 용도로만 챙겨 두기로 했다.

그런데 정말 의외의 일이 벌어졌다. 대규모 압수수색을 하면서 특수부는 끝내 종파 간부를 구속하지 않았다. 우리가 찍어 놓은 단독 영상은 전부 창고에 처박아 두게 됐다. 어이없는 일이었다. 대체 왜 그랬을까?

진상은 모르지만 이런 이야기를 듣기는 했다. 이 사건은 한 거물급 퇴직 검사(현재는 변호사)가 수사를 마무리 짓지 못했던 사안이었다. 애초부터 특수부는 수사를 확대할 의도가 없었다. 종파 간부에 대한 대대적인 압수수색은 경험이 적은 검사와 사무관에게 경험을 쌓게 해 주기 위한 훈련이었다.

수사가 진척돼 종파 간부를 구속해야 사건이 재밌어지는데, 명색이 검찰이 이런 사건 하나 똑바로 처리하지 못하다니. 힘들게 특수부 취재를 해 봤자 소용없다고 나는 후배들에게 푸념했다.

그리고 얼마 안 돼 모리토모 사건이 터졌다. 특수부가 소용없다는 말은 취소다. 특수부 취재는 다시 우리 팀의 최우선 과제가 됐다. 팀 전원이 총출동하기로 했다. 전원이라고 해 봤자 세 명에 불과했지만.

우리 팀에서 가장 취재를 잘 했던 기자는 당시 7년차였던 2번기 H였다. 2016년 7월에 오사카에 부임해 법조를 맡았다.

H 기자가 처음 왔을 당시 특수부가 모 시청을 압수수색했다. 당시 피의자가 구속될지 여부는 알 수 없었다. NHK 오사카 법조팀장인 나를 포함한 세 명 모두 갓 법조를 맡았던 때라 특별한 취재원이 없었다. 그런 상황에서 H 기자는 특수부장에게 그날 구속은 없을 것이라는 언질을 받아 왔다. 처음 만나 그런 얘기를 끌어내다니. 게다가 취재 방식이나 취재원을 상대하는 태도 등이 정말로 훌륭했다. 나와 오사카 보도부 넘버 2인 T 총괄은 "무서운 놈이 왔다"며 든든해했다.

그 후 H 기자는, 어떻게 취재했는지는 모르지만 '사찰 사건' 당시 검찰 정보를 상당 부분 확보했다. 본인은 특별히 언급하지 않았지만 남모르게 뒤에서 열심히 노력했다는 사실을 말하지 않아도 알 수 있었다. 검찰 출입처는 아무리 노력을 기울인다 해도 이제 막 출입을 시작한 기자가 술술 취재할 정도로 쉬운 곳이 아니다. 모리토모 사건 검찰 취재는 당분간 2번기 H 기자에게 맡기기로 했다.

훌륭한 특종

2017년 3월 정부가 배임 혐의로 여기저기서 고발을 당하던 당시, 언론의 최대 관심은 두 가지였다. 관계자를 언제 소환할지, 긴키 재무국을 압수수색할 계획이 있는지 여부였다.

H 기자는 우선 모리토모 학원이 개교하려던 초등학교의 건설업자와 설계업자에 대해 검찰이 조사에 착수했다는 사실을 알아냈다. 업자들은

모리토모 학원과 긴키 재무국의 토지 거래에 깊게 관여했다. 가격 인하의 근거가 된 부지 밑 쓰레기 규모 산출에도 관여했다. 배임죄로 입건할 수 있는지 여부를 판단하는 데 있어 중요한 관계자다. 모리토모 사건으로 세상이 시끄러우니 이것만으로도 충분히 뉴스가 된다고 봤다.

하지만 H 기자는 이것만으로 바로 기사를 쓰려고 하지 않았다. 정보를 하나 얻었다고 당장 뉴스에 내보내고 싶지는 않다고 말했다. 관계자에게 폐를 끼칠 수 있다고도 했다. 기자는 보통 특종을 발굴하면 당장 쓰고 싶어 한다. 안 그러면 언제 타사가 물을 먹일지 모르기 때문이다. 그렇기 때문에 "안 쓰겠다"고 하는 것은 보통 기자로는 마음먹기 어려운 일이다.

이후 취재를 계속하던 H 기자는 긴키 재무국 직원에 대한 소환조사가 시작됐다는 사실도 파악했다. 이거야말로 큰 건이었다. 관계자가 아닌 '피의자'로 전환될 수 있는 사람들이다. 조사의 무게가 다르다. 이거야말로 보도하고 싶었다. 하지만 H 기자는 여기서도 참았다. 조금 더 기다리고 싶다고 했다.

데스크는 조급해했다. 나도 보도할 타이밍이라고 생각했지만 취재기자의 뜻을 존중하기로 했다.

그리고 5월 골든위크[2]가 시작됐다. 현 단계에서 볼 때 연휴에 들어가면 수사도 당분간 멈출 것 같았다. 나는 2월 이후 3개월간 하루도 쉬지 못했다. 여기서 한숨 돌릴 생각이었다. 연휴 첫날인 3일은 숙직 근무일이었다. 4일부터 연휴 마지막 날인 7일 규슈 출장 때까지 아무 스케줄이

---

2 Golden Week. 4월 말~5월 초에 걸쳐 쇼와의 날(히로히토 옛 천황 생일), 어린이날, 숲의 날 등 휴일과 주말이 이어지며 일주일간 계속되는 대형 연휴.

없었다. 3일간은 쉴 수 있을 것 같았다. 그렇게 생각하고 쉬던 중, 어린 이날인 5일 이른 아침에 전화 소리에 잠에서 깼다.

"〈마이니치신문〉에 모리토모 사건 소환조사 기사가 났어요."

문자메시지를 확인했다. '특수부, 초등학교 건설업체 소환조사'라는 기사가 났다. H 기자가 이미 확인한 내용이었다. 그런데 정작 중요한 '긴키 재무국 소환조사'에 대해서는 전혀 언급되지 않았다. 수사 당국에서 취재했다면 하나만 들었을 리 없다. 아마 업자 측으로부터 듣고 쓴 것 같았다. 게다가 연휴 중간인 이날 기사를 냈다는 것은 아마도 검찰 쪽을 취재하지 않았거나, 검찰에 아예 알리지도 않았을 가능성이 크다. 부끄러운 기사다.

나와 H 기자, T 총괄 등 세 명은 오사카 방송국 11층 사무실에 모였다. T 총괄은 내가 전적으로 신뢰하는 최고의 사건기자이자 나를 믿어주는 든든한 상사다. 그런 그와 내 의견은 일치했다.

"〈마이니치〉에 기사가 났으니 타사도 뒤따라 취재할 것이다. 그러면 어딘가는 재무국도 수사 대상에 포함됐다는 사실을 눈치챌 것이다. 이제는 기사를 쓸 때다. 업자를 내세우지 말고 '긴키 재무국 소환조사'라고 쓰자. 그러면서 업자도 조사 중이라고 한 줄 걸치면 된다. 이걸로 〈마이니치〉가 쓴 어중간한 기사를 덮어 버리자."

나와 T 총괄의 주장에 고집을 부렸던 H 기자도 수긍했다. H 기자가 쓴 기사는 이날 오후 7시 전국 뉴스를 장식했다. 나의 귀중한 휴가를 빼앗은 〈마이니치〉 기자 양반, 이제야 알겠는가! 이 사건은 배임사건이다. 몸통은 긴키 재무국이다. 그것을 안 쓰면 어떻게 하나! 내가 항상 "NHK 사건 보도의 수준은 차원이 다르다"라고 하는 것은 바로 이런 점 때문이다.

그날 밤 나와 H 기자, T 총괄 셋은 내 단골 가게인 '바타바타'에서 축배를 들었다. 승리의 축배는 달콤한 법이다. H 기자가 말했다.

"처음 보도한 게 우리가 아니라 〈마이니치〉라서 다행이에요. 특수부장이 〈마이니치〉는 자신에게 확인하지 않았다고 그러더라고요."

이 말은 소환조사 사실을 알았다고 해서 바로 쓰지는 말았어야 했다는 뜻이다. 맞는 말이다. 그리고 〈마이니치신문〉은 특수부장에게 확인하지 않은 채 기사를 썼다. 말하자면 기자의 신의성실 위반이다.

두 사람이 돌아간 뒤 혼자 남아 계속 술잔을 기울였다.

다음 날 조간을 보니 업자 조사에 대해서는 다들 썼지만 긴키 재무국 조사 기사를 받아쓴 곳은 어디에도 없었다. 언론들 모두 업자로부터는 정보를 들을 수 있었지만 검찰에서는 팩트 확인을 못 했다는 뜻이다. 검찰을 제대로 취재하지 못하고 있다는 것을 의미한다. 이 싸움에서 이길 수 있다고 확신했다.

그러나 내 생각이 안이했다는 것을 얼마 지나지 않아 알게 됐다.

검찰 내부의 '도쿄 vs. 오사카'

이 사건의 본질은 두 가지다. 왜 학교가 인가됐는지, 왜 국유지가 저렴하게 팔렸는지다. 국유지 헐값 매각은 재무성과 긴키 재무국의 배임 행위 의심을 사게 한다. 이 부분에 대한 수사가 가장 중요한 포인트여야 한다.

그런데 이때부터 오사카부가 자꾸 모리토모 학원의 보조금 부정에 대한 정보를 언론에 흘리기 시작했다. 오사카부는 모리토모 학원의 유치원에 두 종류의 보조금을 교부하고 있었다. 교원확보 보조금과 장애아동 보조금이었다. 그런데 모리토모 학원이 교원과 장애아동 수를 부풀려 보조금을 부정수급했다는 의혹이 나오기 시작했다. 여기에 오사카시까지 '시 보조금도 부정하게 받은 혐의가 있다'고 밝혔다.

물론 보조금 부정이 있었을 수 있다. 하지만 이는 국유지 헐값 매각과 전혀 상관없는 이야기다. 모리토모 학원이 많은 보조금을 받고 있다는 것은 오사카부가 애초부터 알고 있던 사안이다. 지금까지 전혀 눈치채지 못했다고 하는 것이 오히려 이상하다. 왜 이제 와서 갑자기 소란을 피우기 시작한 걸까?

나로서는 새로운 사기사건으로 시선을 돌려 사건의 몸통인 배임사건으로부터 세상의 눈을 멀어지게 하려는 목적이 있다고밖에 여겨지지 않았다. 오사카부 지사도, 오사카 시장도 모두 오사카 유신회가 잡고 있었다. 유신회와 아베 정권이 가깝다는 점은 모두가 알고 있는 사실. 한마디로 유신회가 중앙정부를 위해 기막힌 어시스트를 했던 셈이다.

검찰 수사는 애초 배임을 파다가 사기 쪽을 우선시하는 방향으로 기류가 바뀌어 갔다. 사기사건을 수사하려면 유치원 교원, 학부모 등 관련자 상당수를 조사해야 한다. 특수부만으로는 수사 인력이 부족해 여기저기서 검사를 차출해 본격적으로 관계자 조사를 시작했다.

아무리 사건의 본질이 배임이라고 해도 검찰이 사기 수사에 적극 나서고 있는 이상 출입기자로서 마크하지 않을 수 없었다. 사건의 초점은 언제 긴키 재무국을 압수수색할지가 아니라 언제 모리토모 학원을 압수수색할지, 가고이케 이사장을 구속할지 여부로 완전히 바뀌어 버렸다. 물타기 의도가 눈에 뻔히 보였다. 그래도 쫓지 않을 수 없는 것이 출입기자의 현실이다.

5, 6월에 오사카검찰 출입기자와 도쿄 사회부 검찰 출입기자의 취재를 지켜보면서 깨달은 것이 하나 있었다. 그것은 검찰 안에서 오사카와 도쿄의 차이였다.

도쿄는 하루라도 빨리 사기사건 수사를 진행하고 싶어 했다. 빨리 모리토모 학원을 압수수색해 빨리 가고이케 이사장을 구속하려 했다. 그런 분위기의 정보가 잇따라 들어왔다. 5월 안에 곧 수색에 들어간다는 소식도 있었다.

당시 가고이케 이사장은 아베 총리를 지지하던 이전까지의 노선을 바꿔 총리를 비판하는 말을 계속 언론에 쏟아 내고 있었다. 아베 총리가 자신을 내팽개쳤다고 생각했기 때문일 것이다. 도쿄의 검찰당국(법무성, 대검)은 가고이케 이사장을 빨리 구속해 입막음을 하려던 것이 아닐까? 그렇게 해석해도 이상할 것 없어 보였다.

반면 오사카 쪽 검찰은 현장수사 상황을 우선시하며 필요한 수사를 해 놓지 않는 한 압수수색에 착수할 수 없다는 태도를 계속 유지했다. 지극히 정당한 판단이었지만 나에게는 의외였다. 도쿄와 지방의 뜻이 다른 것은 NHK에서도 자주 있는 일이다. 그리고 항상 힘이 센 도쿄가 이긴다. 검찰도 그러지 않을까 싶었지만 이번에는 조금 다른 듯했다. 오사카지검 수장인 검사장이 몸을 던져 현장을 지키면서 도쿄로부터의 압력을 피하려는 것이 아닌가 하는 느낌이 있었다.

우리는 도쿄 사회부로부터 '곧 있으면 착수할지도', '드디어 착수할지도'라는 정보가 올 때마다 오사카에서 취재망을 가동해 '그런 일은 없다', '아직 시간이 걸릴 것 같다'고 도쿄에 알렸다. 실제로 도쿄검찰 당국이 추진하려던 조기 압수수색 착수는 이뤄지지 않았다. 사기사건으로 소환해 수사해야 하는 관계자 수는 막대했다. 오사카에서는 그렇게 간단히 수사가 매듭지어지고 있지 않다는 느낌을 받았다.

특수부장이 격노했다

그래도 6월이 되면서 '수색 착수에 가까워졌다'는 느낌이 오기 시작했다. 그리고 마침내 모리토모 학원에 대한 압수수색이 6월 18일로 예정됐다는 것을 알게 됐다. 이날은 국회 회기가 끝나는 날이다. 정무적 판단에 따른 것이라는 냄새가 났다. 게다가 이날은 일요일이라 유치원이 쉬는 날이다. 원아들을 배려하는 의미도 있는 듯했다.

그렇다고 다 보도하지는 않았다. 압수수색 날짜를 밝히면 수색을 받는 쪽에 증거를 인멸할 기회를 줄 수 있다. 우리는 미리 보도하지 않고 영상 취재를 포함한 대규모의 취재를 준비하면서 그날에 대비했다.

그런데 수색 예정일을 이틀 앞둔 16일 금요일, 어처구니없는 일이 일어났다. 〈산케이신문〉에 "모리토모 학원 조만간 강제수사"라는 기사가 난 것이다. 게다가 기사에 18일 압수수색할 것이라고 명기했다.

황당했다. 이런 보도를 하려면 적어도 날짜 같은 부분은 뭉뚱그렸어야 했다. 안 그러면 압수수색을 받는 쪽에 수사 정보를 주는 셈이 되고 만반의 준비를 갖출 기회를 주는 꼴이기 때문이다. 수사를 방해하려는 의도였을까. 수사가 이상하면 크게 비판해야 하지만 비판과 방해는 다르다. 기자로서의 상도의는 대체 어디로 간 것일까. 자신들의 취재력을 뽐내려는 목적 이상도 이하도 아니었다.

〈산케이신문〉은 특종(이라고 부를 가치도 없지만)만 할 수 있다면 나중에 어떻게 돼도 상관없다는 것이었을까? 경박하다고 생각했다. 〈산케이신문〉을 지지하는 독자라면 〈산케이〉가 이렇게 검찰 수사를 방해하는 신문이라는 사실을 알아야 한다.

한편으로 생각하면 〈산케이〉가 이런 기사를 썼다는 것은 검찰 내부의 누군가가 〈산케이〉에 정보를 흘렸다는 뜻이기도 했다. 그 사람도 엄중히 반성해야 한다. 상대를 잘못 택해 이런 식으로 정보를 흘리면 수사에 나쁜 영향을 준다. 나는 어디서 흘러나왔는지 짐작 가는 데가 있지만, 확실하지 않아 밝히지는 않겠다.

어쨌든 이런 일을 당하면 특수부장은 격노할 수밖에 없다. 압수수색을 미루는 방안을 검토할 수도 있다. 우리로서도 준비 태세를 바꿔야 한다. 최악의 경우에는 일요일에도 일단 취재 준비를 한 뒤, 결국 수색 날짜가 바뀌어 허탕을 친 채 다음 날에도 같은 준비를 반복해야 한다.

아니나 다를까, 야마모토 특수부장은 격노했다. 수색 날짜가 바뀔지 그대로 밀어붙일지 오리무중에 빠졌다. 검찰 내부에서도 취재가 되지 않았다. 곤란해졌다. 그래도 어찌됐든 압수수색일이 바뀔 것 같다는 느낌은 전해져 왔다.

토요일에 '내일 압수수색을 하지 않을 것'이라는 정보를 확실하게 입수했다. 하지만 언제 수사에 들어갈지에 대한 정보는 없었다. 상식적으로 생각하면 다음 날에 하겠지만 월요일인 만큼 아이들을 어떻게 배려할지를 생각해 둬야 했다. 아예 한 주 연기할 수도 있다. 하지만 확실히 알지 못하는 이상 준비해 두는 수밖에 없다. 일단 일요일 준비는 풀고 월요일에 태세를 다시 갖췄다.

마침내 6월 19일 월요일. 그날이 됐지만 압수수색이 있을지 여부는 여전히 알지 못했다. 현장 검사들에게조차 알리지 않았다는 사실은 나중에 알았다. 바싹바싹 애간장이 탄 채 하루가 지나갔다. 각 현장에는 기자와 카메라 스태프가 여럿 있었다. 그들을 위해 수사 정보를 얻는 것이 우리가 할 일이었다. 점심을 한참 지난 오후에야 겨우 취재가 됐다.

"예상대로 오늘 한다. 오늘 저녁부터 들어간다."

하필 오늘 늦은 시간에 한다니, 나로서는 최악이었다. 꽤 오래 전에 오사카고등검찰청 검사장과 NHK 오사카 방송국장과의 저녁 자리를 약속했기 때문이다. 물론 목적은 국장을 속이면서 우리 담당 기자가 동석해 검사장과 친하게 이야기를 나누려는 것이었다.

아무튼 나는 곧바로 검찰청사 23층 검사장실로 달려갔다. 평소엔 사전 약속 없이 못 만나는 검사장에게 '긴급한 일이니 만나자'고 요청했다.

"죄송합니다. 오늘 저녁 자리를 연기하겠습니다. 이유는… 아시죠?"

물론 뻔히 알고 있었을 것이다. 검사장은 쓴웃음을 지었다. 연기된 저녁 자리는 결국 그 후 성사되지 않았다. 검사장은 천황이 직접 임면하는 자리이기 때문에 인증관認證官[3]이라고 불릴 정도로 명예로운 자리다. 그중에서도 오사카고검 검사장은 검찰총장, 도쿄고검 검사장 다음으로 검찰 넘버 3다. 그런 사람과의 약속을 깨 버린 것이다. 정말 〈산케이신

---

[3] 총리, 장관, 대법원 판사, 대사 등이 해당된다.

가고이케 이사장 자택을 압수수색하는 오사카지검 특수부 수사팀.

문〉… . 내가 생각해도 나는 참 뒤끝이 있다. 난 이런 일을 두고두고 잊지 않는 타입이다.

우당탕탕 수색 현장

저녁이 되자 수사 차량들이 하나둘 오사카지검 청사에서 나왔다. 압수수색이 시작됐다. 모리토모 사건을 두고 검찰이 처음으로 무대에 오른 순간이었다. 나는 검찰청사에 있었지만 이제 여기에서는 할 일이 없었다. 모리토모 학원(쓰카모토 유치원도 함께 있음)으로 향했다. 수많은 보도진으로 북새통을 이루는 가운데 검찰 담당자들이 수색에 나섰다. 이

압수수색을 위해 가고이케 이사장 자택에 들이닥친 오사카지검 특수부 수사팀.

를 배경으로 2번기 H 기자가 중계 리포트를 했다. 소란스러웠던 수색 현장만큼이나 검찰당국 내부에서도 상당히 소란이 컸다는 것을 나중에 알게 됐다.

현장 검사들에게 수색 결정이 알려진 것은 시간에 임박해서였다. 전날 착수할 생각으로 준비했기 때문에 시간에는 어떻게든 맞출 수 있었겠지만, 그래도 수사팀 모두 서둘러 준비에 돌입했다. 도착해서도 쉽게 수색에 나설 수 없었다. 현장에서 대기하면서 수사 차량 안에서 상부 지시를 기다렸지만 좀처럼 '고'go 사인이 나오지 않았다. 이날 도쿄에서는 국회 폐회에 맞춰 아베 총리의 기자회견이 열렸다. 압수수색 착수는 총리 회견이 끝난 때와 비슷한 타이밍에 이뤄졌다. 이것이 우연인지 정무적 판단인지는 알 수 없다.

모리토모 학원 본부는 그대로 수색에 들어갔지만 다른 관련 시설은 이미 직원이 퇴근해 버려 들어갈 수 없는 곳도 있었다. 가고이케 이사장 자택 압수수색도 착수가 늦어졌다. 저녁 늦은 시간에 시작한 탓에 압수수색은 밤늦게까지 이어졌다. 밖에서 대기하던 취재진도 힘들었지만 안에서 수색을 진행한 검사와 사무관도 피곤했다. 물론 수색을 받는 쪽도 함께 있어야 했기 때문에 마찬가지였다. 이사장 자택 수색은 새벽 2시에 끝났다. 학원 수색은 아침까지 이뤄졌다. 모든 것이 이례적인 수색이었다.

모 검찰 관계자는 "특수부장은 걸핏하면 비밀, 비밀 하면서 현장에 중요한 정보를 알리지 않는다. 현장을 믿지 않는다"고 투덜대고는 했다. 이 말을 현장에서 실감했다.

압수수색이 끝났으니 이제 최대 초점은 '가고이케 이사장을 언제 구속할지'였다. 일각에서는 구속하지 않고 자택에서 임의수사를 할 것이라는 말도 있었다. 가고이케 이사장뿐만 아니라 준코 부인이 구속될지도 관심사였다. 무슨 혐의로 구속될지도 궁금했다. 압수수색은 보조금법 위반 및 사기 혐의로 이뤄졌다. 이대로 갈지, 아니면 바뀔 것인지도 초점이었다.

이런 것들이 중요하긴 하다. 하지만 잊어서는 안 될 것이 있다. 사기는 모리토모 사건의 핵심이 아니라는 점이다. 몸통은 어디까지나 국유지 헐값 매각이다. 긴키 재무국과 재무성 관료들의 배임이다. 왜 헐값에 팔렸는지 진상을 밝혀내기로 '클로즈업 현대 +' 시청자와 약속했다. 나는 검찰 수사를 취재하면서 이 부분도 취재하고 있었다.

6장

배임 실태를 드러내다
특종에 격노한 보도국장

도쿄에서 온 데스크

모리토모 사건이 터지고 한 달쯤 지난 2017년 3월 중순이었다. '클로즈 업 현대 +'가 끝난 뒤 도쿄 사회부에서 데스크와 기자 몇 명이 오사카에 왔다. 도쿄 사회부는 그때까지 모리토모 사건을 거의 취재하지 않았기 때문에 프로그램에도 관여하지 않았다. 그러나 문제가 이렇게 커지면서 일부 데스크와 기자들이 이대로는 안 된다는 위기감을 느낀 것 같았다. 기자들을 이끌고 온 L 데스크는 도쿄 사회부에서 법조 취재 경험이 많은 데다 오사카에서 데스크 경험도 있었다. 이 사건 취재를 지휘하는 데 제격일 것 같았다.

나는 예전부터 그를 알고 있었다. 나는 과거 고베 방송국에서 효고현 경찰청 취재를 담당했었다. 한신·아와지 대지진이 일어난 1995년, 나는 도쿄 사회부로 옮겼다. 이듬해에 그가 신입기자로 고베 방송국에 왔다. 입사 연차로 내 9년 후배다. 고베에서 있던 시기가 겹치지는 않았지만 서로를 알고는 있었다.

참고로 L 데스크의 동기로 고베에 함께 왔던 신입기자 중 한 명이 모리토모 사건 당시 오사카 법조 담당 데스크였던 Y 데스크다. 그가 고베에 있다가 오사카에 와 법조 담당을 맡았을 당시 나는 오사카부 경찰 캡이었다. 그랬던 그가 10여 년의 세월이 흐른 뒤 내 직속상관이 됐다. 내가 너무 오래 현장기자를 하다 보니 이런 만남이 종종 일어난다. 나는 별로 신경쓰지 않았지만 상대방은 신경쓸 것 같았다.

L 데스크 지휘 아래 사회부 기자들은 취재를 시작했다. 하지만 수사를 진두지휘하는 오사카지검은 우리 오사카 담당 기자가 돌기 때문에 그들은 발을 담그지 않았다. 그게 도리다. 또 다른 한 축인 모리토모 학원도 내가 가고이케 이사장을 비롯한 학원 관계자와 좋은 관계를 갖고 있다는 점을 알고 있었기 때문에 취재에 나서지 않았다. 그들의 타깃은 긴키 재무국, 국토교통성 오사카 항공국, 모리토모 학원 초등학교 건설업자 및 설계업자 등 국유지 헐값 매각에 관여한 당사자 및 관계자들이었다.

사회부 기자들의 취재를 현장에서 통솔한 팀장은 S 기자였다. 그의 첫 근무지는 도쿠시마였다. 당시 도쿠시마 담당 데스크가 나였다. 신입으로 와서 내 밑에서 일하다니 그 친구도 운이 좋지 않았다. 사람은 아주 좋았는데 일에 서툴러 좀처럼 취재 성과를 올리지 못했다. 나는 차분하게 지켜봐 주지 못하고 세차게 꾸짖었다. 매번 분노하고 꾸짖고 몇 번이나 취재를 다시 시키면서 기사를 고치게 했다. '당장 사표 써!'라고 내가 화를 내자 실제로 쓴 적도 있었다. 귀엽기 이를 데 없었다.

그래도 그는 좌절하지 않았다. 묵묵히 취재에 임하며 착실하게 능력을 키워 갔다. 그렇게 13년을 보낸 S 기자는 타고난 성실함과 끈기 덕분에 훌륭한 사회부 기자로 성장했다. 그랬기 때문에 이런 상황에서 팀장을 맡았다. S 기자는 특유의 끈기를 발휘해, 아는 취재원 하나 없는 이곳에서 이런저런 정보를 취재했다. 하지만 본부 격인 긴키 재무국은 철저히 입을 닫고 있었다. S 기자가 부딪힌다고 해도 평소 인간관계를 맺어 놓지 않은 곳에서 결정적인 정보를 얻기란 쉽지 않다. 다른 젊은 기자들은 더욱 그랬다.

그 무렵 나는 모리토모 학원과 오사카지검에서 오랜 기간 쌓은 경험과 다방면의 취재원 인맥을 살려 취재하고 있었다. 문제의 학교 부지 지역인 도요나카시가 대표적이었다. 우연이지만 나는 오사카에서 법조 담당을 하기 전에 도요나카시 등 오사카부 북서부 지역 취재를 담당했다. 그러다 보니 시장을 비롯한 시청 간부, 전직 국회의원, 부의회 의원, 일부 시의회 의원들과 안면이 있었다. 그들은 정통한 소식통들이었다. 모리토모 학원이나 문제의 부지에 대해서도 뭔가 알고 있었다. 예전부터 친하게 지낸 나에게 이런저런 내용들을 말해 주었다.

더구나 아베 총리 선거구가 있는 야마구치현은 내 초임지다. 아직도 친하게 지내는 지역 정치권 인사들이 각종 정보를 흘려주었다. NHK가 내게 모리토모 사건 취재를 시키기 위해서 이런 것까지 염두에 둔 것은 아닌지 묻고 싶을 정도로 절묘했다.

L 데스크는 나의 이런 인맥을 살려 사회부 취재팀과 제휴해 결정적 정보를 얻으려고 생각했을 것이다. 이 선택은 실제로 큰 성과를 거뒀지만 한편으로는 방송국 내에서 큰 파장을 불러 일으켰다.

귀를 의심케 한 정보

3월 어느 날, L 데스크는 평소 법원 기자실에 있는 나를 방송국으로 불러 말을 걸었다.

"아이자와 선배. 저는 선배 능력을 믿고 있어요. 부탁이 하나 있습니다. 모리토모 사건에 대해 취재하고 싶은 걸 정리해 봤는데요. 어떻게든 물어봐 주시겠어요?"

A4 용지 몇 장에 달할 정도로 질문이 상세했다. 이런 내용이었다.

Q. 모리토모 학원은 국유지 매입 의향을 내비치면서 구입 희망가, 지불 가능금액을 긴키 재무국에 밝혔는가?

Q. 긴키 재무국은 애초 모리토모 학원과 이 땅의 임대계약을 맺고 있었는데 학원 측의 매입 의향을 받고 견적을 의뢰했다. 왜 이렇게 순순히 움직이기 시작했을까?

Q. 보통 매각액 견적을 낼 때는 민간 감정평가사에게 의뢰한다. 그런데 왜 이번에는 오사카 항공국에 의뢰했을까? 항공국이라면 정부 편에서 산정해 줄 것이라고 생각했기 때문이 아닐까?

Q. 견적 결과가 나올 때까지 긴키 재무국과 모리토모 학원 간에 금액을 둘러싼 교섭이 있었는가?

Q. 오사카 항공국은 왜 땅도 파 보지 않고 추측으로만 견적을 냈을까?

Q. 왜 국유지로서 이례적으로 분할 대금지불을 허락했을까? 할부는 재무국과 학원 중 어느 쪽이 제안했는가? 긴키 재무국은 왜 이례적인 분할 지불에 응했는가?

Q. 교섭 중에 학원 측이 정치인 등의 이름으로 거액의 손해배상 청구
　　를 하겠다고 의사를 내비친 적은 없는가?

Q. 교섭 중 긴키 재무국, 오사카 항공국이 정치인을 의식하고 한 발
　　언은 없었을까?

　이건 일부에 불과했다. 이 질문에 조금이라도 답을 알면 바로 특종 기
사를 쓸 수 있다. 하지만 아무리 노련한 사회부 기자를 총동원해도 소용
이 없었다. 벽이 너무 높았다. 그렇게 쉽게 취재할 수 없었다.

　그렇다고 해도 국유지 헐값 매각의 수수께끼를 풀기 위해서는 반드시
답을 찾아야 했다.

　"알겠습니다. 해 봅시다."

　나는 지인들에게 의지하며 취재를 시작했다.

　그리고 보름 정도 지나 질문 중 하나에 대해 간신히 구체적인 정보를
얻을 수 있었다.

　"국유지 매각 전에 긴키 재무국은 모리토모 학원 측과의 매각교섭 과
정에서 학원이 최대한 얼마까지 지불할 수 있는지 물어봤다. 그리고 실
제로 그 금액 이하로 팔았다."

　귀를 의심했다. 그런 일이 정말로 있었다는 것일까? L 데스크가 써
준 취재 항목에 있듯이 우리는 모리토모 학원 측이 긴키 재무국에 얼마
에 사고 싶은지, 얼마를 지불할 수 있는지 알려 주고 뜻을 관철시키려
했을 수도 있겠다고 생각했다. 이를 위해 유력 정치인이나 아키에 명예
교장의 이름을 팔고 거액의 손해배상 청구 의사를 내비치며 자신들의 생

각대로 하려 했을 가능성도 있을 것이라고 여겼다. 그런데 알고 보니 모리토모 학원 측이 아닌 긴키 재무국이 먼저 모리토모에게 얼마나 낼 수 있는지 물어봤다는 것이 아닌가! 그런 일을 정부가 자진해서 하다니!

게다가 실제로 그 가격 범위 안에서 매각했다는 것 아닌가. 이것이야말로 배임행위 그 자체다. 믿을 수 없었지만 정보원은 확실했다.

L 데스크도 이 이야기를 듣고 얼굴이 굳어졌다. 이것은 배임행위가 강하게 의심되는 결정적 증거였다. 하지만 이를 알려 준 소식통은 단 한 명이었다. 너무 중대하고 믿기 어려운 이야기인 만큼, 아무리 이 정보원을 믿을 수 있다고 해도 이것만으로 기사를 쓸 수는 없었다.

"아이자와 선배, 죄송하지만 다른 취재원에게도 확인할 수 없을까요?"

L 데스크가 조심스럽게 부탁했다. 후배가 선배에게 뭔가 시키는 것이 불편하긴 하지만 데스크로서 기자에게 취재를 시키는 것은 지극히 당연한 일이다. 곧바로 취재에 나섰다.

"국장을 설득할 때까지 기다리고 싶다"

다른 취재원에게 내용을 확인하기란 쉽지 않았다. 이런 이야기를 해 주는 사람이 그렇게 쉽게 나타날 리 없었다. 게다가 그 사이 검찰 수사 상황, 모리토모 사건과 관련해 잇따라 밝혀지는 새로운 사실들을 확인하는 일도 바빴다. 6월이 돼서야 겨우 확인했다. 처음 이 이야기를 들었을 때로부터 두 달 넘게 지났을 때였지만 어쨌든 확인은 됐다. 나와 L 데스크는 다음과 같은 기사를 썼다.

모리토모 학원에 정상가보다 크게 낮은 가격에 국유지가 매각된 것과 관련해, 긴키 재무국이 매각가를 결정하기 전 학원 측에 구체적인 금액을 제시하고 학원의 재무상황에 대해 사정을 들어줬다는 사실이 NHK 취재로 밝혀졌습니다. 학원 측과 사전에 구체적인 액수를 협의하지 않았다는 재무성의 설명과는 다른 내용입니다.

오사카 도요나카시 국유지와 관련해 긴키 재무국은 지난해 6월 부지에 묻힌 쓰레기 철거비용 등을 명목으로 토지 감정가보다 8억 2천만 엔 낮은 1억 3,400만 엔을 매각가로 결정해 모리토모 학원에 제시하고 그 값에 팔았습니다. 이와 관련해 작년 3월 재무국 담당자가 학원 측에 구체적인 매각금액을 제시하고 학원의 재무상황을 들어줬다는 것이 관계자 취재 결과 드러났습니다.

관계자에 따르면 재무국 담당자는 토지를 구입하고 싶다고 타진한 모리토모 학원 측에 국비 1억 3,200만 엔을 들여 토양 개량공사를 했다는 이유를 들어 이보다 낮은 가격으로는 팔 수 없다고 전했습니다. 또 재무국 담당자는 학원 측이 낼 수 있는 금액의 상한선도 확인했습니다. 학원 측은 당시 재무상황을 감안하면 약 1억 6천만 엔까지 지불할 수 있다고 재무국에 알렸습니다. 매각가는 2개월 후에 결정됐지만 결과적으로 학원이 밝힌 상한액과 재무국이 제시한 하한액의 범위 안에서 쌍방이 타협한 금액으로 정해졌습니다.

국유재산을 매각할 때는 상대 의향에 따라서 가격을 정했다는 의혹을 피하기 위해 가격이 정해지기 전 구입 희망자와 매도자 간에 금액에 관해 서로 의견을 나누는 것을 법으로 금지하고 있습니다. 사가와 노부히사(佐川宣壽) 재무성 이재국장[1]은 국회 답변에서 "학원과 사전에 구체적인 금액에 대해 의견을 나누지 않았고 매각가는 부동산 감정평가에 근거해 적정하게 결정했다"고 강조해 왔습니다. 그러나 이번에 처음으로 밝혀진 가격 인하 협의내용은 이제까지의 재무성 설명과 다를 뿐 아니라 법령 등에 근거한 국유재산 매각절차에도 어긋날 가능성이 있습니다.

이 정도면 보도할 수 있을 것 같았다. L 데스크는 상사인 사회부장에게 보고했다. 그런데 이런 답이 돌아왔다.

"선배, 죄송해요. 부장과 상의했는데 지금은 안 되겠다고 하시네요. 이 정도로 큰 기사는 보도국장에게 보고해야 하는데 아직 국회 회기 중이라 보도국장이 뭐라 지시할 경황이 없을 거라고…. 국장을 설득하기 위해 좀 기다리라고 하셨어요."

보도국장은 6월 초 정기 인사로 교체됐다. 내가 흠모했던 M 보도국장은 다른 자리로 갔고 대신 고이케 씨가 승진해 보도국장이 됐다. 둘다 정치부 출신이지만 고이케 국장은 아베 정권과 가까워 이 정부에 불편한 소재를 환영할 리 없을 것 같았다.

K 사회부장은 내 1년 아래였다. 도쿄 사회부에서 검찰 취재 1인자로 명성이 자자했던 민완기자다. 예전부터 잘 알고 있었다. 정권에 아부할 인물이 아니기 때문에 어떻게든 이 기사를 내보내려 할 것이다. 그런 K 사회부장이 그렇게 말했다니 참고 기다릴 수밖에 없었다. 이 시점에서 무리해 밀어붙였다간 나만 망가질 테니 말이다. 결국 K 사회부장과 L

1 국유재산을 담당하는 정부 실무 책임자. 나라살림 측면에서 볼 때 정부 내에서 가장 중요한 보직 중 하나로 꼽힌다. 사가와 국장은 이 사건 이후 국세청 장관으로 오히려 승진했다.

데스크에 일임했다.

하지만 국회 회기가 끝나기를 기다린 것은 우리뿐만이 아니었다. 검찰 당국도 기다리고 있었다. 모리토모 학원 압수수색을 앞두고서다. 이렇게 되면서 이 기사를 보도할 상황이 조성되지 않았다. 조금 시간을 둘 필요가 있었다. 압수수색은 6월 19일. 당분간은 사기사건 속보에 집중해야 했다. '이런 것은 중요한 게 아니다. 배임 혐의에서 세간의 시선을 돌리기 위한 물타기 수사에 불과하다'라고 생각했지만 출입기자로서 할 일은 해야 했다.

7월이 됐다. 이제는 내보낼 수 있지 않을까 싶었지만 도무지 그럴 기미가 보이지 않았다. 오사카에서 사회부로 돌아온 L 데스크에게 전화로 이런저런 이야기를 들었다. 결론은 보도국장을 설득하기에 타이밍이 나쁘다는 것이었다. '기사를 보도할 수 있을까'라는 의심이 들던 7월 하순, L 데스크에게 전화가 왔다.

"아이자와 선배. 거듭 죄송한데요. 보도국장을 설득하기 어려울 것 같아요. 추가로 취재를 더 해 주실 수 있겠어요?"

벽이 더 높아졌다. 충분히 쓸 수 있을 만큼 취재했다고 생각했는데. L 데스크도 K 사회부장도 취재가 충분하다고 생각했겠지만, 고이케 국장을 설득하기 위해서는 내용이 더 필요했다고 여긴 것 같았다. 어쩔 수 없었다.

추가 취재도 마쳤다. 게다가 사회부 요청으로 기사 안에 '오사카지검 특수부도 이 정보를 파악해 수사하고 있다'는 내용까지 덧붙였다. 물론 특수부가 이 정보를 파악하고 있다는 점은 사실이긴 하지만 애초 기사에는 이 내용을 쓰지 않았다. 고이케 국장을 설득하려면 검찰 당국도 파악하고 있다는 점을 언급할 필요가 있었다. 이것으로 이 기사는 뉴스에 나갈 수 있게 됐다. 출고된 기사는 다음과 같다.

오사카의 학교법인 모리토모 학원에 국유지가 8억 엔 남짓 할인돼 매각된 문제와 관련해 작년 3월 긴키 재무국과 학원 측 사이에 매각가격을 둘러싸고 이뤄진 협의내용이 처음으로 밝혀졌습니다.

관계자에 따르면 재무국은 학원 측에 얼마까지 지불할 수 있는지를 물었고 학원 측은 대략 1억 6천만 엔까지 낼 수 있다며 상한금액을 제시했습니다. 실제 매각가도 학원 측 제시가를 밑도는 금액으로 정해졌습니다. 오사카지검 특수부는 이에 대한 자세한 경위를 조사하고 있습니다.

오사카 도요나카시 국유지의 감정가는 약 9억 5,500만 엔이었지만 긴키 재무국은 지난해 6월 땅에 묻힌 쓰레기 철거비용 등에 따라 감정가보다 약 8억 2천만 엔 낮은 금액으로 모리토모 학원에 매각했습니다. 학원과 매각가격을 놓고 어떤 협의를 벌였는지에 대해 재무성 및 재무국은 "기록을 폐기했다" 등의 이유로 밝히지 않았지만, 이번 관계자 취재로 협의와 관련된 자세한 내용이 처음 밝혀졌습니다.

모리토모 학원의 가고이케 이사장은 작년 3월 11일, 정부로부터 빌렸던 국유지 땅에서 새로운 쓰레기가 발견됐고 건설 중인 초등학교의 개교가 늦춰질 것을 우려해 국유지 매입을 희망했다고 밝혔습니다. 관계자에 따르면 그해 3월 가고이케 이사장에게 교섭을 일임받은 학원 측의 당시 변호사가 재무국에 토지매입을 처음으로 타진했고 쌍방이 구체적인 금액을 제시하며 협의를 진행했습니다.

그 자리에서 재무국 담당자는 모리토모 측이 얼마까지 지불할 수 있는지 구입 가능한 금액의 상한을 물었고, 학원 측 변호사는 당시의 재

무상황을 토대로 약 1억 6천만 엔이라고 답했습니다. 한편 재무국 담당
자는 국유지 토양 개량공사로 정부가 약 1억 3,200만 엔을 부담하기 때
문에 이보다 낮은 가격으로는 팔 수 없다는 등의 사정을 설명했습니다.
재무국은 쓰레기 철거비용이 얼마나 될지 민간업자가 아닌 국유지를 관
리하는 오사카 항공국에 견적을 의뢰하는 이례적 대응을 했고 가격 인
하액은 8억 2천만 엔으로 정해졌습니다. 그 결과 매각가는 1억 3,400
만 엔으로 결정돼 재무국과 학원 양측이 밝힌 상하한액 범위 내에서 정
해졌습니다.

이 문제를 둘러싸고 시민단체 등은 큰 폭으로 할인된 헐값 매각으로
정부에 손해를 끼쳤다며 배임 혐의로 긴키 재무국을 검찰에 고발했습니
다. 오사카지검 특수부는 재무국 담당을 불러 관련 내용을 듣고 매각가
가 정해진 자세한 경위에 대해 조사를 진행하고 있습니다.

재무성 측은 긴키 재무국과 모리토모 학원의 협의내용에 대해 NHK
에 "알고 있지 않다. 사전에 구체적인 숫자를 염두에 두고 금액을 교섭
하는 건 생각할 수 없다"고 밝혔습니다.

"당신에게 미래는 없어, 그렇게 알아!"

기사는 2017년 7월 26일 저녁 7시 뉴스에서 방송됐다. 드디어 결정적
특종을 보도할 수 있었다. 기자는 기사로 결과를 드러낸다. 시청자에게
기사를 전달하는 것만큼 기쁜 일이 없다. 나와 L 데스크는 오사카와 도
쿄에서 서로 기뻐했다.

그런데 그날 밤 생각지도 않은 일이 일어났다. 고이케 보도국장이 오사카의 A 보도부장에게 휴대폰으로 직접 전화한 것이다. 나는 그때 우연히 부장과 함께 있었기 때문에 바로 옆에서 그 광경을 지켜볼 수 있었다. 보도국장 목소리는 나에게까지 들릴 정도로 컸다. "나는 듣지 못했다", "이런 기사를 왜 보도했냐"며 분노하는 목소리였다.

듣지 못했다고 하지만 사회부장이 설명했을 테니 못 들었을 리가 없다. 사회부장은 기사를 내기 위해 적당히 중요하지 않은 기사인 것처럼 설명했을 것이다. 그래서 "그렇게 중요한 이야기라고는 듣지 못했다"고 화낸 것이다.

전화는 몇 차례에 걸쳐 계속 걸려 왔다. 이 기사는 사실 오사카 보도부를 통하지 않고 도쿄 사회부에서 직접 출고했다. A 보도부장은 직접 관여하지도 않았다. 그러나 A 부장은 고이케 국장과 같은 정치부 출신으로, 게다가 고이케 국장과 같이 돗토리현에서 기자생활을 시작했다. 고이케 국장으로서는 A 부장이 옛 후배라 불평하기 만만한 상대였을지도 모른다. 전화를 끊은 A 부장은 쓴웃음을 지으며 말했다.

"당신의 미래는 없을 거라고 하시네."

순간 나는 깨달았다. 이듬해 6월 인사이동 때 틀림없이 무슨 일이 있어날 것이라고 말이다.

이 기사 속보가 다음 날 아침용으로 준비돼 있었다. 하지만 고이케 보도국장의 분노 때문에 몇 번이나 고치며 기사 톤을 다운시켰다. 게다가 다음 날 아침뉴스에서도 윗선의 지시에 따라 순서가 뒤로 밀려났다.

그렇게 알아서 기는 보도가 본격화됐다.

7장

가고이케 이사장 구속의 뒷사정

엉터리 기사

특종을 방송한 당일인 7월 26일 아침. 〈마이니치신문〉 조간에 중요한 기사가 실렸다.

"오사카지검, 가고이케 이사장 조만간 본격 조사. 모리토모 보조금 부정 혐의".

가고이케 이사장 소환조사는 그때까지 이뤄지지 않았다. 그러나 사기사건으로 특수부 수사가 진행돼 압수수색까지 들어간 이상, 가고이케 이사장이 가까운 시일 내에 소환된다는 점은 틀림없어 보였다. 그런 의미로서는 그다지 새로운 정보가 아니지만 지금까지의 내 경험에 비춰 보았을 때 신문이 이런 식으로 기사를 쓴다는 것은 보통 당일이나 다음 날, 정말 가까운 시일 내에 소환이 이뤄질 것이라는 확증을 잡았다는 뜻이다. 특종 출고 준비는 사회부에 맡기고 나와 2번기 H 기자는 사실 확인에 매달렸다. 그 결과 다음 날인 27일 소환조사가 있을 것으로 확인됐다. 준코 부인도 함께였다.

마이니치는 이 정보를 입수한 뒤 확실히 확인해 쓴 것일까? 아니면 모른 채 추측성 기사를 쓴 것일까? 그것은 정말로 모르겠다.

여기에서 중요한 것은 정말로 소환조사만 할지 여부였다. 조사가 끝나면 귀가할 수 있을까? 아니면 조사를 마치는 대로 구속할 것인가? 도대체 어느 쪽일까? 확인이 필요했다. 취재해 보니 이날 구속은 하지 않고 집으로 돌려보낸다고 했다.

그런데 다음 날인 27일 아침 〈요미우리신문〉에 "가고이케 부부 구속하기로. 모리토모 학원 보조금 부정 혐의"라는 제목으로 기사가 났다. 기사 리드에는 "27일 오후에 출두하도록 요청했다. 보조금법 위반 및 사기 혐의로 조사를 벌여 혐의가 드러나면 구속할 방침"이라고 나왔다.

진짜일까? 우리가 취재한 정보와 달랐다. 하지만 우리 취재가 잘못됐을 수도 있다. 이런 기사가 나오면 확인하지 않을 수가 없다. 이른 아침부터 데스크에게 쪼인 나와 H 기자는 다시 정보 확인에 들어갔다. 결과는 이랬다.

"구속 안 해. 말했잖아. 〈요미우리〉 기사는 오보야."

괜한 소동을 일으켰다. 조사가 끝나면 구속이 임박했다고는 누구나 생각한다. 그게 언제인지를 취재하는 것이 기자의 임무인데 〈요미우리〉는 증거도 없이 어차피 가까운 시일 안에 구속될 테니 괜찮다고 생각해 날림 기사를 쓴 것이다. 기사를 꼼꼼히 읽어 보면 언제 구속될지는 분명히 나와 있지 않았다. 그러니 당일 구속되지 않아도 "오보가 아니다"라고 발뺌할 수 있다. 하지만 이 기사를 무심코 읽은 독자라면 누구나 오늘 구속될 것이라고 생각한다. 무책임했다. 어이가 없었다.

〈아사히신문〉을 제외하고 많은 신문들은 모리토모 사건을 둘러싸고 엉터리 기사를 연발했다. 책임을 져야 한다. 독자에게 사과해야 한다. 오보나 엉터리 기사가 왜 나왔는지 검증하고 독자에게 사죄해야 한다.

하지만 그들은 그렇게 하지 않을 것이다. 나는 잘 안다. 신문은 종종 엉터리 기사를 쓴다. 그러나 절대 인정하지 않는다. 31년간의 경험에 비춰 보면 그런 기자들이 있다. 자신이 취재한 것을 뽐내기 위해서, 혹은 타사에 물 먹을까 봐 두려워한 나머지 아무것도 아닌 내용으로 기사를 쓰는 기자들. 기자라는 직업에 대한 끝없는 애정과 자긍심을 갖고 있는 나로서는 그런 기자를 기자라고 부를 수 없다. 그런 기사를 받아 주는 데스크도 마찬가지다. 이런 일이 많다 보니 독자와 시청자의 신뢰가 갈수록 흔들리고 있다.

가고이케 이사장의 남자들

가고이케 이사장 소환조사 기사가 나오기 전부터 오사카 도요나카시의 가고이케 이사장 자택 앞에는 기자들과 카메라맨들이 대거 몰려 있었다. 한적한 주택지가 단번에 떠들썩한 거리로 변했다. 이웃에게는 민폐였지만 우리도 그곳에 동참하지 않을 수 없었다.

나는 과자를 많이 준비해 인근 주민들에게 인사를 돌았다. 기자 경력

30여 년의 경험으로 익힌 예의다. 폐를 끼칠 것이 분명하다면 먼저 사과와 부탁 인사를 해 두면 된다. 그렇게 하면 여간해서는 NHK에 민원이 들어오지 않는다. 사실 이 소동이 끝날 때까지 NHK에는 민원이 들어오지 않았다. 나 말고 과자를 돌리며 인사를 한 회사가 있었다는 이야기는 들어 본 적이 없는 것 같다. 적어도 주변에서 그런 이야기는 나오지 않았다.

5월 연휴 전, 한 언론사 기자가 야마모토 마치코山本眞千子 특수부장에게 물어봤다고 했다. 세세한 문답까지 기억나지는 않지만 대략 이런 내용이었던 것 같다.

"저, 연휴 때 좀 쉬어도 될까요?"

"그런 건 나한테 물어볼 사안이 아니잖아요?"

"만약 압수수색이나 소환조사가 있으면 어쩌나 싶어서요. 지금도 가고이케 이사장 자택 앞에 기자들이 있는데요. 저도 교대로 뻗치기를 하고 있어요. 연휴 중에도 계속 그래야 하나요? 쉬어도 될까요?"

"저한테 물어볼 게 아니잖아요. 스스로 판단해 결정하면 되는 거 아닙니까?"

"그걸 모르겠으니 묻는 거 아니겠습니까."

이런 대화가 끊임없이 반복됐다고 한다. 기자로서 부끄러운 대화다. 몰라서 어떻게든 감을 잡으려는 기자의 마음은 알겠다. 하지만 그렇다면 상대방이 대답할 수 있게 똑바로 물어봤어야 했다. 저런 질문에 검찰 간부는 절대 대답하지 않는다. 우리는 당연히 연휴 중에 움직이지는 않을 것을 알고 있었다. 그래서 연휴에는 쉬기로 했다. 가고이케 이사장 자택이 보이는 망루에도 NHK는 가지 않았다. 앞서 쓴 대로 〈마이니치신문〉의 쓸데없는 기사 때문에 휴일은 날렸지만.

모리토모 학원 압수수색이 끝나고 드디어 가고이케 이사장 구속이 가까워진 듯한 시기에 나에게는 중요한 과제가 있었다. 3월 중순 이후 관계가 끊겨 버린 가고이케 이사장과 어떻게든 접촉해 신뢰를 되찾는 것이었다. 가고이케 이사장이 구속되면 더 이상 만날 수 없다. 어떻게 하면 그 전에 접촉을 시도해 세 번째 단독 인터뷰를 찍을 수 있을지 필사적으로 궁리했다.

당시 가고이케 이사장 부부와 가장 깊은 신뢰 관계를 유지하고 있던 사람은 저술가인 스가노 다모쓰菅野完 씨였다. 나는 우선 스가노 씨에게 접촉을 시도했다. 효고현 니시노미야시에서 열린 모리토모 사건 심포지엄에 참석한 스가노 씨에게 인사했다. 하지만 그곳에서는 뭔가 잘 되지 않았다. 다른 방법을 찾아야 했다. 그러기 위해서는 먼저 현장에 가야 했다.

2017년 6월, 나는 연일 타사 기자들과 함께 가고이케 이사장 자택 앞에 붙어 있었다. 초여름 무더위에 모기에 물리며 오로지 가고이케 자택 앞에서 그가 나타나기만을 기다렸다. 다른 회사들은 검찰이 어떻게 움직일지 기다리고 있었지만 나는 달랐다. 가고이케 이사장 쪽이 어떻게 움직일지를 기다리고 있었다.

가고이케 이사장 자택에는 가족이 아닌 남성 두 명이 거의 매일 드나들고 있었다. 그들은 누구일까? 나는 몰랐다. 하지만 가고이케 이사장 자택에 출입하고 있다는 것은 안에 있는 가고이케 이사장의 지금 상황을 알고 있다는 것을 의미한다. 그들과 접촉해 보기로 했다.

그중 한 명이 자택에서 나왔다. 나는 곧바로 다가가 명함을 건네며 말을 걸었다.

"실례합니다. NHK 아이자와 기자라고 합니다. 가고이케 이사장님과 어떤 관계이신지요?"

"저는 심부름으로 온 것뿐이라 아무것도 몰라요. 죄송합니다."

드디어 말을 주고받았다. 심부름으로 왔다는 말은 틀림없이 거짓말일 테다. 하지만 포기하지 않았다. 그는 계속 가고이케 이사장 자택을 드나들었고, 나는 그때마다 다가가서 말을 걸었다. 어떻게든 대화를 이어 가려고 했다. 그러다 보면 언젠가는 꼭 뭔가를 이야기해 줄 것 같았다. 그리고 신뢰가 생길 것이라 믿었다.

나중에 알게 됐지만, 이 남자는 아카자와 다츠야赤澤龍也라는 사람이었다. 책을 여러 권 펴낸 프리랜서 작가다. 그리고 최근 스가노 씨와 같이 모리토모 사건을 취재하는 과정에서 관계가 깊어졌다. 스가노 씨는 도쿄에 거주하기 때문에 가고이케 이사장 자택을 매일 찾아갈 수 없지만 아카자와 씨는 오사카에 살고 있어서 가고이케 이사장 자택에 매일 들렀다. 지금은 나와도 신뢰하는 관계가 됐다. 당시에 대해 그는 이렇게 말했다.

"타사 기자는 우리가 드나들어도 아무 말을 걸지 않았는데 백발이 성성한 아저씨 기자 한 명이 우리에게 다가와 명함을 건네며 말을 걸어왔어요. 처음에는 '뭐지?'라는 생각이 들었어요. 딱 보고 위험한 사람 같았어요."

물론 칭찬하는 말이다.

또 한 사람, 가고이케 이사장 집을 드나들던 남성은 아침저녁으로 가고이케 이사장이 기르던 개를 산책시키는 것이 일과였다. 이 사람에게도 말을 걸었지만 그는 아카자와 씨 이상으로 퉁명스러웠다. 비집고 들어갈 틈을 좀처럼 주지 않았다. 하지만 그렇게 포기할 내가 아니었다. 기자는 내 제자인 사회부 S 기자처럼 끈기가 중요하다. 끈기는 다시 말하면 끈질김이다. 나는 끈질긴 사람이다. 자칫 잘못하면 스토커가 될 수 있다. 스토킹과 끈질김을 구별하는 것은 상대방의 입장과 마음을 헤아리는지 여부에 달려 있다.

계속 말을 걸자 이 사람도 어느 정도 대화에 응해 주었다. 그렇게 이 사람이 누군지 알 수 있었다. 요코가와 게이키横川圭希 씨. 원래 TV 프로그램 제작사에서 일했지만 동일본 대지진 이후 원전 사고 프로그램을 만들다가 후원 기업의 노여움을 사 해고당했다. 그 뒤로는 여러 현장에 카메라를 들고 다니며 활동가로 움직였다. 스가노 씨와는 다큐멘터리를 찍으려고 밀착 취재를 하다가 친분이 깊어져 가고이케 이사장 자택에 함께 드나들었다. 도쿄에 산다고 했다. 고생이 많았다.

개인적인 프로필을 말한다는 것은 마음을 꽤 열었다는 증거다. 곧 기회가 올지도 모른다. 적당한 때라고 판단한 어느 날, 나는 중요한 용건을 꺼냈다.

"가고이케 이사장님 안에 계시죠? 이사장님이 예전에는 제게 신뢰를 주셨습니다. 이사장님께 아이자와 기자가 만나고 싶어 한다고 전해 주시겠어요?"

"그건 어렵습니다. 스가노 씨는 당신을 가고이케 이사장과 만나게 하지 말라고 했어요. 그러니 만나게 할 수 없습니다."

그 사실을 알 수 있게 된 것만으로도 한 걸음 진전이다. 그의 처지를 생각하면 여기서 끈질기게 물고 늘어져서는 안 된다. 나는 일단 물러서기로 했다.

하지만 그런데도 포기하지 않고 계속 말을 걸어오는 나를 보면서 그도 생각한 것이 있는 듯했다. 어느 날 내게 말을 걸었다.

"가고이케 이사장을 만나려면 스가노를 거쳐야 합니다. 스가노를 통하는 것이 지름길입니다. 제가 스가노에게 이야기해 보겠습니다. 이제는 당신과 가고이케 이사장이 만나도 되지 않을까 싶어요. 그러니 당신도 스가노에게 이야기해 보는 게 어떻습니까?"

큰 진전이다. 스가노 씨의 동료가 내 편이 돼 준 것이다. 큰 힘을 얻어 나는 스가노 씨를 다시 접촉했다. 내 휴대전화에는 문자메시지로 그와 주고받은 대화가 남아 있다. 7월 2일이었다.

[7월 2일 오후 10시 1분]

스가노 님. 전에 심포지엄에서 인사드렸던 NHK 아이자와 기자입니다. 오늘 밤 가고이케 이사장님 자택 앞에서 요코가와 씨와 만나 이사장님께 전하고 싶은 내용을 말씀드렸습니다. 요코가와 씨께서 "그런 이야기라면 우선 스가노 씨에게 전하는 게 좋다"라고 조언해 주시기에 일전에 받은 명함 연락처로 이렇게 메시지를 보냅니다. 조금 깁니다만 꼭 읽어 주세요. 일단 여기까지 보내고 나중에 계속 보낼게요.

저는 2월 정보공개 소송을 통해 이 사안에 대해 처음 알았습니다. 이틀 뒤 재무성이 민진당에 자료를 공개하며 국유지가 8억 엔이나 싸게 팔렸다는 사실이 알려졌습니다. 그리고 저는 "왜 국유지가 이렇게 헐값에 팔렸을까"라는 의문에 답을 찾고자 꾸준히 취재했습니다.

현재 검찰수사가 진행 중이고 언론의 관심은 이사장님의 사기사건에 모이고 있습니다. 정부의 물타기 수사가 노리는 부분이지요.

저는 사기사건도 그것대로 중요하다고 생각해 취재는 합니다만, 본질적으로는 최초의 의문인 '국유지 헐값 매각 수수께끼'를 푸는 게 가장 중요하다고 생각합니다. 그런 가운데 문제의 본질에 다가갈 수 있는 정보를 입수했습니다(앞 장에서 쓴 특종). 이게 사실이라면 긴키 재무국은 분명히 배임 행위를 했다고 볼 수 있습니다. 그래서 취재했고 뉴스까지 내보냈습니다.

저는 취재에서 신의를 중시하는 게 가장 중요하다고 생각합니다. 기자로서 첫발을 내디딘 야마구치에서 메이지 유신의 기풍을 접하면서 이런 생각을 가졌습니다. 이사장님과 처음 만났을 때 의기투합했던 것도 바로 이런 자세 때문이었습니다. 이사장님께서도 "아이자와 기자는 올바른 보도를 한다"고 인정해 주셨습니다. 제가 이사장님에 대해 좋은 보도만 했던 건 아닙니다. 오히려 처음부터 "이사장님에 대해 좋은 소식만 방송하지 않겠습니다"라고 정직하게 말한 뒤 이사장님이 가장 하고 싶어 하는 이야기도 제대로 전하겠다고 약속했고 그 약속을 지켰습니다.

그래서 뉴스를 보도하는 데 있어 당사자인 이사장님께 사전에 제대로 설명드리고 싶어서 자택을 찾았습니다. 이 뉴스는 사람들이 잊고 있는 모리토모 학원 문제의 원점인 국유지 매각 문제로 세상의 눈을 다시 돌려, 진정한 문제는 모리토모 학원이 아닌 재무국에 있다는 것을 널리 알리는 게 목적입니다. 스가노 님, 전화 한 번 주시지 않겠습니까? 제 휴대폰 번호는 ○○○-○○○○-○○○○입니다. 잘 부탁드립니다.

메시지를 주고받은 뒤 나는 스가노 씨의 양해를 얻어 겨우 가고이케 이사장과 다시 만날 수 있었다. 스가노 씨 뜻에 따라 아카자와 씨가 동석했다. 한 호텔에서 오랜만에 만난 가고이케 이사장은 자주 만나고 이야기를 나누던 3월에 그랬듯 친절하고 예의바른 모습이었다. "오랜만이 네요"라고 스스럼없이 말을 걸어 줬다. 그렇게 그는 세 번째 인터뷰에 응했다.

인터뷰 전, 가고이케 이사장은 중요하고 새로운 정보를 줬다. 아직 보강취재가 끝나지 않았고 뉴스에 나오지 않은 이야기라 여기서 내용을 밝힐 수는 없다. 게다가 인터뷰에서 물어봐도 가고이케 이사장은 답해 주지 않았다. 카메라를 끈 뒤 다시 물었다.

"선생님. 조금 전에 하신 말씀, 카메라 앞에서 해 주실 수 없을까요?"

"음….."

시기상조인 것 같았다. 초조함은 금물이다. 관계가 무르익으면 그때 다시 듣는 것이 좋다. 하지만 그럴 여유가 있나? 검찰 수사와 경쟁 중 이었다.

만남 이후 인터뷰에 동석했던 아카자와 씨는 흥분한 표정으로 내게 말을 걸었다.

"아이자와 기자님의 취재에 감명을 받았습니다. 저는 아직 어린 나이 지만 기자님을 본받겠습니다."

자화자찬 같지만 이날을 계기로 나와 아카자와 씨와 관계는 한층 깊 어졌다. 포기하지 않고 성의를 다해 이야기를 해 신뢰를 다진 것 같다. 이후 그는 가고이케 이사장 부부와 나의 가교 역할을 했다.

인터뷰가 끝나고 가고이케 이사장과 아카자와 씨가 돌아간 뒤 나는 요코가와 씨에게 문자메시지로 감사의 마음을 전했다.

요코가와 씨.

NHK 아이자와입니다. 일요일에 귀중한 조언 주셔서 감사합니다. 덕분에 스가노 씨와 연결됐고 가고이케 이사장과도 만나 인터뷰를 했습니다. 앞으로도 잘 부탁드립니다.

스가노 씨에게도 감사 메시지를 보냈다.

[오후 2시 43분]

NHK 아이자와입니다. 자리를 주선해주셔서 감사합니다. 인터뷰 내용은 이미 아카자와 씨에게 들으셨겠지요. 인터뷰 내용에 대한 생각과 앞으로 어떻게 할지 말씀드리겠습니다. 다시 연락드리겠습니다.

이럴 때는 기회를 살려 관계를 잘 다져 두는 것이 좋다. 그러기 위해서는 직접 만나서 이야기하는 것이 최고다. 그날 밤, 나는 스가노 씨에게 문자를 보냈다.

[오후 9시 45분]

스가노 씨. NHK 아이자와입니다. 내일 도쿄에 가야 합니다. 가능하면 직접 만나 이야기했으면 좋겠습니다. 저는 점심 때 일이 끝날 것 같습니다. 상황을 말씀해 주시면 감사하겠습니다. 아무쪼록 잘 부탁드립니다.

다음 날인 5일에도 계속 메시지를 보냈다.

[7월 5일 오후 2시 25분]

스가노 씨. NHK 아이자와입니다. 도쿄에서 볼일이 조금 전 끝났습니다. 오늘은 어떠십니까? 만나 뵐 수 있다면 도쿄에서 S 기자도 데려갈까 합니다. 연락 기다리겠습니다.

스가노 씨로부터 정중한 답신이 왔다. 대화식으로 재구성해 봤다.

스가노: "늦게 답장 드려 죄송합니다. 오늘은 늦은 밤에만 시간이 있습니다. 원고와 씨름하고 있어서요. 잠시 후에는 귀사와 다른 건으로 인터뷰도 있습니다. 대단히 죄송합니다. 밤 9시쯤은 돼야 시간이 될 거 같아요. 정말 미안합니다."

―"무슨 말씀을요. 제 일로 부탁드리는 건데요. 7일 밤에 도쿄에 다시 오겠습니다. 그날이 어려우시다면 다음에도 기회가 있을 것 같으니 잘 부탁드립니다.

이날 문자를 주고받으면서 스가노 씨와 좋은 관계를 맺었다고 생각했다. 그러나 착각이었다. 스가노 씨는 내 제자인 사회부 S 기자를 높이 평가하면서 향후 창구를 S 기자로 일원화하라고 요구했다.

―"스가노 씨. S 기자에게 전화를 받았습니다. 창구를 단일화하라고 하셨다죠. 스가노 씨가 지금의 언론 취재상황에 분노하고 계시다는 것, 잘 압니다. 제가 아직 스가노 씨와 제대로 이야기를 하지 못한 만큼 일단 한번 뵙고 싶습니다. 가고이케 이사장님 영상을 찍기 위해서가 아니

라 사건 본질에 대해 의견을 나눠 보자는 취지에서입니다. 스가노 씨와는 할 수 있을 것 같습니다."

스가노: "내가 화내고 있는 것은 NHK 오사카 방송국을 포함한 오사카 언론들의 태도이지 '언론 취재상황'이 아닙니다. 그리고 저는 사건의 본질이라는 말에 흥미가 없습니다. '무엇이 몸통인가'는 취재하는 사람에 따라 제각각이지요. 저는 단지 오사카 언론들의 무지한 인권 개념, 제멋대로인 취재 방식, 전근대성, 앞잡이 같은 모습이 마음에 안 들 뿐입니다. 최근 몇 달간 오사카 반, 도쿄 반씩 생활하면서 '오사카에 있으면 비겁하게 일하는 방식에 물들겠다'라는 생각이 들었습니다. 가고이케 이사장 본인은 어떤지 모르겠고 그의 의견 따위에도 흥미가 없습니다."

—"말씀하신 부분 잘 알겠습니다. NHK 오사카 방송국도 그렇게 하고 있다고 생각하신다면 저와는 생각이 약간 다르십니다. 우리 보도에도 문제점은 있지만 신문, 민방과는 차이가 있어요. 그런 이야기들을 한번 해 보고 싶습니다. 억지로 들어 달라는 게 아니라 상호 이해의 첫걸음을 떼자는 겁니다."

스가노: "저기요. NHK는 다르다든가, NHK 안에서 도쿄와 오사카가 차이가 있다든가, '사건의 본질'이라고 하는 것 전부 관계없는 이야기라고 생각합니다. 저는 S 기자와 논의해 S 기자 팀에 가고이케 이사장 인터뷰를 타진했습니다. 그게 귀사 안의 도리에 쓸데없이 반한 것이겠지요. 그러다 보니 당신이 취재하게 됐습니다. 귀사의 예의라고 하는, 나와는 관계없는 것에 일단 한 번은 참았습니다. 계속 고집을 부리시면 앞으로는 NHK와 상대하지 않을 겁니다."

이 부분에서 나는 찰싹 달라붙어 반격에 나선다.

— "'도쿄 언론사였으면 좋겠다'는 건 제가 보기에, 조금 말이 지나칠 지도 모릅니다만 도쿄에 계시는 분들의 생각입니다. 오사카 언론들에 문제가 있다는 것에는 저도 동감합니다만 본질적으로는 도쿄 미디어도 다르지 않습니다. '도쿄였다면'이라는 스가노 씨의 생각에 의문을 갖지 않을 수 없습니다. 하지만 직접 이야기를 하지 않고는 오해가 계속 클 것으로 생각됩니다. 일단 만나고 싶습니다. 어차피 스가노 씨가 결론을 내리실 테니 뜻에 따르겠습니다."

스가노: "그러니까 이번에는 제가 고집을 부릴 차례인 것 같다는 말이 에요."

— "고집을 꺾지 않으셔도 좋습니다. 일단 만나서 이야기하지 않으시 겠습니까, 라고 말씀드렸어요."

스가노: "시간 낭비입니다. 일을 어떻게 할지 정리하지 못한 사람과 미팅할 필요는 없어요. 애초 생각하는 게 다르니까요."

— "그래서 지금은 어쩔 수 없다고 말씀드린 겁니다. 도쿄 기자가 취 재한다고 스가노 씨 의도대로 과연 될까요?"

스가노: "제가 의도하는 건 없어요."

— "스가노 씨는 지금 제 말을 이해하지 못하고 있습니다. 저는 미팅 하자는 게 아니라 '이야기'를 하자는 겁니다. 사람과 사람이 성의를 다해 대화를 나누고 서로의 생각과 입장을 이해하자는 겁니다."

스가노: "필요 없습니다. 저는 사람, 성의 같은 게 싫어요."

— "스가노 씨 의견을 존중합니다. 그리고 제 생각도 꼭 전하게 해주

세요. 언젠가 만나 뵐 날을 기대하고 있습니다. 참고로 S 기자와 저는 기본적으로 신뢰하는 관계입니다. 종종 오해가 있을지 모르지만 대부분은 중간에 끼어 있는, 별것도 아닌 데스크 때문에 벌어지는 게 대부분입니다. 앞으로도 S 기자를 잘 부탁드리겠습니다. 그의 판단으로 하는 일을 제가 못하게 할 생각은 없습니다.”

그 후 스가노 씨에게는 답장이 오지 않았다. 이렇게 나는 스가노 씨와 대화가 끊겼고 가고이케 이사장과도 연락이 다시 끊겨졌다. 당분간 냉각기를 둘 수밖에 없지만 문제는 가고이케 이사장 구속까지 시간이 얼마 남지 않았다는 점이다.

지금은 밀고 나가야 한다. 나는 다시 요코가와 씨에게 부탁하기로 했다. 그 결과 가고이케 이사장과 다시 만날 수 있었다. 7월 27일. 기이하게도 내가 특종을 보도한 다음 날이자 가고이케 이사장이 특수부 조사를 받은 바로 그날 아침이었다.

나는 아침 6시 반에 가고이케 이사장 자택으로 향했다. 전날 요코가와 씨와 전화해 6시 반에 약속했다고 생각했기 때문이다. 특수부 소환 조사에 앞서 가고이케 이사장의 생각을 들을 심산이었다. 하지만 30분을 기다렸는데도 가고이케 이사장과 요코가와 씨 모두 모습을 드러내지 않았다. 나는 문자메시지를 보냈다.

요코가와 씨. 안녕하세요. 아까부터 집 앞에서 기다리고 있습니다. 연락 기다리겠습니다. NHK 팀은 저를 포함해 네 명입니다.

그래도 반응이 없었다. 한 시간이 지났고 나는 전날 밤부터 제대로 못 자 피곤이 쌓였다. 결국 기다리다 지쳤다. 그 뒤 나와 요코가와 씨의 메시지를 대화식으로 소개한다.

—"요코가와 씨. 어떻게 나오셔도 좋지만, 어떤 식으로든 결론은 내주셔야 합니다. 이런 무례한 태도는 가고이케 이사장의 교육 방침에도 어긋납니다. 저는 성의를 갖고 나설 생각입니다. 이런 취급을 받아 본 적이 없습니다."

요코가와: "무슨 일이신가요?"

—"조금 전까지 전화해도 받지 않고 메시지에도 답이 없습니다. 뭐가 어떻게 되고 있는지 모르겠어요. 6시 반부터 계속 기다리고 있습니다."

요코가와: "죄송합니다만, 6시 반에 만나자고 약속했나요? 저는 나오기 전과 후에 스가노 씨와 취재에 대해 상의하는 게 제 약속이라고 이해했습니다만."

—"저는 6시 반이면 연락이 될 거라고 이해하고 있었습니다. 착각이었다고 해도 '착각입니다'라고 한마디 연락은 있었으면 좋았을 텐데요."

요코가와: "왜죠? 제가 계속 아이자와 기자를 상대할 의무가 있습니까? 저도 하는 일이 있습니다."

—"제대로 알고 지내기 시작했다면 대응할 의무가 생긴다는 게 제 생각입니다."

요코가와: "나는 아이자와 기자의 부하가 아닙니다. 어제도 못 잤다고 해서, 아이자와 씨도 마찬가지겠지만, 제가 전화를 받아야 한다는 건 아닙니다. 그래서 성의가 없다고 한다면 저는 기본적으로 그런 성의

는 없습니다. "

―"누구도 그렇게 말하지 않았습니다. 그건 그렇고 가고이케 이사장 본인 의사는 어떻습니까? 본인 의향을 무시하는 거 아닙니까? 이거야말로 인권침해입니다. "

요코가와: "본인이 스가노 씨와 상의하고 싶다고 해서 상의 중입니다. 뭐가 인권침해죠? 말씀 조심하는 게 좋겠습니다. "

―"그럼 그렇게 전해주시면 될 거 아닙니까. 제 주장을 받아들이라는 게 아닙니다. 요코카와 씨도 아직 젊으셔서 그런지 취재의 도리를 모르시는 것 같네요. "

요코가와: "모릅니다. 무엇이 도리인지는 취재하는 쪽에서 챙기시죠. "

―"저는 기자로서 늘 말조심을 합니다. 인권침해는 스가노 씨가 평소에 자주 쓰시는 말인 것 같아 굳이 썼습니다. "

요코가와: "그럼 그 말 그대로 전해도 괜찮다는 말씀인가요?"

―"스가노 씨에게 전해 주셨으면 해서 메시지를 보냈습니다. 저는 6시 반에 와 달라는 요코가와 씨의 말을 듣고 왔습니다. 상대가 기다리고 있다는 걸 알면 적어도 '스가노 씨에게 연락하고 있으니 조금 기다려 줬으면 한다'고 알려 줄 수는 있는 것 아닙니까? 요코가와 씨가 제 입장이라면 어떻게 느끼시겠습니까?"

요코가와: "저는 그런 말을 하지 않았습니다. 6시 반에 스가노 씨에게 전화하겠다고 했을 뿐이에요. "

―"말했어요. "

요코가와: "말하지 않았어요. "

―"결론이 안 날 것 같네요. 서로 생각에 차이가 있으니까요. 제 착각

일지도 모르지만 착각이라는 걸 알았다면 일단 연락은 주셨으면 좋겠네요. 계속 문자 보내고 전화하는데도 아무 소식이 없으면 무슨 일 있나 하고 생각하게 됩니다."

요코가와: "착각했는지 안 했는지 모르겠습니다. 상대를 마음대로 해석하지 마세요. 솔직히 지금 좀 귀찮아요. 저도 할 일이 있거든요. 저도 사회생활을 하는 사람이니 그런 식으로 설득할 수 있다고 생각하지 마세요."

―"원점부터 다시 이야기하겠습니다. 가고이케 이사장은 저를 만나고 싶어 하지 않으십니까? 가고이케 이사장도 준코 부인도 저와 이야기를 나누고 싶어 하실 겁니다. 그걸 막는다는 건 그분들에 대한 인권침해 아니냐고 말씀드린 겁니다."

요코가와: "막고 있지 않습니다. 그럼 이만."

―"막고 있습니다. 저도 이만."

마지막은 애들 싸움처럼 돼 버렸다. 조금 반성했다. 마음을 고쳐먹고 이번에는 스가노 씨와 메시지를 주고받았다.

―"스가노 씨, 안녕하세요. 여러 오해가 생긴 것 같습니다. 제가 가고이케 이사장님을 만나려고 하는 이유가 있습니다. 저를 신뢰해 주시는 가고이케 이사장님 부부야말로 제게 호소하고 싶은 이야기가 있을 것이기 때문입니다. 저는 정부와 오사카부가 저지른 일의 진상을 규명해야 한다는 생각을 갖고 있습니다. 진상 규명을 하려면 꼭 필요한 게 있습니다. 가고이케 이사장님과 만나는 것도 도움이 될지 모릅니다. 조금이라

도 가능성이 있다면 만나고 싶습니다. 가고이케 이사장님 부부가 권력과 언론에게 인권침해를 당했다고 하는 스가노 씨의 생각도 이해합니다. 스가노 씨가 직접 챙겨야 한다고 생각하시겠지만 당사자인 가고이케 이사장님 부부가 어떤 의중인지 생각해 주세요. 어제 특종 뉴스를 보도한 후 전화로 이야기해 보니 만나고 싶어 하시는 것 같았어요. 제 착각일지도 모르지만 당사자 생각을 잘 헤아려 주세요. 잘 부탁드립니다."

스가노: "아이자와 기자는 제 말을 전혀 이해하지 못하고 있군요. 가고이케 이사장님과 아이자와 기자가 어떤 관계인지는 저로선 모릅니다. 알면 또 제가 어쩌겠습니까? 한마디로 제가 말씀드리고자 하는 건 '일을 어떻게 처리할지'에 관한 것입니다. 저는 '창구를 일원화하자', '맡은 일은 성심성의껏 하자'고 하는, 신입사원 때 배운 걸 이행하는 것뿐입니다. 귀사께도 그렇게 부탁할 따름입니다."

— "스가노 씨께서 말씀하신 규칙은 확실히 지켜야 한다고 생각합니다. 변명인 것 같아 죄송하지만 저도 드리고 싶은 말이 있습니다. 가고이케 이사장님 부부가 저와 만나겠다고 하셨고, 만나서 해가 될 것 같지 않다면 만나는 게 맞다고 생각합니다. 가고이케 이사장님은 스가노 씨를 신뢰하면서 누구를 만나야 할 것인가에 대한 판단까지 맡기는 것 같아 제가 이렇게 부탁드립니다. 만날 필요가 없다고 생각하신다면 어쩔 수 없겠지만 저는 가고이케 이사장님이 저와 만나는 게 이득이 될 것이라고 생각합니다. 자꾸 문자로 이야기하면 말이 왜곡될 수 있으니 일단 직접 전화할 수 있게 해 주시겠습니까? 스가노 씨가 불편하시다면 다음에 해 주셔도 좋습니다. 잘 부탁드립니다."

스가노: "너무 무리하시네요. 제 창구는 S 기자입니다. S 기자를 통

해 연락하시죠."

　—"알겠습니다. 그 뜻을 S 기자에게 전하겠습니다."

　스가노: "제가 계속 연락하는 게 자꾸 바보 같아 보여 요코가와 씨를 통해 연락드렸습니다. NHK 정도 되는 조직이 방송국 내에서 조정할 일을 외부 사람에 부탁하는 게 너무 바보 같지 않습니까? 우리도 바보처럼 대하겠습니다."

　—"요코가와 씨에게 연락 받았습니다."

　스가노: "아이자와 기자는 아이자와 기자이니 오늘 가고이케 이사장을 만나는 게 본인의 승리라고 생각할지 모르겠습니다만, 솔직히 저희에게는 폐가 됐습니다. 우리는 일을 정상적으로 처리하기 위해 이러는 것입니다. 스스로를 되돌아보세요."

　—"알겠습니다."

　이렇게 스가노 씨와 문자를 주고받았다. 어쨌거나 나는 가고이케 이사장과 한 번 더 만날 수 있었다. 가고이케 이사장 자택에 타사 기자와 함께 초대받아 카메라 인터뷰를 할 수 있었다. 가고이케 이사장은 여전히 나에게 우호적이었다. 새로운 정보도 조금 들을 수 있었다. 결과적으로 이게 구속되기 전 가고이케 이사장과의 마지막 만남이 됐다.

　스가노 씨가 왜 이렇게 나를 따돌리려고 했는지는 알 수 없다. 그가 생각하는 업무처리 방식과 나의 방식이 다르다는 점이 이유 같지만, 이것도 솔직히 잘 모르겠다.

　궁금한 점이 또 하나 있다. 이렇게 시비조로 이야기를 주고받았는데 왜 스가노 씨나 요코가와 씨 모두 결국에는 가고이케 이사장과 만나게 해 줬을까? 내가 끈기 있었던 것일까? 나의 승리가 아니라고 스가노 씨는 못박았다. 이 또한 수수께끼다.

'구속하기로' 특종

격하게 메시지를 주고받았던 이날, 가코이케 이사장 부부는 처음으로 소환조사를 받기 위해 오사카지검 특수부에 출석했다. 검찰청에는 많은 보도진 외에도 가코이케 이사장을 지지하는 사람들로 북적였다. 지지자들이 성원을 보내는 와중에 준코 부인은 자동차 창문을 열고 지지자들 손을 잡았다. 사전에 '절대 지지자들에게 손을 흔들지 말라'는 충고를 들은 준코 부인이 '손을 잡는 건 괜찮겠지'라고 생각했던 것 같다.

몇 시간 뒤 조사를 마친 부부는 지검 청사에서 차를 타고 나왔다. 부부가 집으로 돌아온 뒤 일부 언론사를 취재차 집에 초대했다. 나도 초대받아 가코이케 이사장과 이야기할 수 있는 기회를 얻었다.

이번에는 구속되지 않았지만 다음에도 그럴까? 가코이케 이사장은 취재진의 질문에 "조사 때 묵비권을 행사했다"고 말했다. 부인은 "담당 검사는 젊고 귀여웠다. 이런저런 이야기를 나눴지만 사건에 대해서는 묵비권을 행사했다"고 말했다. 묵비권이라면 구속이다. 그렇다면 언제가 될까? 감이 잘 오지 않았다. 결국 임박해서야 알게 됐다. 7월 31일 당일에 알았다.

그날 오전이었던 것 같다. 가코이케 이사장 부부의 두 번째 소환조사가 있을 것이라는 정보를 입수했다. 오후 2시 넘어서 출두할 예정이라고 했다. 가고이케 이사장 관계자에게 확인했다.

"오늘 검찰에 불려 가시죠?"

"저도 방금 알았어요. 그런 것 같아요."

"구속될 거 같습니까?"

"변호사는 아닐 것 같다고 하니 괜찮지 않겠습니까?"

한가한 말을 하고 있었다. 이번에는 단순히 조사로 끝나지 않을 것이다. 조사가 끝나면 구속될 것이다. 하지만 그런 말을 피의자에게 할 수는 없었다. 사전 정보로 추측은 할 수 있지만 구속될 것이라고 말하려면 역시나 뒷받침할 근거가 필요했다. 출두까지는 시간이 없었다. 나는 바로 검찰 취재에 들어갔다.

"오늘 가고이케 이사장 부부를 부르시죠? 구속하시겠네요?"

"저는 아무 말도 해 드릴 수 없습니다."

그것은 그렇다. 간부에게는 직구를 던져 봤자 소용없다. 나는 아이디어를 짰다.

"우리들은 '구속될 것'이라고 보도할 겁니다. 하지만 출두 전에 미리 내보내기는 좀 그렇죠?"

"그건 곤란합니다."

출두 전에 기사가 나가면 피의자가 도망칠 수 있어 곤란하다. 그것을 이해한 뒤에 말을 이어 갔다.

"검사님이 보시기에는 언제쯤 기사가 나가는 게 괜찮겠습니까?"

"청사에 들어간 뒤라면 …."

"가고이케 이사장 부부가 청사에 들어간 뒤라면 '구속될 것'이라고 써도 될까요? 조사실까지 가지 않아도 됩니까?"

"글쎄요. 둘 다 청사에 들어간 뒤라면 … ."

"지하 1층 입구에서 부부가 청사로 들어가는 걸 확인하고 구속 기사를 쓰면 됩니까?"

"그러면 괜찮겠죠. 청사에 들어간 뒤라면 괜찮겠어요."

나는 '구속될 것'이라고 미리 기사를 쓰면 부부가 달아날 수 있다고 걱정하는 검찰 간부를 끌어들였다. 그 결과 "구속 기사를 쓰면 됩니까?"라는 물음에 명확하게 "그러면 괜찮다"는 답을 얻었다. 이 간부는 내가 새로운 사실을 캐기 위해서가 아니라 어느 시점에 기사를 내는 것이 괜찮을지 문의하러 왔다고 생각할 것이다. 하지만 청사에 들어가기 전에 '구속될 것'이라고 보도했어도 부부는 아마 도망치지 않고 출두했을 것이다. 가고이케 이사장은 그런 사람이다.

이렇게 팩트를 확인했다. 곧바로 위에 보고하기로 했다. 간부 방을 나서려던 순간, 머리가 '번쩍'했다. '죄명은?' 앞서 압수수색은 보조금법 위반 및 사기라는 두 개의 죄명으로 진행했다. 보조금법 위반이 아닐까 하는 감은 있었지만 확인되지는 않았다. 문 앞에서 간부를 돌아보며 급하게 물어봤다.

"혹시나 해서인데, 가고이케 이사장 부부를 보조금법 위반 혐의로 구속할 것이라고 쓰면 되나요?"

이런 식으로 물어보면 안 된다. 간부는 애매하게 고개를 끄덕일 뿐이었다. 이것은 내 말을 인정한 것인가. 인정한 것처럼 보이지만 구속할 것이라는 물음에 대해서만 끄덕였을지도 모른다. 하지만 이미 시간이 돼 방을 나가야 했다.

청사를 나서자 2번기 H 기자가 있었다.

"확인하셨어요?"

"응. 간부가 구속을 인정했어."

"역시 선배시네요. 근데 죄명은요?"

"음, 보조금법 위반 같은데 ⋯ ."

일단 구속된다는 사실은 틀림없었다. 그렇다면 굳이 죄명을 쓰지 않고 '보조금 부정수급 혐의로 구속될 것'이라고 해 버리면 그만이다. 당시 시점에서는 죄명까지 안 써도 됐다.

이제 검찰 간부와 한 약속을 지키면 됐다. 나는 가고이케 이사장 부부가 탄 차가 지하 주차장으로 내려갈 때 달려서 쫓아갔다. 경비원에게 제지당할 때까지 지하 주차장 입구로 최대한 가까이 붙어 부부가 청사로 들어가는 것을 확실히 봤다. 이제 기사를 쓰면 됐다. 이때 지하 주차장 입구로 달려가는 내 뒷모습이 각 언론사 카메라에 찍혀 민영방송 뉴스를 탔다. "아이자와 선배, TV에 나오셨네요"라고 몇몇 기자들에게 놀림을 받았지만 실은 그게 목적이었다.

"가고이케 부부 구속하기로. 보조금 부정수급 혐의."

속보를 내보냈다. 어디서도 보도하지 않은 내용이었다. 특종이다.

도쿄 사회부에서 '보조금법 위반'이라는 추가 정보가 왔다. 나도 그렇게 추측했기 때문에 그런가 보다 생각했다. 하지만 H 기자는 달랐다. 따로 취재해 죄명을 알아냈다.

"죄명은 사기랍니다. 보조금법 위반이 아니래요."

나는 곧바로 오사카 방송국에 있는 Y 데스크에게 이 정보를 전했다. 하지만 사회부도 자신들의 정보에 자신이 있던 것 같았다. 나는 "오사카에서 나온 정보를 중시해야 한다. 취재한 내용이 엇갈린다면 차라리 죄명을 쓰지 말아야 한다"고 주장했다. 하지만 결국 도쿄 사회부 주장대로 '보조금법 위반'이라는 죄명이 들어간 기사가 출고되고 말았다.

그 뒤에 이뤄진 특수부가 구속 관련 간담회를 열었다. 발표한 죄명은 '사기'였다. 아뿔싸, 죄명을 틀렸다. 모처럼의 특종에 흠집이 났다. 이때 도쿄 시부야 NHK 뉴스센터에서는 '죄명을 정정합니다'라는 안내방송이 나갔다고 한다. 나를 잘 아는 도쿄의 한 기자가 문자메시지를 보냈다. "무슨 일이 일어난 거예요?" 나는 "사회부가 틀린 거야"라고 답장했다.

훗날 시부야 뉴스센터에서 만난 K 사회부장이 내게 사과했다.

"정말 미안했습니다. 우리 기자 때문에 그런 일이 생겨서."

그는 현장기자 시절 단연 최고로 꼽히던 검찰 기자였다. 그랬던 만큼 이번 일을 지나칠 수 없었던 것 같았다. "정보 수집이 안이했다", "평소부터 관계 구축이 제대로 안 돼 있었다"고까지 했다. 부담스러웠다. 사실은 더 구체적으로 말했지만 취재원과의 관계도 있으니 이 정도로 해두겠다. 나는 마지막으로 물었다.

"그래도 구속 1보 특종을 했으니 특종상은 나오지 않을까요? 나는 죄명을 착각했으니 못 받아도 괜찮지만 '사기'라고 맞는 정보를 취재한 H 기자에게는 상을 주세요. 사회부 기자와 공동수상을 해도 좋아요."

한참을 팔짱을 끼고 고민하던 K 사회부장이 입을 열었다.

"미안합니다만, 죄명을 못 맞힌 이상 특종상은 줄 수 없습니다. 오사카 잘못이 아니라는 건 잘 알고 있지만, 정말 미안합니다."

사회부장에게 이런 말을 듣고 나는 고개를 숙이며 물러설 수밖에 없었다. 사회부장 말은 틀리지 않았다. 오보에 상을 줄 수는 없다. 하지만 나는 억울했다. 노력해서 모처럼 특종을 했는데도 인정받지 못했기 때문이다. 당시 오사카 법조팀은 오사카 보도부에서 가장 많은 노력을 했고 가장 큰 성과를 올렸다고 자부하지만 제대로 평가받지 못했던 것 같다. 지금도 마찬가지다.

8장

취재팀에서 빠지다

법조팀에서 빠진다고?

NHK는 보통 7월 하순 일반직 정기인사에 맞춰 취재팀 진용을 개편한다. 모리토모 사건이 이어지던 2017년 7월 당시 나는 오사카 법조팀장을 맡은 지 1년밖에 되지 않았다. 보통 2년씩은 하는 자리다. 게다가 모리토모 사건이 현재진행형이라 나는 당연히 1년 더 있을 줄 알았다.

관리직 인사는 일반직에 앞서 6월에 이뤄진다. 내가 신뢰하는 오사카 보도부 넘버 2인 진짜배기 사건기자 T 총괄은 인사발령에 따라 다른 부서로 옮겨 버렸다. T 총괄 1년 후배인 S 총괄이 그 자리에 왔다. 사회부 출신이지만 재해보도 전문이라 사건 취재에는 어두웠다. 그는 부임하자마자 나에게 이렇게 말했다.

"아이자와 기자, 법조팀은 셋이서 하기 힘들죠? 넷이 하면 더 낫겠죠?"

당연했다. 애초부터 일손이 부족하다고 생각했는데 모리토모 사건까지 터졌다. 정말 부지런히 움직였지만 고양이 손이라도 빌리고 싶을 정도로 인력이 부족했다. 그랬던 상황에 이런 말을 듣다니. 내가 부탁하기도 전에 먼저 말해 줬다는 것이 정말 고마웠다. 기자를 어디에 어떻게 배치할지는 보도부 2인자인 총괄이 결정한다. 대체 누가 올까. 나는 설레는 마음으로 발표를 기다렸다.

그렇게 맞이한 7월의 일반직 이동 인사. 새로운 보직이 발표됐다. 법조팀은 3인 체제를 유지했다. 그런데 내가 법조팀에서 빠지게 됐다. 새로운 보직은 유군이었다. 유군이란 딱히 특정 영역을 담당하지 않게 됐다는 것이다. 무슨 뜻인가. 이제 모리토모 사건을 취재하지 않아도 된다는 건가? 보도부장과 총괄 두 사람이 내게 설명해 줬다.[1]

"아이자와 기자, 이제 후진에게 자리를 양보해 주세요."

후배들에게 자리를 양보하지 않겠다는 것이 아니었다. 애초에 내가 있던 자리는 기자들이 서로 가고 싶어 하는 자리가 아니었다. 머지않아 물러나야 한다는 것은 알고 있었지만 사건이 진행 중인 지금 이렇게 바꾸면 어떡하나 하는 생각이 북받쳤다. 하지만 조직의 일원인 만큼 의견을 말할 수는 있어도 상사의 최종 판단에 따르지 않을 수 없었다.

내 후임으로서 법조팀장이 된 Q 기자는 그 전까지 오사카부 경찰청 수사 1과[2]를 담당하고 있었다. 이른바 '1과 담당'으로 불리는 자리였다.

---

1 〔지은이 주〕 보도부장도 이번 인사 때 T 부장에서 A 부장으로 교체됐다. T 부장은 내 동기로 나를 잘 이해해 줬지만 A 부장은 고이케 보도국장과 같은 정치부 출신으로 초임지도 그와 같은 돗토리현이었다.

격무를 해야 하는 보직이다. 나는 Q 기자가 1과 담당을 하면서 인정받아 지극히 중요한 시기에 법조팀장을 맡은 것이라고 생각했다. 인수인계를 위해 그를 술집으로 불러냈다. 자리에 앉자마자 Q 기자는 선언했다. "전 순회 취재 안 할 겁니다."

일선 검사 취재를 위한 야간 순회, 새벽 순회 취재를 하지 않겠다, 즉 검찰 취재를 하지 않겠다는 말이었다. 모리토모 사기사건이 고비를 맞이한 이 시기에. 기자라면 본래 "어떻게 해서라도 타사를 따라잡겠다"라고 포부를 밝히고 말 그대로 죽을 각오로 뛰어도 모자랄 판에 '1과 담당' 출신 팀장이 이런 말을 해도 되나 싶었다.

자초지종을 들었다. 자신은 힘들었던 1과 담당을 2년이나 했으니 이번에는 유군에서 차분히 취재를 하고 싶었는데 위에서 갑자기 법조팀장을 하라고 시켰다는 것이다. 팀장 자리를 맡기는 하겠지만 순회 취재는 하지 않겠다는 말이었다.

그런 발상이 말이 되나 싶었다. 힘든 보직을 2년 했으니 한 템포 쉬어 가고 싶다는 마음은 이해하지만, 기자라면 상사가 결정한 인사방침에는 따라야 하지 않는가. 나도 그렇고 당신도 그렇고 상사 명령에 따라 법조팀장이 된 이상, 그리고 눈앞에 모리토모 사건이 있는 이상 필사적으로 뛰어야 하는 것 아닌가. 이런 중요한 사건의 취재를 맡게 된 것은 기자 일생에 한 번 올까 말까 한 기회를 잡은 것이라고 설득했다.

하지만 그는 그렇게 생각하지 않는 듯했다. 그는 진짜로 순회 취재를 돌지 않았다. 검찰 취재를 할 때는 지검의 홍보 대응창구인 차석 검사만

2 살인, 강도사건 등을 다루는 과.

만났다. 기자실에서는 항상 자기 자리에만 멍하니 앉아 있었다. 모리토모 사건과 관련해 취재도 거의 하지 않았고 기사도 쓰지 않았다. 그리고 2018년 여름 인사이동 때 그는 희망대로 도쿄 사회부로 갔다. 그리고 취재를 계속했던 나는 기자를 그만뒀다.

인사는 조직의 의지를 보여 준다. NHK 기자라면 모두 지난 인사를 통해 조직이 무슨 생각을 하고 있는지 알게 됐을 것이다.

이래서는 모리토모 취재를 할 수 없다. 나는 A 부장과 S 총괄에게 제안했다.

"법조팀에 이름만이라도 걸게 해 주십시오. 네 번째 팀원으로, 법조팀 본연의 업무는 다른 세 명이 하더라도 저는 네 번째 팀원으로 모리토모 사건을 취재하겠습니다. 물론 검찰도 취재하겠습니다."

내 제안은 받아들여졌다. 그렇게 나는 이름만 걸어 둔 법조팀원으로 계속 검찰 및 모리토모 사건 취재를 할 수 있었다. 하지만 그것은 어디까지나 나 혼자, 한 명의 기자로서 취재를 하게 됐다는 뜻이다. 직전까지 나는 팀장 자격으로 젊은 기자 두 명에게 취재를 지시하고 내용을 상의하고 보고도 받을 수 있었다. 이를 바탕으로 서로 취재를 보충하고 시너지 효과를 내며 성과를 거둘 수 있었다. 하지만 이 역할은 이제 새 팀장의 몫이었다. 나는 팀장 자리에서 물러나 혼자 움직이는 기자가 됐다. 철저히 혼자 해야 했다. 그리고 새 팀장은 아무것도 하지 않았다. 이래서는 취재 효율성이 떨어질 수밖에 없다.

그래도 상관없다고 오사카 보도부의 새 간부진은 생각한 것일까? 나는 그들이 모리토모 사건 취재를 경시했다고, 아니 오히려 적극적으로 취재하지 말기를 바랐던 것 같다.

　모리토모 사건을 오사카 보도부가 어떻게 받아들이고 있었는지를 상징하는 사건이 또 하나 있었다. 그해(2017년) 연말, 보도부 기자 전체의 송년회 자리에서 A 보도부장은 지난 1년간 여러 부문에서 좋은 기사를 쓴 기자들의 노력과 성과를 평가해 각각 '보도부장상'이라는 특종상을 수여했다. 웬만한 기사에는 다 상을 주는 이벤트에 가까워 상당수 기자들이 상을 받았다. 사기를 북돋운다는 뜻으로 그랬다. 하지만 1년간 누가 뭐래도 가장 중요한 기사로 여겨지는, 성과도 좋았다고 누구나 인정하는 모리토모 사건에 대해서는 전혀 언급하지 않았다. 취재에 나선 기자 누구도 상을 받지 못했다.
　이건 공평하지 못하다. 나야 이제 나이도 먹었으니 상에 집착하지 않지만 젊은 기자들은 그렇지 않다. 그 자리에서는 아무 말도 하지 않았지만 나중에 따로 사법 담당 Y 데스크에게 이야기했다.
　"송년회에서 모리토모 사건은 전혀 수상하지 못했어요. 다른 기사는 많이 상을 받았는데, 좀 이상하지 않아요?"
　'보도부장상'은 보도부장이 주는 거지만, 실은 각 담당 데스크 신청을 받아 수여한다. 즉, Y 데스크가 상을 신청하지 않았다면 나오지 않는다는 뜻이다. Y 데스크도 A 보도부장도 역시 심하다고 생각했을 것이다. A 보도부장은 "모리토모는 따로 상 신청을 하지 않았었나? 착각하고 있었다"며 사과했다. 기본적으로 좋은 사람이라고 생각하지만 보도부 최고 책임자로서, 비록 담당 데스크가 상 신청을 하지 않았다고 해도 "모리토모 건으로 상 신청이 없었군. 그래도 상을 줘야지"하고 알아줬으면 했다.

그 후 간부진들이 협의한 결과, 늦었지만 이듬해에 모리토모 사건 취재에 관여한 기자 전원에게 '보도부장상'보다 한 단계 높은 '오사카 방송 국장상'이 수여됐다. 취재팀을 대표해 2번기 H 기자가 국장에게 상을 받았다. 가고이케 이사장 구속, 그 전후의 검찰 수사 취재에 가장 큰 공을 세운 만큼 당연한 일이었다.

9장

사카구치 변호인단의 활약

반골 기질

2017년 9월 11일, 가고이케 이사장 부부가 기소되면서 사기사건 수사는 일단락됐다. 다음 초점은 배임사건 수사였다. 이것이야말로 국유지 매각 문제의 몸통이다. 이와 관련해 최근 들어 존재감을 높이고 있는 곳이 있다. 오사카를 중심으로 변호사, 학자 등 200여 명으로 구성된 '국유지 헐값 양도의 진상 해명을 요구하는 변호사·연구자 모임'이다.

어떻게든 문제의 진상을 밝혀야 한다는 신념으로 결성된 이 모임의 리더는 사카구치 도쿠오阪口德雄 변호사다. 1973년 변호사 활동을 시작한 대大베테랑이다. 사법연수생 시절, 졸업식에서 소란을 피웠다는 이유로 대법원에서 파면을 당해 동기들보다 2년 늦게 변호사 자격증을 받았다는 일화가 있다. 사카구치 변호사는 졸업식에서 도대체 무슨 행동을 했기에 그런 일을 겪었을까.

때는 1971년, 학생운동 열기가 높았던 시기였다. 도쿄지방법원이 도쿄도 공안조례 위반 데모사건에 무죄 판결을 내린 것과 관련해 당시 법무성 장관이 "저기(법원)만은 손을 댈 수 없었지만, 이제는 브레이크가 필요하다"라고 발언했던 시기다. 일변련(일본변호사연합회)은 당시 상황에 대해서 "정권을 쥔 자민당 입장에서 자신들에게 불리한 판결에 대해 편향 판결이라는 딱지를 붙인 것"이라고 기술하고 있다.

그해 수습을 마친 23기 판사 희망자 중 일곱 명이 대법원으로부터 법관 임용을 거부당했다. 그중 여섯 명이 청법협(청년법률가협회) 회원이라 소동이 벌어졌다. 협회 홈페이지에 따르면 청법협은 '헌법을 옹호하고 평화와 민주주의 및 기본 인권을 지키기 위해 젊은 법률 연구자, 변호사, 법관 등이 설립한 단체'다. 임용 거부에 대해 수습생들은 '사상 신조를 이유로 임용을 거부한 것 아닌가'라는 의심을 품고 대법원에 불채택 이유를 밝히라고 압박했다.

당시 졸업식장 주변에서는 사법 마녀사냥을 중지하라는 플래카드를 내건 사람, 확성기를 들고 외치는 사람, 전단지를 뿌리는 사람 등이 있었고 참가자 중 한 명은 '마치 대학 분쟁 같다', '연수원 당국이 혼란을 우려해 대법원장 등 내빈들을 부르지 않았다' 등의 문구를 썼다.

졸업식에서 사법연수원장이 축사를 하려 하는데 연수생위원회 대표였던 사카구치 변호사가 발언을 시작했다. 하지만 식장에서 "안 들려"라는 야유가 날아오자 사카구치 변호사는 그 말에 떠밀리듯 원장 앞에 있던 마이크를 들고 "임관을 거부당한 사람에게 10분간 발언 기회를 줬으면 한다"고 말했다. 이게 문제가 된 언동이다.

사카구치 변호사는 그날로 졸업 자격을 박탈당했다. 다시 연수원생으로 돌아가 변호사가 되기까지 2년이 걸렸다는 뜻이다. 놀라운 이야기이다. 반골 기질이 드러났다. 본인에게 물어보니 "주위에 선동하는 녀석이 있어서 연수생위원회 대표로서 말했을 뿐인데 그 자리에서 잘렸다"고 말했다.

나는 사카구치 변호사와 죽이 맞았다. 그도 술을 많이 마셔서일까? 75세라고는 생각되지 않을 정도로, 소주를 뜨거운 물에 타서 벌컥벌컥 들이마셨다. 최근 들어서 두 잔째부터는 뜨거운 물을 많이 타는 것 같긴 하다.

사카구치 변호사는 그동안 정부 비밀 정보공개 소송, 대기업 상대 주주대표 소송 등 권력이나 거대 기업을 상대로 한 치의 양보 없이 싸웠다. 그런 사카구치 변호사를 흠모하며 같은 뜻을 가진 젊은 변호사들이 주위에 모여들었다.

사카구치 변호사의 1번 제자는 마에가와 다쿠로前川拓郎 변호사다. 사카구치 변호사 밑에서 일을 배운 뒤 "슬슬 독립해 볼까"라며 따로 사무소를 마련하려는데 스승도 함께 따라왔다. 이렇게 독립은 무산됐고 마에가와 변호사는 지금도 부지런히 실무를 하면서 제멋대로 사는 스승의 버팀목이 되고 있다. 아름다운 사제 사랑이다. (웃음)

하지만 사카구치 변호사도 돈을 벌긴 한다. 어디선가 벌어야 사무실을 유지할 수 있기 때문이다. 안 그러면 돈 안 되는 모리토모 사건도 쫓지 못한다.

사카구치 변호사를 중심으로 주위에 모인 젊은(그렇게 보기 어려운 사람도 있지만) 변호사들이 핵심이 돼 소장 및 준비서면 작성, 증거 수집,

판례 정밀조사 등을 하며 돈 한 푼 안 되는 모리토모 사건의 진상을 추궁하기 위해 힘을 기울여 왔다. 이 변호사 집단을 내 마음대로 '사카구치 변호인단'이라고 이름 붙였다.

아이즈 가쓰야愛須勝也 변호사도 그중 한 명이다. 벌써 58세이지만 2000년(53기)에 변호사 등록을 해 나이에 비해 늦게 변호사가 됐다. 그래도 사카구치 변호사에게 비하면 '젊은이'였다. 고양이를 아주 좋아하고 아베 정권과 오사카 유신회를 몹시 싫어했다. 페이스북 타임라인에는 정말로 좋아하는 고양이 사진과 너무도 싫어하는 아베 정권, 유신회에 대한 글이 넘쳐 난다.

어느 날, 오사카변호사회 직원이 "선생님은 고양이를 좋아하시는군요"라고 하자 아이즈 변호사는 "어떻게 아셨죠"라고 되물었다고 한다. 스스로 페이스북을 그렇게 업데이트하면 누구나 알 수 있다.

내가 아이즈 변호사와 처음 만난 것은 모리토모 사건 전인 2016년 12월이었다. 도요나카시 맨션에서 일어난 임신부 살해사건 재판 때였다. 피해자는 일면식도 없는 같은 맨션 남자에게 흉기에 찔려 숨졌다. 피해자는 돌을 갓 지난 아이를 안고 있었다. 그 아이의 눈앞에서 사건이 일어났다. "감시받고 있다"는 망상을 가진 남자의 손에 전혀 잘못이 없는 여자가 숨졌다.

사건 첫 공판일. 법정에 선 남자의 말을 듣자마자 나는 바로 알아차렸다. '이 남자, 아스퍼거 증후군[1]이군.' 나는 10년 전에 발달장애 특집 보도를 제작했던 적이 있다. 당시 발달장애인이 저지른, 동기가 불분명한

---

1 발달장애의 일종. 언어 발달 및 사회 적응이 지연되는 증상이 있다.

사건이 잇따라 발생했다. 나는 장애가 범죄의 직접적인 원인이 아니라고 생각했다. 오히려 장애에 대한 세상의 몰이해가 문제라고 생각했다. 그런 문제의식을 토대로 특집 프로그램을 만든 적이 있었기 때문에 그를 보자마자 곧바로 알아차렸다. 이 남자의 변호를 맡았던 변호사가 바로 아이즈 변호사였다.

　나는 이 재판을 전부 취재했다. 증인 심문 등 평소에는 뉴스로 잘 다루지 않는 재판 경과까지 모두 취재해 뉴스로 내보냈다. 그 과정에서 아이즈 변호사와 여러 차례 이야기를 주고받았다. 이 남자는 왜 이런 어처구니없는 범행을 저질렀을까? 이 변호사는 무슨 생각으로 이 남자를 변호하는 걸까? 온통 이 생각에 사로잡혀 있었다. 이 재판의 판결이 나고 두 달이 채 지나지 않아 모리토모 사건이 시작됐다.

특수부도 주목한 법률가 집단

스가노 소노코菅野園子 변호사는 문제의 국유지가 있는 도요나카시에 사무실이 있다. 2004년(57기)에 변호사로 등록했다. 젊다기보다는 중견에 가깝지만 나이가 들어 TV 화면발이 잘 안 받는다고 생각한 사카구치 변호사가 TV 출연을 고려해 공동대표로 지명했다. TV 인터뷰나 기자회견은 기본적으로 사카구치 변호사 혹은 스가노 변호사가 나서서 했다.

　이렇게 말하니 너무 외모만 중시하는 것 같다. 물론 일도 잘 했다. 일을 너무 많이 하는 건지도 모른다. 변호인단에서 법원이나 검찰청에 제출하는 수많은 서면 작성을 담당하고 있다. 아이도 열심히 키우는 바쁜

엄마다.

다카스카 히로히토高須賀彦人 변호사. 2013년(65기) 변호사 등록. 변호인단 중에서 가장 신출내기다. 변호사로서 경력은 아직 짧지만 치밀하고 똑똑하다. 이야기가 복잡해져 결말이 나지 않는 변호인단 논의를 깔끔하게 정리했다. 준비서면 작성 등 변호인단 실무의 상당 부분을 솔선수범해 맡았다. 손해 보는 역할을 마다하지 않고 스스로 떠맡는, 믿을 수 있는 변호사다. 어쩌면 단지 가장 젊다는 이유로 귀찮은 작업을 강요당하는 것인지도 모른다.

고바야시 데츠야小林徹也 변호사. 1994년(46기) 변호사 등록. 변호인단 회의에서 밝게 논의를 리드하는 분위기 메이커다. 하지만 사카구치 변호사는 불만이 많다.

"그 녀석, 아이디어맨이라 말은 잘하지만 페이퍼 워크는 좀처럼 하지 않아. 실무는 남에게 맡기지 말아야지. 좀더 일을 해야 해."

변호인단에 참가하고 있는 것만으로도 실무를 맡고 있는 건데 사카구치 변호사도 참 까다롭게 군다. 여러 좋은 아이디어를 내기도 하고 사카구치 변호사에게 '지도'를 받은 뒤에는 실무도 열심히 하고 있다. 젊은이 취급을 받고 있지만 그도 벌써 50대다. 사카구치 변호사에게 걸리면 누구라도 젊은이다.

이와사 겐지岩佐賢次 변호사. 2010년(63기) 변호사 등록. 그의 가장 큰 에피소드는 뭐니 뭐니 해도 모리토모 학원 대리인이었던 S 변호사로 착각받은 일이다. S 변호사 인터뷰 영상에 '오사카 법률사무소 이와사 겐지 변호사'라고 자막이 나갔다. TV도쿄[2]에서 터진 방송사고였다. 기자는 같은 날 두 사람과 인사를 나누고 명함 교환을 하다 보니 착각했다고 해명했다. 확실히 나이는 비슷하다. 닮은 것 같기도 안 닮은 것 같기도 하지만, 하필이면 상대 변호사로 착각하다니 … . 당시 오사카 법조계에서 큰 화제가 됐다. 지금도 변호인단이 모이면 이 얘기를 화제로 삼는다. 물론 이와사 변호사 역시 정보 수집, 서면 작성 등 실무도 열심히 하고 있다.

변호사는 아니지만 빼놓아서는 안 될 사람이 있다. 가미와키 히로시上脇博之 고베가쿠인대 교수. 사카구치 변호인단이 국가를 상대로 하는 정보공개 청구 및 소송은 모두 이 사람이 원고原告다. 사카구치 변호인단은 어디까지나 대리인이다. 모리토모 관련 재판 원고로서 모든 언론 취재에 응하고 있다. 항상 머리에 반다나(두건의 일종)를 쓰고 있다. 가미와키 교수의 트레이드마크다.

어느 날 2번기 H 기자가 내게 물었다.

"가미와키 교수는 왜 항상 반다나를 쓰고 있나요?"

나는 생각도 하지 못했다. 외모야 아무래도 상관없지만 분명 취재원에게 질문을 받았던 것 같았다. 사카구치 변호사에게 물어봤지만 "모르겠다"는 대답이 돌아왔다. 사카구치 변호사가 모른다면 아무도 알지 못한다는 말이다.

그러던 어느 날, 자료를 받기 위해 고베 시내의 한적한 주택가에 있는 가미와키 교수 자택을 방문했다. 초인종을 누르니 "잠깐 기다리세요"라는 대답 후 잠시 시간이 걸렸다. 자택에서 편히 쉬고 있었을 시간이었

---

2 일본 5대 민영방송 중 한 곳.

다. 이윽고 현관에 모습을 드러낸 가미와키 교수는 반다나를 반듯하게 쓰고 있었다.

이 이야기를 H 기자에게 들려줬더니 "반다나가 신체의 일부인가 보네요"라는 반응을 보였다.

사카구치 변호인단은 모리토모 사건을 둘러싸고 가미와키 교수가 제기한 정보공개 청구 소송, 국가배상 소송 등을 다루면서 '국유지 헐값 매각'이라는 표적을 명확하게 겨냥하고 있었다. '국유지 헐값 양도의 진상 해명을 요구하는 변호사·연구자 모임'이라는 정식 명칭에도 확실히 드러나 있다.

법률 전문가 집단으로서 누구에게 어떤 책임을 물어야 할지 신중한 논의와 검토를 거듭한 끝에 그해 7월 13일, 매매 당시의 긴키 재무국장과 담당자 등 총 일곱 명을 배임 혐의로, 증거를 폐기했다고 밝힌 정부의 모 인사를 증거인멸 혐의로 각각 오사카지검 특수부에 형사고발했다. 국민의 재산인 국유지를 부당하게 싸게 팔아 국가에 손해를 끼쳤다는 이유에서였다. 이들은 특수부에 배임으로 입건해 달라고 주장하는 응원단이자, 입건하지 않으면 용서하지 않겠다는 감시단이기도 했다.

그들은 배임을 둘러싼 법률 논리를 만드는 일부터 시작했다. 배임죄가 성립하려면 몇 가지 요건이 있는데, 모리토모 사건을 두고 요건에 해당하지 않기 때문에 배임 적용이 어렵겠다는 말이 꽤 일찍부터 검찰 일각에서 흘러나오고 있었다. 변호인단은 형법 전문가인 리쓰메이칸대 법학대학원 교수의 협조를 받아 의견서를 내기로 했다. 대법원 최신 판례 등을 근거로 배임 논리를 정리해 오사카지검 특수부에 제출했다. 물론 사전에 각 언론사에 연락했다. TV 카메라와 취재진이 지켜보는 가운데 당당히 대열을 이뤄 오사카지검 청사로 들어갔다.

특수부도 사카구치 변호인단에 주목했다. 변호인단이 의견서를 제출하기 위해 면담을 신청하자 특수부는 배임사건 수사를 현장에서 지휘하고 있는 I 선임검사를 보내 응대했다. 면담은 한 시간 가까이 이뤄졌다. 변호인단은 법리적으로 배임이 성립하므로 반드시 입건해야 한다고 강하게 요청했다. I 검사는 "잘 검토하겠다"고 대답했다고 한다.

배임은 기업 임직원 등이 대상이 되는 경우가 많다. 공무원 배임은 드문 것으로 알려졌다. 그러나 사카구치 변호사는 과거 나라현 이코마시 고문 변호사로 있었을 때 전임 시장을 배임 혐의로 오사카지검 특수부에 고발한 적이 있다. 당시에는 실제로 입건되었다.

"옛날 특수부는 확실히 공무원에게 배임을 적용해 입건한 적이 있었다. 지금 이런저런 법을 들이대며 어렵다고 하는 건 도망가겠다는 뜻이야." 사카구치 변호사는 가차 없었다.

잇따른 작전

땅값을 깎아 준 근거가 된 쓰레기 철거비용도 분석해야 했다. 애초 철거하는 데 8억 엔 이상이나 들 정도의 쓰레기가 정말 묻혀 있었을까?

변호인단은 부동산 감정에 밝은 1급 건축사에게 의뢰해 쓰레기 철거비용을 자체적으로 산정해 보기로 했다. 그 결과 '고작 4억 엔 정도밖에 들지 않는다. 8억 엔이나 깎아 준 것은 명백하게 지나쳤다'라는 결론을 얻었다. 변호인단은 이것도 의견서에 넣어 오사카지검 특수부에 제출했다. 그때마다 I 검사가 응대했다.

그러나 결론부터 말하자면 변호인단의 이런저런 작전도 특수부의 불기소 처분을 바꾸지는 못했다. 그렇다고 포기할 사카구치 변호사와 변호인단이 아니다. 검찰심사회에서 결론을 뒤집고 기소 상당 의결을 따내기 위해 그들은 지금도 작전을 짜고 있다.[3] 변호사도, 기자도 집요함이 중요하다.

3 검찰심사회는 2019년 3월 29일 검찰의 불기소 처분을 납득할 수 없다며 '불기소 부당'을 의결했다. 이로써 오사카지검 특수부는 재수사 후 기소할지 여부를 다시 판단하게 되었다.

10장

긴키 재무국 직원 자살이 남긴 의혹

공문서 조작의 충격

모리토모 사건이 발각된 지 1년 남짓 지난 2018년 3월 2일, 〈아사히신문〉이 결정적인 특종을 보도했다.

"재무성이 모리토모 국유지 거래와 관련한 공문서를 조작한 혐의가 있다."

파괴력 만점의 대특종이었다. 재무성도 크게 당황했겠지만 우리 역시 난리가 났다. 이렇게 큰 특종이 터졌으니 따라가긴 해야 할 텐데 어떻게 따라잡나 걱정이 앞섰다.

그런데 바보 같은 말이지만 우리는 '바로 따라붙자'고 하지 않았다. 솔직히 나는 그날 점심까지 〈아사히신문〉이 그런 보도를 한 줄도 몰랐다. 어딘가에 특종이 나면 반드시 아침 일찍 "이런 기사가 났는데 체크해 보

재무성의 공문서 조작 의혹을 보도한 2018년 3월 2일자 〈아사히신문〉.

라"는 전화가 오는데, 이날은 연락이 전혀 없었기 때문이다.

숙직 담당 데스크는 매일 아침 모든 조간신문 지면을 체크한 뒤 누락 기사가 있으면 담당자에게 연락한다. 그런데 이날은 그게 없었다. 재무성 관련 기사이니 오사카에서 챙겨야 할 기사라고 생각하지 않았던 것 같다.

그러나 NHK에서 모리토모 사건을 메인으로 취재하고 있는 곳은 도쿄가 아니라 오사카의 우리였다. 우리가 뒤쫓지 않으면 누가 챙기겠나. 그런 인식이 공유되지 않을 정도로 오사카 보도부는 허술했다고 생각한다. 모리토모 사건을 제대로 취재해야 한다는 인식을 당시 오사카 보도부 상층부는 갖고 있지 않았다.

오사카 보도부 법조 담당 Y 데스크가 방송국에 출근해 〈아사히신문〉이 특종했다는 것을 알고 나에게 연락한 것이 오전이었다. 연락이 늦었다고 불평해 봤자 소용없다. 〈아사히〉 기사의 출처로 짐작되는 곳은 두 곳, 오사카지검 특수부와 재무성(긴키 재무국 포함) 쪽이었다. 낮에 검찰청에 가 봤자 이런 정보는 얻을 수 없다. 그렇다고 긴키 재무국도 어렵다. 재무성 본부는 도쿄라 너무 멀다. 정보를 가지고 있을 것 같은 취재원들에게 닥치는 대로 연락했지만 얘기를 들을 수 없었다. 도쿄 사회부 데스크에게 연락했지만 재무성을 맡고 있는 도쿄 경제부를 포함해 그쪽도 고전하고 있는 것 같았다.

"도쿄에서는 어려울 것 같습니다. 아이자와 기자, 어떻게 안 될까요?"

마음은 알지만 우리도 뾰족한 수가 없었다. 솔직히 말해 〈아사히〉 기사를 재무성이 인정하지 않을까 하는 생각이 들었다. 그게 가장 빠르겠지만 재무성은 "파악하고 있지 않다. 조사 중"이라고만 밝혔다. 어쩔 수 없었다.

하지만 뭔가 내놓지 않으면 더 시끄러워질 것 같았다. 여기서 고육지책으로 경제부가 "공문서 조작을 지적하는 일부 보도에 대해 재무성이 조사 중이라고 밝혔다"고 하는, 지극히 창피한 기사를 냈다. 가끔 나오는 '일부 보도에 대해'라는 뉴스는 대개 이런 상황일 경우가 많다.

조작은 모리토모 학원 국유지 거래를 둘러싼 결재문서에서 이뤄졌다. 재무성은 결국 3월 12일 국회 설명에서 조작 사실을 인정했다.

통상 이런 유의 행정문서는 철저한 작성 노하우를 토대로 만들어진다. 어떤 것을 설명하면서 왜 그 단어를 선택했는지 일일이 설명할 필요가 있다.

이번 건에서는 학원 측으로부터의 '요청'이라고 하는 단어가 '신청'으

공문서 조작에 대한 조사 결과를 발표하는 아소 다로 부총리 겸 재무장관.

로 고쳐져 있었다. '요청'이라는 단어에서 공무원들이 가장 먼저 떠올리는 것은 정치인이다. '요청'에는 '정부에 영향력을 미칠 만한 인물 혹은 조직의 강한 부탁'이라는 뉘앙스가 담겨 있다. 그것을 '신청'으로 일부러 바꿨다는 것은 정부 스스로가 생각한 것이 있다는 뜻이다. 분명한 의도와 어떠한 의사에 따라 조직적으로 이뤄졌다는 뜻이다. 정부 문화를 잘 아는 사람이라면 누구나 그렇게 생각한다.

재무성의 출장소 격인 긴키 재무국은 일상적인 일을 비롯해 대부분의 업무에서 본부의 명확한 지시를 기다리는 문화가 있다. 윗선을 두려워하고 자신들이 책임지지 않기 위해 철저히 보고한 뒤 지시를 따른다. 이번 조작과 같은 엉뚱한 짓을 긴키 재무국이 주도한다는 것은 있을 수 없는 일이다.

반면 고치기 전 원래 문서를 본 전직 재무국 직원은 "담당관의 긍지가 느껴진다"고 지적했다. 공문서에 쓰인 단어의 이면과 행간에 '이 계약은 이례적이다!'라는 메시지가 강하게 배어 있다는 것이다. 그렇기 때문에 수정(혹은 조작)하라는 명을 받았던 것이 아닐까 우리는 추측했다.

그 무렵 또 다른 충격적인 사건이 터졌다. 긴키 재무국 직원이 자살한 것이다. 3월 7일이었다. 조작이 발각된 지 닷새 뒤였고 사실이 밝혀진 것은 자살 이틀 뒤인 3월 9일이었다.

휴직 중에 불려온 A 수석

죽은 사람은 긴키 재무국 관재부 수석 국유재산관리관 A 씨. 모리토모 학원 국유지 매매 교섭에 임했던 담당자 중 한 명이었다는 점은 확실했다. 고베 시내 자택에서 스스로 목숨을 끊었고 경찰은 수사결과 자살이라고 단정했다.

대체 어떤 사람이었을까? 그의 죽음과 국유지 매각, 공문서 조작은 어떤 관련이 있을까? A 수석의 죽음에 대해 취재하기 위해 고베와 오사카, 간사이 지역의 각 방송국, 여기에 도쿄 사회부까지 합류해 취재팀이 꾸려졌다. 취재를 통해 우리는 A 수석에 대해 이런 사실들을 알게 됐다.

• 2015년 7월 인사이동으로 관재부 수석 국유재산관리관이 돼 국유지 구입에 관한 여러 신청과 진정, 민원 등을 처리했다. 때로는 법에 어긋난 구입 신청이 있었는데 "모든 신청에 응할 이유는 없다"며 공정하

게 일을 처리하는 것을 중시했다. 2016년부터 모리토모 학원의 토지 불하 건을 담당했다. 경험이 풍부하고 착실한 사람이라 주위의 신망이 두터웠다.

- '수석'이라는 자리는 재무성 본부에서 지시를 받고 현장과 협의를 해야 하는 자리다. 본부 지시가 현장실정에 맞지 않거나 법률과 조금 틀려도 그냥 시키는 대로 하는 사람들이 많지만, A 수석은 그럴 때 "이상하다", "나는 이렇게 생각한다"며 공무원으로서는 드물게 자신의 의견을 밝혔다. 상사들은 불편해하면서도 늘 칭찬했다. 그래도 어쨌거나 일단 조직이 결정한 것은 받아들이고 지키는, 지극히 평범한 공무원이었다.

- 목소리가 크고 명랑한 성격이었다. 묻는 말에 대답하면 웃는 얼굴로 감사해 했다. 주변 사람 기분을 좋게 만드는 캐릭터였다. 자살했다는 말을 듣고 전혀 상상이 가지 않았다.

- 반년 전부터 '심신미약'을 이유로 휴직하고 있었다. 모리토모 사건이 발각된 이후, 도쿄 재무성과 긴키 재무국 사이에 끼어 꽤 고생하면서 추궁당하고 있었다.

취재에 더욱 박차를 가해 이런 중요한 정보도 얻었다.

- 3월 2일 〈아사히신문〉 보도 이후 휴직 중이던 A 수석이 6일 긴키 재무국에 불려 나왔다. 실제로 청사 안에서 그의 모습을 본 사람이 있었다. 그리고 다음 날인 7일 A 씨가 스스로 목숨을 끊었다.

정신적 문제로 휴직하고 있는 와중에 왜 불려 나왔을까. 재무국에서는 누구와 어떤 이야기를 했을까? 무언가 지시를 받았을까? 책임감이 강했다는 A 수석은 결국 조작 때문에 정신적으로 쫓겨 휴직하고 죽음으로 내몰린 것이 아닐까. 진실은 반드시 밝혀져야 한다. 그의 억울함을 풀어 줘야 한다.

소환조사는 있었다?

취재팀이 꾸려지기는 했지만 어디까지나 A 수석의 죽음을 둘러싼 의혹을 파헤치기 위한 팀이었다. 오사카지검 수사 취재는 나와 2번기 H 기자 둘이 할 수밖에 없었다. 취재해야 할 부분은 많았다. 검찰 취재로 무엇을 밝혀내야 할지 다시 정리해 봤다.

우선 특수부 배임 수사의 향방이다. 가장 중요한 부분이다. 과연 배임 혐의로 입건이 가능할까? 입건할 수 있다면 누가 대상일까? 재무성 압수수색은 이뤄질까? 기소든 불기소든 결론은 언제쯤 나올까? 이런 부분을 하나하나 좁혀 가야 했다.

여기에, 공문서 조작이 발각된 만큼 이 부분이 죄로 추가될지 여부도 중요한 포인트였다. 어떤 혐의가 적용될까? 허위 공문서 작성? 공문서 변조? 공문서 파기? 증거 인멸에 해당하지는 않을까? 죄를 묻는다면 누구에게 물어야 할까? 조작에 관련됐다고 의심받는 사가와 전 이재국장은 어떻게 될까? 조사는 언제 이뤄질까? 이 부분도 취재해야 할 것이 많았다.

A 수석 자살은 기본적으로 경찰이 맡고 있었다. 검찰이 관여할 수 있는 부분은 제한적이었다. 검찰 쪽을 취재해 보니 "A씨는 긴키 재무국에서 상사였던 I 총괄 국유재산관리관(당시)과 함께 중요한 인물이었다. 조사하고 싶었지만 병 때문에 할 수 없었다"라는 이야기가 들렸다. 야마모토 특수부장도 "조사하지 않았다"고 확실히 확인해 줬다.

하지만 기자라면 계속 의심해야 한다. 정말 그럴까? 실은 내가 듣고 싶었던 말만 들은 것이 아닐까? 검찰에서 소환했다면 본인이 직접 소속 관청에 보고했을 것이다. 그렇다면 재무국에서 서로 입을 맞췄던 것은 아닐까? 오사카지검 특수부에는 과격하게 조사하는 것으로 알려진 검사가 있다. 그에게 조사받은 관련자들은 모두 진절머리를 냈다.

모욕적인 조사를 받은 뒤 목을 매고 목숨을 끊었을 가능성도 배제할 수 없다. 물론 어디까지나 가정이기 때문에 가능성을 높게 볼 수는 없지만 일단 가능성을 열어 둘 필요는 있었다. 우리는 검찰 담당으로서 이런 부분까지 하나둘씩 살펴보았다.

하지만 검찰 쪽에서는 끝내 아무것도 나오지 않았다. 더 이상 이 사건을 쫓다가는 다른 취재에 지장이 생길 것 같았다. 우리는 일단 포기하기로 했다.

A 수석 조사는 역시나 없었던 것으로 드러났다. 우리가 했던 취재는 전혀 쓸데없는 것이었지만 기자의 취재라는 일은 이렇게 하나씩 더듬어 가는 것이다. 시간 낭비를 하지 않으면 앞으로 나아갈 수 없다.

남겨진 메모에 '사가와', '아소' 이름이

숨진 A 수석이 유서를 남겼다는 소문은 처음부터 있었다. 이 유서에 대해 3월 13일 두 신문에 상반된 기사가 나왔다.

〈고베신문〉: "유서에 모리토모 관련 기재 없어"
〈요미우리신문〉: "본부에서 수정 지시 받았다는 내용 메모로"

우리 취재팀도 유서에 대해 다각도로 취재에 나섰다. 그 결과 다음과 같은 사실을 확인했다.

- 유서는 짧고 간단했다. 모리토모 관련 내용은 없었지만 유서와는 별도로 사건 경위를 상세하게 기록한 메모가 있었다.
- 메모 내용은 현장을 조사한 경찰과 이를 보고받은 경찰청, 유족, 재무성 말고는 모른다. 총리 관저에는 재무성이 보고했다. 법무성, 검찰 쪽은 간접적으로는 들었지만 정확히는 알지 못했다.
- 메모에는 재무성 본부의 지시를 받아 조작을 하게 돼 억울하다는 내용이 적혀 있었다. 충격적인 내용이었다. 재무성 관계자 실명도 나왔다.

정말 큰 건이었다. 〈고베신문〉은 유서에 모리토모 관련 내용이 없었다는 말만 듣고 착각한 것이다. 이번에는 〈요미우리〉가 맞았다. 유서가 아니라 메모가 중요했다. 메모에 중요한 사실이 적혀 있었다.

이 사실을 알고 나니 어떻게든 메모를 손에 넣고 싶었다. 복사본을 구하든, 사진으로 찍든, 내용을 베껴 적든지 해서 자세하게 전하고 싶었다. 보통은 어디선가 정보를 얻을 수 있었지만 이번만큼은 현장에서 기자들이 아무리 노력해도 좀처럼 자세한 내용을 파악할 수 없었다. 다들 입을 꾹 닫았다. 굉장한, 엄청난 내용이 있다고 했다. 더더욱 취재가 필요했다. 여기서 어떤 기자가 겨우 정보를 입수했다(취재원 보호를 위해 소속은 밝히지 않겠다). 메모는 A4 용지 몇 장 정도로 다음과 같은 내용이 적혀 있었다고 했다.

- 변조는 재무국이 자의적으로 한 것이 아니다. 본부가 지시를 내렸다. 사가와(전 이재국장) 지시로 고쳤다.
- 결재문서와 관련해 위에서 '너무 상세하다'고 지적해 다시 썼다.
- 이대로라면 내가 혼자 책임을 져야 한다. 세상은 냉정하다.
- 국회 답변에서는 관계 서류가 없다고 했지만, 규정에 따르면 해당 서류는 1년간 보존해야 한다. 과거 통례로 봤을 때 자료가 남아 있지 않다는 것은 있을 수 없는 일이다.
- (상사로 보이는 인물이나 여러 의원 이름, 아소 재무장관에 대한 내용도 적혀 있음.)

역시나 엄청난 내용이었다. 여기까지 자세하게 알았으니 기사를 쓸 수 있었다. 완성한 기사는 3월 15일 단독 기사로 방송했다. 취재한 내용들이 대부분 들어갔지만 사가와 전 이재국장, 아소 장관의 이름은 당시 시점에서는 기사에서 빠졌다. 왜 그렇게 위에서 판단했는지 상세한 이유는 잘 모른다. 물어보지도 않았다. 추측컨대 메모에 그렇게 쓰여 있더라도 사실인지 아닌지 확인이 안 된 단계에서 정치인이나 관료의 실명 공개는 일단 보류한 것이 아닐까 싶었다. 이는 아부가 아니라 명예훼손을 피하기 위한 신중한 판단이었다.

검찰을 흉내 낸 재무성

나와 H 기자의 검찰 취재에서도 조금씩 성과가 나오고 있었다. 3~4월에 걸쳐 우리는 취재정보를 자주 메일로 교환했다. 하지만 검찰 취재는 나보다 H 기자가 몇 수 더 위였다. 내가 정보보고를 한 통 보낼 때 H 기자는 서너 통을 보냈다. 그 와중에 새로운 사실 하나가 드러났다.

'재무성은 애초 특수부에도 조작된 문서를 제출했다.'

재무성이 임의로 자료를 제출하면서 오사카지검 특수부에 변조한 가짜 문서를 내놓은 것이다. 들통날 것이 뻔했다. 아니나 다를까 들켰다. 왜 들켰는지는 수사 및 취재비밀에 관련돼 있어 말하지 않겠지만 검찰청은 사건이 발각된 2017년에 이미 조작하기 전 문서를 입수해 놨었다.

흥미로웠다. 재무성이 수사기관에 거짓말하려 했다는 것이 드러났다. 우리는 이를 단독 기사로 3월 13일 아침뉴스에 내보냈다.

당시 나는 이런 정보보고를 했다.

[재무성 정보] 2018년 3월 12일
• 재무성은 애초에 조작한 문서를 검찰에 제출했다.
• 검찰은 수사를 통해 문서가 고쳐졌다는 것을 알았다. 검찰이 재무성

에 수정 전 문서를 내놓으라고 요구했고, 재무성은 수정하기 전 문서를 제출했다.

- 재무성은 작년(2017년) 봄부터 가을까지 찔끔찔끔 문서를 임의제출했다. 각각의 문서를 언제 제출했는지는 모른다.
- 작년 봄에 이미 수정된 문서가 공문서로 보관돼 있었다.
- 수정하기 전 문서는 이미 재무성 내에서 사라졌다.
- 이번에는 검찰에서 복사본을 받아 신구 대비표를 만들었다.
- 수정은 (본부) 이재국이 지시했다. 행동으로 옮긴 것은 긴키 재무국이었다. 재무성은 여당에도 그렇게 보고했다.

[검찰 정보] 2018년 3월 10일

- 조작의 내용과 시기가 문제이지 위조, 변조가 문제는 아니다.
  - 검찰은 작년 가을에 문서 조작 사실을 파악하고 관계 직원을 조사했다. 다 파악한 뒤에 죄가 아니라고 판단한 것이 아닐까?
  - 조작 전 문서가 검찰에 제출된 경위를 검찰 쪽에서 확인할 수 있다면 단독 기사를 쓸 수 있습니다.

보고 그대로였다. H 기자가 검찰에서 팩트를 확인해 문서 제출 경위에 대한 단독 기사를 썼다. 하지만 모든 취재가 이렇게 술술 잘 풀리지는 않았다. 오히려 실패한 취재가 훨씬 많았다.

나는 아침에는 순회 취재를 해도 밤에는 잘 돌지 않았다. 하지만 H 기자는 매일 아침 순회는 물론 야간에도 취재하느라 검찰청을 돌았다. 수사가 막바지 국면에 접어들면서 몇몇 검사는 좀처럼 밤에 퇴근하지 않는다고 했다. 이에 대해 어느 검찰 간부는 이렇게 말했다.

"검사 중에는 퇴근을 안 하는 사람이 종종 있어요. 사건에 집중하다 보면 퇴근을 안 한다고 하더라고요. 방 안에 간이침대 같은 걸 두고 그냥 눈 붙이는 거죠. 물론 늘 그렇게 자는 사람들도 있지만요. (웃음) 노무관리 측면에서 보면 권할 일은 아니지만, 검사는 초과근무 수당이 없으니 임금을 더 줘야 할 문제는 없습니다. 건강에는 문제가 있겠네요."

수사 막판에는 간부들도 긴장했다. H 기자 취재에 모 간부는 "이제 제발 돌아가 주세요. 가! 가! 가! 가라고! 정말로 방해된다니까요! 방해된다고!"라고까지 했다. H 기자가 아무리 말을 걸어도 응해 주지 않았다. 오히려 불쾌감을 대놓고 드러냈다. 그래도 H 기자는 포기하지 않았다. 어떤 봉변을 당해도 포기하지 말아야 한다는 것을 누구보다 잘 알고 있었다.

숨진 A 수석이 남긴 메모에는 우리가 파악한 것 이상의 더 중요한 사실이 적혀 있었을지도 모른다. 하지만 취재를 통해 그 이상을 알아내기는 어려웠다. 메모 복사본을 손에 넣어야 했다. 메모는 유가족에게 있을 것이다. 유족들이 메모를 보여 준다면, 복사해 준다면 큰 도움이 될 것 같았다. 취재팀은 유족 취재에도 힘을 쏟았다.

A 수석은 오카야마현 출신이었다. 우리는 취재를 통해 A 수석 부친의 집과 처가를 알아냈다. 취재팀은 먼저 부친 집을 찾았다.

아버지는 아들의 죽음에 충격을 받은 모습이었지만 기자들의 취재에 정중하게 응했다. A 수석의 사람됨을 아버지에게 느꼈다. A 수석이 주위에 "내가 갖고 있던 상식이 깨져 버렸다"고 말했다는 것을 알게 됐다.

그대로 기사로 써서 방송에 내보냈다.

하지만 A 수석 아버지는 아들이 메모를 남겼다는 사실 자체를 알지 못했다. 당연히 메모를 본 적도 없고 내용도 모른다고 했다. 메모는 A 수석 부인이 갖고 있는 듯했다. 부친은 며느리와 거의 교류가 없다고 했다. 취재팀은 A 수석 부인을 찾아갔다.

부인 반응은 부친과 정반대였다. 일체의 취재를 거부했다. 거부야 자유이지만 아내에게는 변호사가 붙어 있었다. 변호사는 언론이 부인을 취재하지 못하도록 접촉 자체를 막았다. 집 앞에는 '사유지 출입 금지'라는 팻말까지 있었다. 팻말에는 변호사의 이름이 쓰여 있었다. 변호사와 이야기를 해 보려 해도 말을 붙일 수조차 없었다고 현장기자가 보고했다.

"변호사가 화를 많이 내거든요"

이 변호사는 도대체 어떤 사람인가. 취재 결과 흥미로운 부분을 발견할 수 있었다. 고베의 한 법률사무소에 일하면서 2005년부터 2년간 금융증권검사관(법무전문관)으로 긴키 재무국에 근무했다는 점이다. 긴키 재무국 사람들과 변호사 동료들은 그에 대해 이렇게 말했다.

- 긴키 재무국은 2003년에 기간제로 법무전문관을 채용했다. 그는 두 번째 전문관이었다. 그가 근무하던 무렵에 친하게 지냈던 직원들은 지금 긴키 재무국 간부 및 관리직이 됐다.
- 긴키 재무국은 연대감이 강하다. 퇴임한 변호사도 OB 자격으로 송별

회나 신년회에서 어울리며 함께 술도 마신다. 한 번 재무국은 영원한 재무국이다.

- 그가 금융증권검사관으로 근무하던 당시, 숨진 A 씨는 이재부 수석으로 근무했었다. 서로 안면이 있었을 것이다.
- 변호사로서 아마가사키 연쇄 살인사건[1]을 담당하는 등 유능했다고 한다.
- 본인은 '유족을 보호하는 것이 곧 피해자 지원'이라며 유족들의 의향을 최대한 존중하고 있다.

어떻게 변호사가 선임됐을까? 긴키 재무국이 A 수석 부인에게 이 변호사를 소개했을까? 변호사와 A 수석이 아는 사이라 아내가 먼저 도움을 요청했을까? 변호사가 유족을 돕기 위해 스스로 나섰을까? 변호사의 의도는 무엇일까? 재무국 방침에 따라 A 수석의 메모 내용이 외부에 노출되지 않고 있는 것일까? 정말로 유족 뜻에 따라 기자들과 접촉하지 않고 있을까?

알 길이 없었다. 이 변호사는 나중에 A 씨 부친과 만나 뭔가 이야기를 나눴는데, 그 뒤로 부친이 기자를 대하는 태도가 차갑게 바뀌었다.

3월 24일에 다시 취재팀 기자와 PD가 부친을 찾았다. 전에 호의적으로 이야기를 해 주던 태도와는 완전히 딴판이었다.

"이제는 오셔도 곤란합니다. 변호사를 통해 접촉해 주세요. 여기까지

---

1 2012년 일본 전역을 떠들썩하게 한 막장 살인사건. 주범인 스미다 미요코(당시 64세·여)는 시누이, 며느리, 조카 등과 함께 재산 강탈, 보험금 사기 등을 목적으로 20여 년 간 최소 14명을 죽였다. 스미다는 그해 12월 유치장에서 누운 채 티셔츠로 목을 졸라 자살했다.

오느라 고생했겠지만 앞으로는 오지 말아 주세요. 변호사가 굉장히 화를 내거든요. 아무 말도 하지 말라고 했어요. 아들에게 도대체 무슨 일이 있었는지 저는 아무것도 모릅니다. 아무 할 말이 없습니다. 긴키 재무국에 물어보면 되잖아요? 이런 먼 곳까지 오지 말고 그쪽에서 취재하는 게 낫지 않을까요? 지금 제가 무슨 말을 해 봤자 바뀌는 건 아무것도 없어요. 아들이 살아 돌아오지도 않아요. 당신들은 자식을 잃은 심정을 아십니까? 내가 얼마나 힘든지 상상이나 되십니까? 돌아가 주세요. 주신 꽃은 곤란하지만 일단 받겠습니다. 이제는 오지 마세요."

변호사는 부친이 허락하면 취재해도 좋다는 취지로 이야기했다. 그 말을 듣고 어떻게든 인터뷰를 해 보려고 설득했지만 부친은 "변호사에게 혼나고 있다"는 말만 반복했다. 유족 취재는 끝내 좌절됐다.

11장

'말 맞추기' 특종에 또다시 압력
프로 기자는 이렇게 취재한다

기자의 비밀을 공개한다

이번 장에서는 기자의 비밀에 대해 밝히겠다. 하나는 내가 어떻게 취재했는지 그 기법에 대해서다. 이건 기자의 영업비밀이다. 또 하나는 취재원과 주고받은 이야기를 밝히겠다. 사실 취재원 보호 원칙에 어긋나는 일이다. 영업비밀을 공개하고 원칙을 깨면서까지 기자의 비밀에 대해 말하려는 이유가 있다. 프로 기자로서 신뢰를 되찾는 것이 무엇보다 중요하기 때문이다.

모리토모 사건 발각 이후 1년여가 지난 2018년 3월 〈아사히신문〉의 '재무성 공문서 조작' 특종으로 세상은 다시 시끄러워졌다. 나는 지난해 3월 '클로즈업 현대 +'를 제작하면서 친해진 동지 U PD와 프로그램을 만들기 위해 의견을 나눴다. 뜻을 같이한 도쿄와 오사카의 보도 프로그램 PD들이 의기투합했다.

3월에는 한국에서 열린 평창 동계 패럴림픽 중계 때문에 '클로즈업 현대 +'가 결방됐다. 대신 긴급 특별 프로그램을 방송하기로 거의 결정됐다. 그런데 또 문제가 생겼다. 윗선으로부터 '아직 사실관계가 확실하지 않다'는 지적을 받으면서 3월 방송은 물 건너가게 됐다.

'클로즈업 현대 +'는 4월 2일부터 재개될 예정이었다. 재개 첫 방송으로 모리토모 사건을 다루기로 했다. 그런데 이조차 난관에 부딪혔다. 나는 깊숙이 개입하지 않은 채 어떻게 될지 주시하고 있었다. 우여곡절 끝에 간신히 4월 4일 '클로즈업 현대 +'로 내보내기로 했다. 그나마 방영일이 정해진 것은 3월 말이었다. 모리토모 사건을 다루는 두 번째 '클로즈업 현대 +', 시간이 얼마 남지 않았다.

이번에는 오사카뿐 아니라 도쿄의 정치부·경제부·사회부 기자들도 대거 취재에 참여했다. 그러나 팀으로 뭉쳐 취재하지 않고 각 부서에서 각각 취재해 공유해도 될 만한 정보만 가져오는 식이었다. 프로그램에 참여한 사람이 너무 많아 오히려 제작에 방해가 됐다. 그리고 지난해와 달리 보도국 간부들 중 대놓고 외면하거나 어떻게든 중요한 부분을 빼려고 하는 사람들이 있다는 사실을 나와 PD들은 피부로 느꼈다.

프로그램 방영이 확정돼 기뻤지만 한편으로는 새로운 내용이 없어서 힘들었다. 공문서 조작은 〈아사히신문〉 특종이었다. 남의 특종만 갖고 프로그램을 만들 수는 없었다. 뭔가 새로운 내용을 넣어야 했다. 〈아사히신문〉에 물을 먹은 나는 어떻게든 큰 특종 하나를 찾아야 했다.

그러던 중 하나 걸려든 것이 있었다. 모리토모 사건이 터진 지 얼마 되지 않았던 2017년 2월, 재무성이 직접 모리토모 학원 측에 "트럭 몇천 대 분량의 쓰레기를 반출한 것으로 해 달라"고 전화한 사실을 알게 됐다. 즉, 재무성이 허위로 말을 맞추자고 학원에 요구한 것이다. 학원 측은 "그런 사실이 없기 때문에 받아들일 수 없다"고 거절했다. 세상의 인식과는 달리 재무성이 거짓말을 하자고 제안했고 모리토모 학원이 오히려 이를 거절했다.

이것은 공문서 조작과 마찬가지로 재무성이 어떻게 국가행정을 왜곡했는지 보여 주는 새로운 사실이었다. 어떻게든 이 사실을 보도하고 싶었다.

NHK의 통상적인 룰에 따르면 오사카 소속인 내가 오사카 법조 담당 Y 데스크에 정보를 보고하면, Y 데스크가 필요에 따라 도쿄 사회부 데스크에게 넘긴다. 중요한 정보일 경우에는 오사카 보도부 넘버 2인 S 총괄에게 넘기기도 한다.

하지만 나는 모리토모 사건 취재를 위해 예전부터 협력했던 도쿄 사회부 X 데스크에 먼저 이야기했다. X 데스크는 "이건 오사카에는 보고하지 않는 편이 좋겠다. 오사카 데스크에 보고하면 곧바로 보도국장에게 들어갈 테고 그러면 이런저런 개입으로 배가 산으로 갈 것"이라고 말했다.

맞는 말이었다. 나는 이 정보를 오사카 간부 누구에게도 말하지 않고 사회부 X 데스크에게만 보고하면서 취재를 마무리했다. 어떻게 출고할지는 X 데스크와 그의 상사인 K 사회부장이 궁리했다. 그리고 K 부장은 어떻게 하면 고이케 보도국장에게 말을 꺼낼지, 언제 보도국장에게 보고할지 고민했다. 고이케 보도국장이 출고를 허락하지 않으면 이 기사는 세상에 나갈 수 없다. 오사카 데스크나 총괄은 고이케 국장을 설득하기 역부족이었다. 이건 K 부장과 X 데스크에게 맡길 수밖에 없다. 그리고 나는 K 부장이 보도국장과 흥정할 때 써먹을 취잿거리를 공급하기 위해 X 데스크가 시키는 대로 취재했다. 벽이 높았지만 달리 방법이 없었다.

상대 프로필을 파악한다

말 맞추기 자체는 비교적 빨리 파악됐다. 검찰 당국도 이 사실을 파악하고 있는 것으로 확인됐다. 당사자를 조사했으니 당연했다. 보통이라면 이 정도는 뉴스로 충분히 보도할 수 있다. 하지만 당시에는 그렇게 간단하지 않았다. X 데스크가 제안했다.

"아이자와 기자. 말을 맞춘 당사자를 접촉해 보면 어떨까요? 코멘트를 따 놓으면 국장을 설득할 수 있을 것 같아요."

황당했다. 말 맞추기를 한 당사자를 찾아가 "당신, 말 맞추기 했습니까?"라고 물어 "네. 그랬습니다"라는 대답을 받아 내라는 것 아닌가. 아무리 그래도 이건 좀 너무 심하지 않은가. '미션 임파서블'이었다.

하지만 무리하지 않으면 기사를 낼 수 없다. 무리하지 않으면 설득할 수도 없다. 최고의 검찰기자 출신 K 부장이 그렇게 판단했다면 따를 수밖에 없다.

절대 인정할 리 없는 상대에게, 절대 인정할 수 없는 것을 인정하게 하려면 어떻게 해야 할까? 우선 상대의 입장에 서야 한다. 상대는 어떻게 느낄까? 어떻게 생각할까? 어떻게 말할까? 그런 것을 생각하고, 생각하고 또 생각해야 한다.

우선 상대의 프로필을 제대로 파악해야 한다. 어디 출신인지, 어느 학교를 다녔는지, 경력은 어떤지, 성격은 어떠한지, 취미는 무엇이고, 뭘 좋아하고, 뭘 싫어하는지를 파악해야 한다. 그 사람이 자랑스러워하는 것, 자부심을 느끼는 것, 콤플렉스를 느끼는 것이 무엇인지 알아야 한다. 주위 사람들, 직장 사람들, 업무상 관계가 있는 사람들, 가족들은 그 사람에 대해 어떻게 생각하는지, 이런 정보를 모아야 한다.

말하기는 쉬워도 실천에 옮기기는 어렵다. 특히, 이런 정보를 실제로 수집하기는 정말 어렵다. 게다가 이번 취재 대상자(Z 씨라 하자)와 나는 일면식도 없다. 이런 경우 Z 씨 주변 인물을 알고 있는 지인을 찾은 뒤 연줄을 대고 서서히 취재를 진전시켜야 하지만, 그렇게 하려면 많은 시간과 공을 들여야 한다. 노력이야 아끼지 않겠지만 시간이 충분하지 않다. 어떻게 해야 할까.

생각지도 않은 곳에서 구원의 손길이 나타났다. 2번기 H 기자였다. 아, 생각지도 못했다고 하면 실례가 될까. H 기자는 늘 아무 말도 하지 않고 묵묵히 일한다. 나는 H 기자가 무엇을 하는지 알지 못했고 H 기자도 내가 어떻게 취재하는지 몰랐지만, 내가 부탁하지 않았는데도 자신을 필요로 한다는 것을 깨닫고 언제부터인가 Z 씨 프로필을 샅샅이 뒤지고 있었다. 내가 갖고 싶었던 정보를 거의 다 알고 있었다. 도대체 어떻게 알았을까? 이런 것을 기자에게 묻는 것은 촌스러운 일이다. 어쨌거나 정보가 맞기만 하면 된다.

　취재 대상자와는 어떻게 접촉해야 할까? Z 씨는 재무성 사람이었다. 하지만 관청에서 접촉해 봤자 의미가 없었다. 그는 원칙적으로 우리의 취재에 응해서는 안 될 입장이었다. 관공서 주변에서 이런저런 말을 걸어 봤자 제대로 대답할 리가 없었다. 관청 인근은 일단 포기했다.

　Z 씨가 매일 드나드는 것이 분명하고 주변에 관청과 관련된 사람이 없는 곳은 자택밖에 없다. 그런데 한심하게도 나는 Z 씨가 어디 사는지 몰랐다. 타사 기자는 꽤 빠른 시점에 그 사람의 은신처를 알아내 접촉한 것 같았지만 나에게는 정보가 없었다. 투덜대 봤자 방법이 없었다. 스스로 해결할 수밖에 없었다.

　이때 또 뜻밖의 구원의 손길이 뻗쳤다. 내가 전부터 친하게 지내고 있는 어떤 사람이 Z 씨의 주소를 알려 줬다. 어떻게 알아냈을까? 물론 나는 들었지만 여기서 설명해 줄 수는 없다. 어쨌거나 정보가 틀리지만 않으면 된다.

머리가 빠질 때까지 생각해!

필요한 정보는 모두 취재했다. 이제는 어떻게 공격할지 방법을 찾아야 했다. 생각하고 또 생각하고 계속 생각했다. 2번기 H 기자는 초임지에서 만난 사수에게 "아무것도 생각하지 않고 취재하러 가는 기자는 바보다. 머리가 빠질 때까지 생각한 뒤 취재하러 가야 한다"고 훈련받았다고 했다. 그 사수는 나도 잘 알았다. 내 7년 후배인 여기자 T다. 함께 일한 적도 있었기 때문에 T가 얼마나 훌륭한 기자인지는 잘 알고 있었다. 데스크로서 부하 기자들을 엄격히 가르친다는 점도 잘 알고 있다.

T 데스크에게 매우 엄격한 지도를 받은 H 기자는 T 데스크를 아주 좋아했다. 근무지가 먼 T 데스크가 사는 곳까지 일부러 찾아가 만난 적도 있다고 했다. 엄격한 코치가 훌륭한 기자를 키운다. 나 자신도 초임지인 야마구치에서 1년차였을 때 독한 선배들에게 엄격한 지도를 받아 지금의 나로 다시 태어났다. 그리고 도쿠시마에서 데스크로 일하면서 우물쭈물하던 새내기 S 기자를 가르쳐서 지금의 끈질긴 사회부 에이스를 키워 냈다. S 기자는 지금 나를 그리워할까? 그러리라 믿는다.

파와하라[1]를 하라는 말이 아니다. 파와하라는 안 된다. 그것은 사람을 죽이는 일이다. 그렇다면 사람을 키우는 '엄한 지도'와 사람을 죽이는 '파와하라'는 어떻게 다를까. 바로 '사랑'이 있는지 없는지에 따라 다르다. 다시 말해, 사람을 키워 성장시키겠다는 '사랑하는 마음'의 여부에 따라 갈린다고 생각한다. 후배를 아끼는 마음이 있다면 일견 같아 보이는 가혹한 지도라고 해도 말과 태도, 내용이 전혀 다르다. 무엇보다 사후 대응이 다르다. 엄하게 가르친 뒤에는 마음으로 안아 줘야 한다. 그렇게 해야 지도받는 후배가 선배에게 감사하는 마음을 갖는다.

나는 도쿠시마에 있던 시절 S 기자를 사랑으로만 대했는가? 그렇지

---

1 '파워'(power, 윗사람)와 '해러스먼트'(harassment, 괴롭힘)를 합친 일본식 조어 'パワ—ハラスメント'의 준말. 상사가 '직장 갑질'로 부하 직원을 괴롭히는 것을 뜻하는 말로 일본에서 큰 사회적 문제가 되고 있다.

않았던 때도 있었던 것 같다.

'머리가 빠질 때까지 생각한 뒤 취재하러 나가라!'

모든 기자가 새겨야 할 금언이다. 역시 T 데스크다. 그나저나 왜 계속 생각하면 머리가 빠진다는 걸까? 그랬다면 나는 진작 대머리가 됐을 것이다.

자택 취재는 아침에

자택에서 만나려면 아침에 가야 한다. 밤에는 언제 돌아올지 모른다. 보통 귀가 시간은 일정하지 않다. 퇴근 후 바로 들어올 수도 있지만, 야근하다 혹은 회식하다 늦어질 수도 있다. 그러나 아침 출근시간은 대체로 일정하다. 그래서 나는 보통 아침 출근길에 만나러 갔다.

자택 취재는 아무리 반복해도 익숙해지지 않는다. 이웃에서는 늘 수상하게 여긴다. 자택에서 상당히 떨어져 있으면서도 대문에서 취재 대상자가 나오는 모습이 확실히 보이는 장소를 찾아 조용히 기다려야 한다. 처음에는 몇 시에 나오는지 모르니 아침 일찍 가서 기다려야 한다.

이윽고 Z 씨가 나왔다. 가족과 함께였다. 가족이 놀라게 해서는 안 되니 Z 씨가 가족과 헤어질 때까지 기다렸다. 하지만 결국 들켜 가족들이 겁을 먹었다는 것을 나중에 알게 됐다.

Z 씨가 가족과 헤어졌다. 하지만 일단 말을 걸지 않기로 했다. 첫날은 상대방의 행동을 확인하는 것이 목적이기 때문이다. 조용히 미행하면서 통근 경로를 확인했다. 전철역까지 어떻게 가는지, 어느 역에서 전철을

타는지, 어디서 갈아타는지, 어느 역에서 내려 어떻게 직장에 가는지 등을 차근차근 확인해야 한다.

확인해 보니 Z 씨는 집에서 직장까지 최단 경로가 아닌 다른 길로 출근했다. 항상 그런지는 모르겠지만. 일부러 멀리 돌아갈 가능성도 있었다.

30분 한판 승부

다음 날인 2018년 4월 3일은 '클로즈업 현대 +' 방송 전날이었다. 나는 Z 씨 이야기를 프로그램에 꼭 넣고 싶었다. 그러기 위해서는 승부를 걸어야만 했다. Z 씨 집에서 직장까지 걸리는 시간은 30분 남짓이었다. 단 한 번의 승부였다.

어제와 같은 시간에 Z 씨가 나왔다. 역시 가족과 함께였다. 하지만 어제 사전 답사를 해 놨기 때문에 어디서 헤어지는지 알고 있었다. 아니나 다를까 같은 곳에서 헤어졌다. 곧바로 뒤에서 다가가 말을 걸었다.

"안녕하세요. NHK 아이자와 기자라고 합니다. Z 씨 되시죠?"

그는 발길을 멈추지 않고 나를 돌아보며 표정을 바꾸지 않고 말했다.

"기자시라고요? 드릴 말씀이 없습니다."

그럴 만도 했다. 관청에서 비밀을 지키라는 지시를 받기 전에 스스로가 어떻게 행동해야 할지를 잘 알고 있었을 것이다. 이미 몇몇 기자들이 취재하러 왔을지도 모른다. 왔다면 똑같이 응했을 것이다. 타사 기자들도 돌진하다가 나가떨어졌을 것이다. 그렇지 않았다면 관련 기사들이 이미 줄줄이 보도되고도 남았다. 하지만 나에게는 사전 정보와 미리 생각해 낸 수법이 있었다. 나는 말을 이었다.

"그러시죠. 입장을 이해할 수 있습니다. 그래서 저는 Z 씨께서 뭔가 말씀을 해 주실 거라고 생각하지 않습니다. 제 이야기만 좀 들어 주세요."

내가 일방적으로 말하는 것은 내 마음이다. 그에게도 무례한 일은 아니다. 나는 그의 옆을 나란히 걸으며 슬쩍슬쩍 말을 했다. H 기자가 조사해 온 내용에 대해, 그리고 지금까지 어디서 무엇을 해 왔는지 등에 대해 말을 이어 갔다.

예를 들면 동일본 대지진이 일어난 2011년에 그는 자원해 재해 지역의 부시장으로 갔다. 출세 코스를 달릴 수도, 해외 유학을 갔을 수도 있었겠지만 그는 재해 지역에서 현지 사람들과 함께 일하면서 재해 취재차 온 기자들도 많이 만났다. 당시 그에 대한 평판은 아주 좋았다. 본부 내에서도 신망이 두터웠다.

이런 사람이 말 맞추기 같은 짓을 할 리가 없었다. 그런데도 왜 그랬을까? 재무성 내에서 무슨 일이 있었던 것이 틀림없다. 조직을 위해 어쩔 수 없이 자신의 이름을 더럽히면서 일을 하게 됐을 것이라고 나는 추측했다. 나도 조직의 논리 때문에 본의 아니게 일하고 있다고 말할 수 있다. 그에게 공감이 갔다.

나는 그의 경력과 일솜씨, 주변 평판에 대해 말을 이어 갔다. 그는 내 이야기를 계속 듣고 있었다. 그에게 불편한 이야기가 아니고 오히려 자신을 추켜세워 주니 기분 좋게 들어 준 것이 아닌가 싶었다. 관청 내 비밀이 아니고 그냥 세간의 이야기였기 때문에 그도 조금씩 반응을 보여 왔다. 전철 환승에 대한 얘기가 그랬다. 앞에서 언급한 것처럼 그는 집에서 직장까지 일부러 조금 돌아갔다. 전철을 갈아탈 때 물어봤다.

"왜 여기서 갈아타세요? 전 역에서 갈아타시는 게 더 빠를 텐데요."

"시간상으로는 그렇지만 거기서 갈아타면 붐비거든요. 여기서 갈아타는 게 좀더 여유가 있어요."

과연 합리적 이유가 있었다. 누구나 나누는 별것 아닌 대화를 계속 하다 보면 "대답하지 말아야 한다"고 하는 그도 입을 열 것이다. 그게 내 목표였다.

그가 나에 대한 마음의 문턱을 낮춰 가는 것에 맞춰 그가 좋아할 만한 이야기를 계속 이어 갔다. 대화 느낌이 괜찮았다. 때가 온 것 같았다. 나는 이제까지 숨겨 두었던 이야기를 꺼냈다.

"Z 씨는 작년 2월 20일에 가고이케 이사장에게 숨어 있으라고 지시하는 전화를 걸으셨다고 하던데요. 실제로는 전화를 안 하셨죠? 저도 잘 알고 있습니다."

2017년 2월, 모리토모 사건이 발각된 지 얼마 되지 않았을 때 재무성 측이 가고이케 이사장에게 언론 취재에 응하지 말고 당분간 숨어 있으라고 요구했다는 말이 있었다. 실제로 가고이케 이사장은 자택을 떠나 교토의 한 호텔에 머물렀다. 가고이케 이사장은 "Z 씨에게 숨어 있으라는 지시를 받았다"고 말했지만 실제로 Z 씨는 그런 지시를 하지 않았다. 가고이케 이사장은 직접 Z 씨와 이야기를 나누지 않았다. 누군가를 통해 이야기를 들었기 때문에 오해가 있었던 것이다.

굳이 '은둔 지시'에 가까운 발언을 찾는다면 사흘 전인 2월 17일로 거슬러 올라가야 한다. 이날 모리토모 학원 측과 긴키 재무국 담당자가 만났다. Z 씨는 없었다. 그날 국회에서는 아베 총리가 "모리토모에 관여되어 있다면 총리직도 의원직도 그만두겠다"고 답변했다. 그러자 재무국 I 씨가 "언론들이 몰려올 텐데 큰일이에요. 호텔에 대피라도 하시는 게 어떨까요?"라는 취지의 이야기를 했다고 한다. 지시라기보다 조언에 가깝다. 하지만 가고이케 이사장 입장에서 보면 "숨어 있으라는 지시를 받았다"고 해도 틀린 말은 아니다.

Z 씨는 20일에 학원 측에 "이제부터 하나의 목소리로 통일하라"고 요구했다. 이것은 언론에 대응할 때 창구를 학원 측 대변인으로 일원화하라는 뜻이었다. 가고이케 이사장이 직접 나서지 말고 S 고문 변호사를 통해서만 대응했으면 좋겠다는 의미였다. 당시 경위에 대해 재무성은 보고서에서 "이사장이 출장을 갔으니 부재중이라고 말하라고 제안했다"라고 밝혔다.

Z 씨가 행방불명되라고까지 요구했던 것은 아니지만 가고이케 이사장에게 모습을 드러내지 말라고는 요구했다. 오해를 부를 수 있는 표현이었다. 이를 S 변호사가 가고이케 이사장에게 전달하는 과정에서 생긴 오해가 아닐까 싶었다.

이것에 대해서는 아마 기자 중에서 나만 알고 있는 것 같다. Z 씨가 숨어 있으라는 지시까지는 하지 않았다는 내용이니 Z 씨가 내게 마음을 열지 않을까 싶었다. 그렇게 생각해 기사로는 쓰지 않았다.

임무 완료

내 말을 듣고 Z 씨는 고개를 끄덕였다. 이때가 승부처라고 생각해 말을 이어 갔다.

"그래도 다른 전화는 하셨죠? 같은 날 '트럭 몇 천 대 분량의 쓰레기를 반출했다고 말해 달라'는 전화 말이에요."

Z 씨는 발걸음을 멈추고 나를 돌아봤다. 그동안의 침착했던 얼굴과는 달리 조금 놀란 표정을 지었다.

"알고 계셨군요."

드디어 인정했다. "알고 계셨군요"라는 대답은 나의 질문이 틀리지 않았다는 뜻이다. 하지만 여기서 끝낼 수는 없다. 이걸로는 약하다. 더 확실한 인정을 받아야 한다. 말을 이어 갔다.

"Z 씨는 그날, 그 일을 재무성 내 여러 사람에게 보고하셨죠? 전화로 제안했지만 거절당했다고 보고하셨죠? 여러 사람들에게 메일을 보내셨더군요. 그래서 아는 사람이 많이 있어요. 검찰청에도 있고요."

"맞습니다."

"하지만 전 Z 씨가 이런 짓을 했을 거라고 생각하지 않아요. Z 씨에 대해 평판을 들어 보니 더욱 그런 것 같습니다. 이런 일을 저지를 분이 아니에요. 상사의 지시가 있었던 거죠? N 총무과장이죠?"

"제가 판단해 했습니다. 과장을 보좌하고 있으니까요."

"그렇습니까? 과장을 보좌한다는 건 실무를 맡고 있다는 뜻으로 알고 있는데요. 저도 옛날에 후생성을 출입해 봐서 잘 아는데, 보통 과장을 보좌하는 분은 실무를 맡고 있더군요. 다들 그 일에 자부심을 갖고 계시더라고요."

"과장 보좌로서, 제가 판단해 했습니다."

"검찰 조사에서도 그렇게 대답하셨습니까?"(물론 나는 알고 있었다.)

"……."(쓴웃음을 지으며 고개를 끄덕였다.)

"나카노시마 청사 17층에 가셨었죠? 기자들은 17층에는 출입할 수 없어요."

"그렇습니까?"

"그런 곳이니까요. 아시죠?"

"……."(수긍하는 눈치)

"다시 한 번 확인합니다만, 학원 측에 2월 20일 월요일에 전화를 하셨다는데요. 왜 이날 전화를 하셨냐는 건데, 사실은 그 전에 하신 거죠?"

"……."(쓴웃음을 지으며 대답하지 않음)

"토, 일요일 전, 2월 17일 금요일, 맞죠?"

"……."(답하지 않음)

"재무국에 공문서 수정을 지시했다거나, 학원 측에 그런 식으로 이야기해 달라고 부탁할 필요가 있었다면, 17일 총리 답변을 의식하신 것 아닙니까?"

"……."(잠시 침묵)

"17일에 아베 총리가 '내가 관여했다면 총리도 의원직도 그만두겠다'고 말했잖아요. 그게 이유 아닙니까?"

"(지하 통로의 도중에 멈춰 서서 웃는 얼굴로) 그런 것 같네요. 그쪽은 수사를 받는 처지라 답을 아끼겠다고 하더군요."

"뉘앙스는 알아차리셨겠군요. 그래서 전화는 자신의 판단이라고 하신 거군요."

　이 정도면 확인으로는 충분하다. 상사에게 말했다는 것은, 진상은 알 수 없지만 설사 그렇다 해도 인정할 리 없다. 그래서 그는 상사의 지시를 부정하기 위해 자신도 모르게 "자신의 판단으로 했다"라고 대답한 것이다. 다시 말해, 말 맞추기 전화는 자신이 걸었다고 인정해 버린 셈이다.

　상사는 그에게 분명하게 지시하지 않았을지도 모른다. 그렇다면 그가 알아서 아부하지 않을 수 없던 상황이 아니었을까? 나는 그렇게 상상했다.

　그 후 나는 명함을 건넸지만 그는 명함을 주지 않았다. 휴대전화 번호를 물어봤지만 알려 주지 않았다. 집 주변에서 소란을 피워 미안하다고 사과하자 "눈빛이 좋지 않은 사람(!)이 있어서 누굴까 생각했다. 아내가 걱정하고 있다. 혹시 무서운 사람 아닐까 하고. 내가 기자라고 설명했는데(웃음)"라고 답했다.

　우리는 부드러운 분위기 속에서 헤어졌다.

　임무 완료. 불가능할 것 같았던 임무를 완수했다.

"거기까지 알고 있었어?"

불가능한 미션을 완수한 나는 시부야 NHK 방송센터로 가면서 사회부 X 데스크에 보고했다. X 데스크도 아주 기뻐했다.

　"완벽합니다. 이 정도면 보도국장도 안 된다고 할 수 없겠네요."

　곧바로 K 사회부장에게 보고하러 갔다. 그리고 4월 4일의 '클로즈업 현대 +' 방송(오후 10시)에 앞서 그날 오후 7시 뉴스에 내보내기로 했다.

하지만 아직 과제가 남았다. 뉴스로 내보낸다는 사실을 Z 씨에게 알려야 했다. Z 씨는 내가 무슨 이유로 자신을 찾아왔는지 몰랐을 것이다. 그런 상황에 느닷없이 '말 맞추기 뉴스'를 방송하는 것은 뒤통수를 치는 일이다. 그는 성의를 갖고 나를 대해 줬다. 그렇다면 나도 성의로 보답해야 한다. 나는 Z 씨에게 미리 알려 주고 싶었다.

그날 밤이나 그 다음 날 아침에 알려 주면 됐지만, 다음 날 아침은 프로그램 제작 때문에 시간을 내기 어려웠다. 그날 밤 귀가 시간에 맞춰 접촉하기로 했다. 그러려면 그의 직장 근처에 눈에 띄지 않는 곳에 숨었다가 아주 멀리 떨어진 곳에서 말을 거는 편이 좋을 것 같았다.

하지만 나는 그날 밤 도저히 깰 수 없는 약속이 있어서 그의 퇴근을 마냥 기다릴 수 없었다. 그때 도쿠시마 시절 제자였던 사회부 S 기자가 도와줬다.

"제가 할게요. Z 씨가 나오면 미행하면서 아이자와 기자에게 연락하겠습니다. 그때 오세요."

이게 S 기자의 진면목이다. 자기에게 아무 이득이 되지 않는 일을 스스로 솔선수범해서 했다. 남이 싫어하는 일을 묵묵히 끈질기게 해냈다. 멋진 기자였다. 나는 S 기자의 제안을 고맙게 받아들였다.

그날 밤 S 기자는 Z 씨의 직장 근처에 대기했다. 몇 시간이나 기다렸을까? 그에게 문자메시지가 왔다. "나왔습니다." Z 씨가 퇴근했다. 나는 바로 Z 씨와 접촉할 장소를 알아본 뒤 그곳으로 향했다.

수십 분 후 S 기자가 있는 곳으로 갔다. Z 씨는 바로 옆 가게에 있었지만 우리가 따라붙는 줄 눈치채지 못했다.

동행자가 있었다면 따라붙기 어려웠겠지만 다행히 혼자였다. 그가 가게에서 나오기를 기다렸다. 이윽고 가게에서 나왔다. 다가가자 Z 씨는 우리를 알아채며 말을 걸었다.

"저를 기다리셨습니까?"

"죄송하지만 한 번만 더 확인해 주세요. 문서 수정을 지시한 메일을 재무국에 보내셨죠? 발송지는 ○○○이죠?"

"잘 아시네요."

"그 전 17일에 아베 총리가 '관여되어 있다면 그만두겠다'라고 답변했고요."

"거기에 대해서는 뭐라 할 말이 없네요."

"말하시기 곤란하겠지만, 재무성 관계자들 사이에 그러한 이야기가 있다는 정도로 말하면 괜찮겠지요?"

"당신 판단에 맡기겠습니다."

"지난해 연말에 검찰 소환조사를 받으셨죠?"

"(웃으며) 그런 것까지 아세요?"

나는 마지막으로 내일 '말 맞추기 뉴스'를 내보낸다고 알려 줬다. Z 씨는 동요하는 기색 없이 아무 말도 하지 않았다.

"감사합니다. (과자 선물을 건네며) 부인께 폐를 끼쳤으니 사과하겠습니다."

"고맙습니다. 그래도 아내에게 혼날 텐데. (웃음)"

Z 씨는 자신과 관련한 사실관계에 대해서는 말하지 않지만 끝까지 성실하게 응대해 줬다. 고향인 재해지역을 위해 파견을 자원할 정도로 홀

룡한 사람이 직접 '말 맞추기'에 나섰다고는 믿기지 않았다. 물론 사람은 양면성이 있기 때문에 좋은 사람이 때로는 나쁜 일에 손을 대기도 한다. 아무리 그래도 상사에게 '간접적 지시'라도 받지 않았을까 하는 생각이 들었다. 명확한 지시가 없었어도 부하가 알아서 기어야 할 상황이 있었던 것이 아닐까.

공문서 조작에 관여한 재무성 이재국의 N 총무과장(당시)은 최근 인사에서 요직에 올랐다. 나는 Z 씨 같은 관료가 중요한 자리에 올라 일본을 위해 힘을 다해야 한다고 생각한다.

'클로즈업 현대 +'가 방송되지 않는다고?

이렇게 '말 맞추기'는 빛을 보게 되었다. 안심하고 있었다. 그런데 방송 당일인 4일 저녁 사회부 X 데스크에게 전화가 걸려 왔다. 다급한 목소리였다.

"아이자와 기자, 방송이 못 나갈 수도 있어요."

"뭐라고요? 왜요?"

"이유는 모르겠는데 민진당 O 의원이 나가타초²에서 '오늘 NHK가 모리토모 특종할 것 같다'며 떠들고 다닌대요. 그 이야기가 정치부를 통해 보도국장 귀에 들어갔는데 국장이 '야당에 정보가 샜다'며 격분했대요.

---

2 도쿄 지요다구에 있는 지역. 국회의사당, 총리 관저 등이 있어 한국의 '여의도'처럼 정계를 가리키는 보통명사로 쓰인다.

지금 K 사회부장이 열심히 설득하고 있으니 조금만 기다리세요."

또 고이케 보도국장인가. 내가 O 의원에 누설했다고 생각하는 것일까? 민진당에 아는 의원은 몇 명 있지만(여야 모두에 조금씩 있다), O 의원은 만난 적도 이야기를 나눈 적도 없다. 그가 이 건을 어떻게 아는지는 모르지만 짐작 가는 데는 있었다. 그날, 알고 지내던 프리랜서 정치 저널리스트가 내게 전화를 했다.

"아이자와 기자, 오늘 '뉴스 7'에서 모리토모 특종 보도해?"

나는 그 질문에 대답하지 않고 거꾸로 되물었다.

"무슨 이야기를 들은 건데?"

"모리토모 관련 특종이 나간다던데? 원고에 암호가 걸려 있어서 못 본다던데."

NHK에서 보도직에 종사하는 직원이라면 전국 어디에서라도 모든 원고를 볼 수 있다. 단, 특종처럼 비밀로 해야 할 내용은 암호를 걸어 둔다. 이런 부분까지 알다니 누군가가 정보를 흘린 것이 틀림없다.

사실 이런 일은 드물지 않다. 정치부 기자라면 정치인 및 정치권 인사들과 정보를 나눠야 장사가 된다. 그게 나쁘다고는 생각하지 않는다. 정치부 출신인 고이케 보도국장도 그 사실을 잘 알고 있을 것이다. 그런데 이 소동은 대체 뭔가. 뭔가 꼬투리를 잡아 방송을 안 내보내려는 수작으로밖에 여겨지지 않았다. 하지만 여기서 내가 할 수 있는 일은 없었다. 나는 할 일을 다 했다. 진짜배기 사건기자인 K 사회부장에게 의지해야 했다.

'뉴스 7' 방송 시작까지 10분 정도 남았을 때 사회부 X 데스크에게 전화가 왔다.

국회에서 모리토모 사건에 대해 답변하는 아베 신조 총리.

"아이자와 기자, 부장이 힘써 주셨어요. '뉴스 7'에 나갑니다."

마음 깊이 안도했다. 하지만 그 뒤에 이어진 말에 충격을 받았다.

"'클로즈업 현대 +'에서는 모리토모 관련 특종이 들어가지 않을 거랍니다. O의원이 '뉴스 7'에도 '클로즈업 현대 +'에도 나간다고 말했대요. 보도국장이 '야당 의원 말대로 될 거 같아!'라고 생각하신 것 같다고 ⋯."

나는 '클로즈업 현대 +'에 특종을 보도하고 싶다는 일념으로 여기까지 왔다. 그리고 시간에 맞췄다. 그런데 '클로즈업 현대 +'에 나가지 않는다고? 도저히 납득할 수 없었다. '뉴스 7'에 나가는데 '클로즈업 현대 +'는 안 된다는 논리는 말이 되지 않았다.

기자, PD, 간부가 모인 편집실에서 나는 화를 냈다.

"왜 특종을 내보내지 않는다는 거죠? 특종하겠다고 여기까지 왔는데, 왜 이걸 안 하겠다는 거예요?"

아무도 대꾸하지 못할 줄 알았는데, 오사카의 S 총괄이 맞받아쳤다.

"나는 그런 이야기 못 들었어요. 내보내지 말라는 건 위의 결정사항입니다."

오사카 S 총괄에게 말하지 않은 것은 그를 믿을 수 없어서였다. 그래서 S 총괄이 몰랐던 것이다. 그래도 오사카 보도부의 넘버 2라면 오사카 기자 편을 들어야 할 것 아닌가. 오사카 기자의 입장에 서서 도쿄와 싸워야 하는데 되레 정반대로 나왔다. 도쿄의 입장을 대변하기 급급했던 것이다.

나의 '말 맞추기' 기사는 일단 나갔다. '뉴스 7'의 가장 마지막 꼭지로 방송됐다. 특종이었는데도 무더위 날씨 뉴스보다 뒤에 배치돼 별것 아닌 뉴스인 것처럼 나갔다. 울분이 풀리지 않던 그때, 사회부 X 데스크가 귀띔해 줬다.

"아이자와 기자, '뉴스워치 9'[3] 편집 책임자에게 이야기해 뒀어요. 9시 뉴스에서는 제대로 보도한다고 합니다."

실제로 '뉴스워치 9'에서는 기사 순서도, 기사를 다룬 무게감도 '뉴스 7'과는 전혀 달랐다. 이때 편집 책임자가 지금의 사회부장이다. 나로서는 그 정도로 만족할 수밖에 없었다. 그때 예감했다.

'다음 인사 때는 뭔가 있겠구나.'

그래도 인터넷상에서는 이날의 뉴스를 보고 격려해 주는 글이 많이 올라왔다. 그중에는 "지금까지의 NHK 보도를 용서하겠다"는 취지의 글도 있었다. 시청자에게 진심이 전해진 것 같아 진심으로 기뻤다. 역시 노력은 헛되지 않았다.

그러나 이 정도 바뀐 것은 여전히 애교에 불과했다. 윗선의 압력을 받으면서 프로그램이 뿌리째 흔들릴 위기에 처했었다.

가장 중요한 포인트는 숨진 긴키 재무국의 A 수석에 대한 내용이었다. 일 잘하고 경험 많고 굽히기를 싫어했다는 A 수석의 입장에 서서 '왜 죽었는가'에 대해 나름대로 독자적인 취재를 하고 있었다.

애초에는 프로그램 앞부분에 취재팀 PD와 기자가 가장 호소하고 싶은 내용을 넣고 싶었다. 또 앞에서 언급했듯 A 수석이 남긴 메모에는 아소 재무장관 이름이 적혀 있었다. 그것도 '거짓말쟁이'라고 지적하면서. 당초 뉴스에 담지 않았던 이 부분에 대해서도 방송에 내보내고 싶었다.

3 NHK 밤 9시 뉴스. 7시 뉴스보다 무게감은 다소 약하다.

일단 "아소 재무장관의 국회 발언에 의문을 던지는 취지의 말도 있었습니다"라고 코멘트한 뒤 그에 대한 자세한 내용을 스튜디오에서 사회부 데스크가 설명해 줄 생각이었다.

그런데 '클로즈업 현대 +'의 M 편집장은 A 수석 관련 내용을 프로그램 앞부분에 배치하기를 완강히 거부했다. A 수석 관련 내용을 뺄 명확한 이유는 없었다. 그 내용을 빼면 프로그램이 이상해지는데도 말이다. 오히려 '공문서 관리의 새로운 대처' 같은, 프로그램의 본질과는 관계없는 이야기를 넣으라고 요구했다.

이런 이야기를 넣으려면 취재팀이 하고 싶은 이야기는 줄여야 한다. 편집장의 이런 모습에 담당 PD들은 배후에 누군가 있다고 느꼈다. NHK 보도부문 톱인 고이케 보도국장이었다.

이상한 개입은 계속됐다. 이 프로그램은 정치부·경제부·사회부 등 각 부서에서 데스크 한 명씩, 총 세 명이 스튜디오에 출연하기로 돼 있었다. 정치부가 총리 관저, 경제부가 재무성, 사회부가 법무성과 검찰 등 각각 다른 분야를 취재했기 때문이다. 사실 오사카 보도부도 오사카 지검 특수부 같은 매우 중요한 부분은 데스크가 대신 말할 수 있게 스크립트를 짰다. 그런데 M 편집장은 연출 사정의 이유를 들어 스튜디오 출연자 중 사회부 데스크를 빼겠다고 했다.

사회부 데스크는 A 수석이 남긴 메모가 어떤 의미를 갖고 있는지 스튜디오에서 자세히 설명하는 역할을 맡았다.

"이건 A 수석의 메모를 방송에서 빼기 위한 획책 아닙니까?"

현장 PD들은 물론 수석 프로듀서들도 분노하며 M 편집장을 찾아갔다.

"무슨 일이에요! 사회부만 빼겠다니, 현장에서는 납득하지 않아요!

꼭 뺄 거면 공식 업무명령을 내세요!"

M 편집장은 들이닥친 PD들 앞에서 쩔쩔매면서 "조금만 기다려 달라. 일단 돌아가라"고 한 뒤 발길을 돌렸다. 하지만 현장 PD들 생각은 같았다.

"고이케 국장에게 물어보러 간 거야. 명색이 편집장이라는 사람이 고이케 국장의 지시를 받아 움직이고 있어!"

잠시 뒤 돌아온 M 편집장은 말했다.

"업무명령은 내지 않겠다. 연출은 원래대로 하고 사회부 데스크도 스튜디오에 출연할 것."

결과는 좋았지만 PD들도 나도 진이 빠졌다.

"그럴 거면 처음부터 이상한 소리를 하지 말 것이지, 그렇잖아도 시간이 없는데 … ."

당시 우리는 M 편집장이 고이케 보도국장에게 물어보러 간 줄 알았다. 하지만 실은 그게 아니었다. 보도국장에게 물어보면 "안 돼"라고 말할 것이 틀림없고, 그렇다고 진짜 업무명령을 하면 수습할 수 없을 정도로 혼란스러워질 테니 고민 끝에 M 편집장 자신이 판단해 사회부 데스크 출연을 결정한 것이다. 결국 방송이 나간 뒤 고이케 국장에게 호되게 질책을 당했다는 이야기도 들었다.

M 편집장과 나는 20여 년 전 그가 일선 PD이고 내가 사회부 기자였던 시절에 함께 의료보험제도 개혁을 주제로 NHK 스페셜을 제작한 적이 있었다. 그때 그는 젊었다. 힘들어도 생기발랄하게 일했다. 하지만 세월의 변화는 잔혹하다. 상황에 따라 사람이 이렇게도 바뀌나 싶었다.

'뉴스 7'과 '클로즈업 현대 +'를 둘러싸고 드러난 노골적인 압력과 너저분한 모습. 나는 31년 NHK 보도 인생에서 이런 일을 경험한 적이 없었다. 현장 PD들도 "이상 사태"라는 말을 입에 달고 다녔다. 내가 오랜 세월 일하면서 사랑해 온 NHK의 보도가 근본부터 이상하게 돼 가고 있었다. 프로그램을 만들면서 그런 위기감을 뼈저리게 느꼈다. 4

---

4 〔지은이 주〕 이 장에서 다룬 Z 씨와의 대화에 대해 나는 2018년 11월에 다시 Z 씨를 만나 이 책에 어떻게 쓸지에 대해 말하고 그의 생각을 물었다. 그는 "아이자와 기자 판단대로 하면 된다"며 내용에 관해서는 일절 말하지 않았다. 덕분에 나는 이번 장을 쓸 수 있었다. 이것 역시 그의 사람됨을 보여 주는 에피소드라고 생각한다.

12장

최강 기자 열전
다섯 손가락 안에 꼽히는 기자와 또 한 명의 민완기자

아침 취재, 야간 순회 ⋯ 노력은 배신하지 않는다

여기서 주제와 조금 벗어난, 기자의 일반적인 취재에 관해 이야기하고
자 한다. 경험이 부족한 젊은 기자들이 흔히 저지르는 실수가 있다. 자
신이 듣고 싶어 하는 것을 직접 묻는 것이다. 취재 대상은 보통 기자가
온 순간 기자가 무엇을 묻기 위해 왔는지 안다. 대개의 경우 그 내용은
대답해서는 안 되는 비밀이다. 그런 상대에게 대놓고 자신이 듣고 싶은
것을 직접 물어봤자 대답하지 않을 것이 뻔하다. 그러니 직접 물어보면
안 된다.

　나는 NHK에 있을 때 젊은 기자들에게 늘 이렇게 말해 왔다.

　"야간 순회 취재,[1] 아침 기습 취재[2] 등을 할 때 상대방에게 자기가 듣
고 싶은 말을 당장 물어보지 말라. 상대가 듣고 싶은 이야기를 하라. 그

렇게 관계를 쌓아 나가다 보면 언젠가는 반드시 '당신, 사실은 이런 이야기를 듣고 싶었지'라며 진실을 말할 것이다. 그것이 진정한 신뢰다. 그렇게 될 때까지 네가 듣고 싶은 것을 묻지 말라."

나도 옛날에는 몰랐다. 듣고 싶은 것을 직접 묻다가 수차례 취재에 실패했다. 실수를 거듭하면서 30년이 흐른 지금에야 경지에 도달할 수 있게 됐다.

그런데 이런 취재원칙을 젊은 시절부터 본능적으로 터득한 기자가 있다. 내가 만난 NHK 후배 기자 중에서만 다섯 명이나 된다. 이런 기자들에게는 당해 낼 재간이 없다. 동기였다면 발뒤꿈치도 못 쫓아갔을 것 같은 빅 5 최강 기자를 소개한다.

첫 번째는 25년 전 고베 방송국에서 만난 M 기자다. 5년 후배이지만 신입기자 시절부터 까다로운 취재원에게 믿을 수 없을 만큼 두터운 신뢰를 얻었다. 아마가사키시 의회 부정출장 사건이 대표적이다. 재보궐 선거에서 벌어진 한 보수파 의원의 추악한 선거운동 뒷모습을 모두 찍어 특종을 터트렸다. 2년차 때는 히메지에서 전문대 입시비리, 지자체 선거법 위반 등 특종을 잇달아 보도했다.

---

1 일본어로 '요마와리'(夜回り)라고 한다. 경찰이 야간 순찰을 하듯 기자가 밤에 자신이 맡은 출입처를 돌면서 특별한 사건이 없었는지 체크하는 것. 한국 기자들도 비슷한 방식으로 취재한다.
2 아사가케(朝駆け). 예고 없이 아침 일찍 취재 대상의 자택 등을 방문하는 취재. 중요한 취재원에게 결정적인 정보를 듣기 위해 새벽부터 몇 시간이고 집 앞에 대기하면서 이렇게 취재한다.

1994년 나와 함께 효고현을 맡으면서는 일심동체가 돼 취재했다. 당시 우리의 일상을 소개하겠다. 우선 아침 일찍 효고현 경찰청으로 출근한 뒤 낮에는 본부 각 과나 관할 경찰서를 돌면서 경찰 간부들과 관계를 쌓았다. 날이 어두워지면 야간 순회 취재에 나섰다. 가능한 한 많은 취재현장을 돌겠다고 과욕을 부렸다. 경찰 퇴근이 늦어지는 만큼 우리의 퇴근 시간도 늦어졌다. 밤늦게 일을 마친 뒤에는 취재한 정보를 교환하며 회의를 했다. 2차, 3차까지 술을 마시다 보면 너무 피곤해 술집 테이블에 엎드려 잠이 들었다. 눈을 뜨면 어느덧 시간은 새벽 5시였다. 그대로 아침 취재에 나섰다. 방송국에서 취재차량을 불러 출격했다. 이런 생활을 매일 반복했다.

그러던 1995년 1월 17일, 한신·아와지 대지진이 발생했다. 일주일간 효고현 경찰청에 머무르면서 피해 상황을 실시간으로 계속 보도했다. 희생자가 순식간에 5천 명이 넘었다. 타 지역 및 연관 사망자를 포함하면 6,434명에 달했다. 믿을 수 없었다. 우리가 사랑했던 고베 거리가 괴멸됐다. 당시 고베는 전쟁터나 다름없었다.

경찰청에서 나는 그에게 말을 걸었다.

"우리가 해 오던 야간 순회도, 아침 기습 취재도 지금은 필요 없게 됐어. 이제부터는 지진 속보 모드다. 사건 특종 따위는 아무도 거들떠보지 않을 거야."

그는 내 이야기를 듣자마자 옆에 있던 타 방송사 후배 기자에게 외쳤다.

"너희들이 우리 기분을 알아?"

5천 명의 희생자 앞에서 주고받을 말은 아니었지만 그땐 그랬다. 당시의 노력은 헛되지 않았다. 특종을 잡고 말고의 얘기가 아니다. 그때 취재는 나에게 피와 살이 돼 기자로서의 일생에 큰 자양분이 됐다. 고베에서, 오사카에서 타사 기자들과 경쟁하며 쌓은 취재 근성은 훗날 모리토모 사건 취재의 원동력이 됐다. 노력은 사람을 배신하지 않는다.

M 기자와 나는 고베라는 전쟁터에서 함께 싸운 전우다. 그는 도호쿠 지방에서 지금도 기자를 하고 있다. 그도 나도 그 뒤로 이런저런 일이 있었지만 우리의 인연은 영원히 변치 않을 것이다.

데스크는 기자를 취재한다

두 번째는 도쿄 사회부에서 만난 3년 후배 N 기자다. 한신·아와지 대지진과 옴진리교 사건이 터진 1995년에 나와 동시에 사회부로 와 NHK 사택인 세타가야구 이케지리 맨션에서 마주 보는 방을 썼다. 사회부 2년차 때는 다마多摩 보도지국에서 함께 일했다. 처음 인사를 나눌 때 그가 한 말이다.

"아이자와 선배. 앞으로 1년 안에 꼭 함께 특종을 하고 싶어요."

진짜 기자만이 이런 말을 솔직하게 한다. 게다가 그는 이 말을 실천에 옮겼다.

당시 다마 지역³의 가장 큰 이슈는 히노데정日の出町 쓰레기 처리장 문

---

3 도쿄도에서 23구와 도서 지역을 제외한 서부 일대. 한국의 경기도 외곽과 비슷한 분위기다.

제였다. 다만 지구에서 나오는 대부분의 쓰레기는 히노데정 쓰레기 처리장에서 최종 처리가 이뤄지고 있었다. 27개 시와 마을이 참여하는 처리조합이 처리장을 관리했고, 조합은 도쿄도청에서 나온 파견자를 중심으로 운영되고 있었다. 처리장이 포화상태가 되면서 새로운 처리장을 설치하자는 계획이 검토됐다. 그런데 기존 처리장에서 오염수가 새어 나오고 있는 것이 아니냐는 의혹이 제기되면서 지역 주민들의 반대운동이 확산됐고 소송이 벌어졌다. 오염수가 실제로 새고 있는지, 처리장 건설은 어떻게 할지 등이 중요했다.

다마 지역 근무가 거의 끝나가던 1997년 7월, N 기자는 결정적인 정보를 취재해 왔다.

"역시 오염수가 새고 있었어요. 처리조합 조사에서 판명됐어요."

이 정보는 아직 발표되지 않았다. 뉴스로 내보내려면 처리조합 간부에게 사실 여부를 확인해야 했다. 처리조합 간부 취재는 내 몫이었다. 이른 아침 잘 알고 지내던 간부 자택으로 향했다. 출근길 집을 나선 간부에게 슬쩍 다가갔다. 함께 전철역까지 걸어가면서 아무렇지도 않게 일상 대화를 나눴다. 함께 전철을 탔다. 출근 전철 안에서 대화하기는 어렵다. 전철에서 내려 처리조합 사무실까지 함께 걸어갔다. 이때가 승부처다. 나는 N 기자가 취재해 온 정보를 내밀었다.

"오염수가 샌다는 데이터가 있네요. 처리조합 조사에서 판명됐어요."

"그건 … ."

"우리는 확실히 취재해 둔 게 있습니다. 오늘 저녁뉴스에 내보낼 겁니다."

이렇게 밀어붙이면 상대방도 인정하지 않을 수 없다.

"처리장에서 물이 새고 있다는 데이터가 있긴 한데, 환경 기준을 초과하지는 않아요."

"문제없다고 말씀하시지만 새는 것 자체는 사실이잖아요. 처리조합은 지금까지 '오염수 누수는 없다'고 계속 말해 왔잖아요. 주민에게 거짓말을 하신 거예요."

"우리도 이제까지 모르고 있었어요. 앞으로는 제대로 관리할 겁니다."

"어쨌든 NHK에서는 오늘 밤 뉴스에서 다룹니다."

그리고 실제로 뉴스에 내보냈다. 특종이었다. 다음 날 신문들이 대부분 뒤늦게 기사를 받아썼다. 근데 〈아사히신문〉만 받지 않았다. 왜였을까?

그날 낮, 처리조합은 기자회견을 열어 오염수 누출 사실을 인정했다. 회견이 끝난 뒤 〈아사히〉 기자가 간부들을 물고 늘어졌다.

"문제없다고 하셨잖아요!"

수수께끼가 풀렸다. 간부에게 확인했을 당시 "문제없다"는 대답을 들었던 것이다. 간부들이 그런 사실을 쉽게 인정할 리가 없다. 결과적으로 신문 한 곳만 따라오지 못하고 망신을 당했다.

어쨌든 N 기자 덕분에 나는 특종 기념주를 마실 수 있었다. 다마 지국을 떠나서도 계속 친분을 유지했다. 경시청을 맡을 정도로 우수한 기자였지만, 당시 사회부 데스크와 사이가 좋지 않았던지 불과 4년 만에 사회부를 떠나 홋카이도 경찰 캡으로 삿포로에 갔다. 그리고 1년 뒤, 이번에는 내가 도쿠시마 데스크로 부임했다. 홋카이도 캡은 데스크 격이라 나는 N 기자에게 데스크 선배로서 조언을 듣기 위해 삿포로까지 갔다. 함께 술을 마시다가 그가 이런 말을 했다.

"아이자와 선배, 데스크는 기자를 취재해야 해요. 기자의 속마음을

238

끌어낼 수 있게 취재해야 해요. 데스크나 기자나 결국 일은 같아요. "

나는 이 말을 지금까지도 기억하고 있다. N 기자야말로 진짜 기자다. 그 후에 그는 고베 방송국의 데스크가 됐고 나는 오사카부경 캡과 사건 데스크가 돼 JR 후쿠치야마선 탈선 사고 등을 함께 취재했다. 그는 사회부로 돌아가 궁내청 담당으로 천황에 관한 놀라운 뉴스를 취재해 관계자들을 놀라게 했다. 지금은 인사담당으로 기자 업무방식 개선 등을 추진하고 있다. 후배들이 편하게 일할 수 있도록 노력해 주길 바란다.

"당신 판단은 틀렸어!"

세 번째로 훌륭한 기자는 2000년에 내가 데스크로 도쿠시마에 갔을 때 만났던 당시 2년차 H 기자다. 도쿠시마 방송국에 경찰 담당으로 있던 세 명 중 2번기였지만 취재력이 강해 수사에 중요하다면 정보란 정보는 모조리 파악해 왔다. 하지만 그의 진면목은 여기서 그치지 않았다. 당시 20대 초반의 어린 나이었는데도 취재에 대한 철저한 신념을 갖고 있었다. 납득이 가지 않는 부분이 있으면 끝까지 달려들며 데스크가 말해도 따르지 않았다.

언젠가 H 기자가 취재해 온 정보를 내가 잘못 판단해 기사로 살리지 못했던 일이 있었다. 그때 그가 나에게 이렇게 말했다.

"당신 판단은 틀렸다고!"

기자 12년 선배이자 데스크(즉, 상사)인 나를 '당신'이라고 부르다니, 이것이 그의 진면목이었다. 나로서는 솔직하게 사과할 수밖에 없었다.

이런 일도 있었다. 경찰 기자 세 명과 담당 데스크인 나까지 모두 네 명이서 아키타마치(도쿠시마의 술집 거리)의 한 술집에서 술을 마셨다. 방송국 내에서 기자가 아닌 사람들이 우리를 어떻게 보고 있는지가 화제였다. 당시 H 기자는 기자들이 매일 밤 힘들게 취재하러 다니고 아침에도 고생하는데 방송국에서 제대로 알아주지 않는다며 울분을 터뜨렸다. 눈물까지 흘리며 "그놈들 아무것도 몰라! 분하다고! 이해할 수 없어!"라며 소리를 질렀다. 술에 취하기도 했지만 어쨌거나 뜨거운 영혼을 가진 기자였다.

그는 이후 도쿄 사회부에서 검찰 담당을 하다가 국제부와 필리핀 마닐라 특파원 등을 거쳐 지금은 규슈 및 오키나와 데스크를 맡고 있다. 나는 H 기자 같은 데스크 밑에서 취재하고 싶었다. 그런데 요즘 사람이 좀 둥글둥글해진 것이 아닌지 걱정이다. 언제까지나 날카로운 면모를 간직해 줬으면 한다.

위험한 일면

네 번째는 2004년 내가 오사카부 경찰 캡을 하고 있었을 때에 가나자와에서 온 N 기자다. 당시 생활안전부를 맡았던 그의 취재를 한마디로 표현한다면 '아저씨 후리기'[4]였다.

---

4 지은이가 '아저씨 굴리기'(オヤジ轉がし)라고 표현한 말을 옮긴이가 의역했다. 남녀차별적 시각이 다분히 담긴 표현이나 최대한 저자의 의도를 살리기 위해 이렇게 표현했다.

여전히 남성 중심 사회인 일본에서는 조직에서 대체로 일정한 연배 이상의 남성이 중요한 지위에 올라 있다. 결국 취재는 이런 중년 아저씨들에게 얼마나 정보를 캐내는지, 얼마나 이들의 신뢰를 얻어 친구가 될 수 있을지가 관건이다. '아저씨 후리기'라는 말은 이러한 아저씨들의 마음속 깊이 다가가 친해지고 사랑받고 신뢰를 얻는 기자의 취재 기법을 가리키는 나만의 조어다.

그는 천성적으로 '아저씨 후리기'를 잘 했다. 중요한 자리에 있는 아저씨들은 N 기자를 좋아했고 결과적으로 중요한 정보를 얻어낼 수 있다. '아저씨 후리기'를 잘 하는 기자 중에는 남자도 있다. 특별히 돈을 쓴다든가 교활한 일을 벌인다는 말이 아니다. 상대의 호의를 끌어내고 신뢰를 받는다는 뜻이다.

나 역시 그를 좋아했고 신뢰했다. 꼭 취재할 일이 없더라도 자주 둘이서 술을 마시러 다녔다. 그는 좋은 가게를 잘 알고 있었다. '좋은 기자는 좋은 가게를 알고 있다'는 것이 나의 지론이다. 그가 데려가는 가게는 언제나 좋은 가게였다. 어느 날 그와 함께 술을 마시다가 퍼뜩 정신이 들었다.

'나까지 후리고 있어. 이 자식, 나마저 … .'

그래도 좋았다. 그게 그의 장점이었다.

그에게는 위험한 일면도 있었다. 취재력에 워낙 자신이 있다 보니 종종 독단적으로 밀어붙이고는 했다. 종종 아슬아슬하게 취재해 왔지만, 그런 취재는 때때로 취재원과 문제를 일으키곤 했다. 사실 이런 일은 능력 있는 기자나 저지를 수 있다. 윗사람이 잘 컨트롤해 문제가 생기지 않게 하면 된다. 취재원과의 문제도 사실 취재를 잘 하는 기자가 일으키는 법이다. 문제가 생기면 윗사람이 수습하면 된다. 정말 큰 잘못을 저지르지 않는 한 대체로 일은 어떻게든 마무리되게 마련이다. 하지만 이런 일을 귀찮게 여기는 상사라면 엉뚱한 결과를 초래한다.

그 후 N 기자는 도쿄 사회부에서 활약하다가 몇 년 뒤 오사카 보도부의 중견 기자로 돌아왔다. 그때 걱정하던 일이 터졌다. 그 유명한 '클로즈업 현대 +'의 출가 사기사건이었다. 결국 문제를 일으켰다. 짜고 친 취재 방식이 문제가 돼 엄격한 내부 감사를 받고 좌천성 인사로 기자직을 내려놔야 했다. 문제를 일으킨 이상 어쩔 수 없었다.

그러나 그 사건은 N 기자 혼자 뒤집어쓸 일이 아니었다. 그가 취재를 아슬아슬하게 한다는 점은 다들 알고 있었다. 그런 만큼 이를 제대로 관리감독하지 못한 상사에게 오히려 책임이 있다고 나는 본다. 나는 2~3년쯤 지난 뒤 그가 기자로 복귀하지 않을까 기대했다. 하지만 3년이 지나도 그런 일은 일어나지 않았다. 아까운 인재 하나가 그렇게 사라져 갔다. N 기자 같은 인재는 윗사람이 관리감독만 확실히 하면 놀라운 힘을 발휘할 수 있는데. NHK를 그만둔 내가 이런 말을 하기는 그렇지만.

자기 어필을 하지 않는 기자

그리고 다섯 번째는 이 책에도 여러 차례 등장한, 내가 오사카 법조 기자단에 있었을 때 함께 호흡을 맞췄던 2번기 H 기자다. 인사발령을 받자마자 특수부장에게 중요한 정보를 취재해 모두를 놀라게 한 이야기는 이미 썼다. 모리토모 사건을 비롯해 검찰 취재로 성과를 거뒀다. 법원을 취재하면서도 원자력발전소 재가동 소송 등에서 취재력을 발휘했다. 하지만 그것만으로는 내 '다섯 손가락' 안에 들어가지 않는다. 무엇보다 취재 기법이 놀라웠다. 무엇을 하고 있는지 누구도 눈치채지 못할 정도로 묵묵히 취재하다가 어느새 큰 성과를 결과로 보여 주는 식이었다. 무엇보다 취재원과의 신뢰 관계를 소중히 여겼다. 자신의 특종을 포기하더라도 신뢰를 중요시했다.

언론계에는 "이렇게 노력하고 있습니다. 이런 성과를 거뒀습니다"라며 자기 어필에만 골몰하는 기자들이 종종 있다. 하지만 H 기자는 그런식의 자기 자랑을 일절 하지 않고 묵묵히 일에만 열중했다. 그런 태도는 어디에서 배웠을까? 타고난 것일까? 하지만 요즘에는 주변에서 잘 모를수록, 성실한 사람일수록 자기 어필을 하지 않는 만큼 손해를 보기도 한다.

H 기자는 내가 그만둔 뒤 법조팀장이 됐다. 이제는 1번기다. 나도 젊은 나이에 효고현 경찰 캡을 맡아 봤기 때문에 젊어서 중책을 맡는다는 부담을 이해할 수 있다. 내가 경찰 캡이었을 때는 당시 고베 경찰팀 데스크가 훌륭한 선배로서 나를 잘 이끌어 줬다. H 기자도 그런 좋은 환경을 누리기를 바란다.

한 여기자에게 일어난 일

지금까지 다섯 손가락 안에 들어가는 기자를 소개했다. 마지막으로 한 명 더, 어쩌면 이들 다섯 명을 능가할지도 모르는 훌륭한 기자를 소개할 까 한다. 왜 다섯 손가락 기자와 별도로 구분했는지는 나중에 말하겠다. 여기자로, 이름은 M 기자로 해 두겠다.

M 기자는 고베에서 기자생활을 시작했다. 내가 효고현 경찰 캡을 하 고 있을 당시 1년차였다. 그때부터 뛰어났고 기삿거리도 잘 물어 왔지 만 좀처럼 자신의 성과를 자랑하지 않았다. 정말 훌륭한 기자는 자기 자 랑을 하지 않는다.

한신·아와지 대지진 때 교통 통신이 마비되자 자신의 스쿠터로 효고 현 경찰청에서 고베 방송국까지 기사를 배달해 줬다. 그리고 내가 고베 를 떠난 뒤인 1997년에는 고베 아동 연쇄 살인사건의 소년 A 체포 정보 를 특종으로 취재했다. 그런데도 그런 것을 자랑하지 않고 묵묵히 일만 했다.

이 사건으로 이름을 알린 M 기자는 도쿄 사회부로 옮겼지만 당시 윗 사람이 너무 무능했다. 당시 무능한 윗사람의 푸념을 접한 국제부가 눈 치 빠르게 M 기자를 낚아채 가 런던에서 4년을 보냈다. 그리고 고향인 오사카에서 법조팀장을 맡았다. 여기서도 특출한 취재력을 발휘해 중요 한 검찰 정보를 모조리 취재했다. 그 후 오사카 방송국 유군 기자가 돼 유군 데스크였던 내 부하가 됐다.

여기서 M 기자는 또 다른 여기자와 함께 발달장애 특집 시리즈를 제 작했다. 이 프로그램으로 간사이 지역에서 제작된 뛰어난 보도에 주는

'사카타 저널리즘상'을 수상했다. 그리고, 비극이 일어났다.

어느 날 M 기자는 미얀마 난민에 대해 취재한 기사를 아침 전국 뉴스에 방송하기 위해 도쿄 시부야 NHK 방송센터에 갔다. 그런데 그날 밤, 오사카에서 술을 마시던 나에게 전화가 왔다. 도쿄의 편집 책임자였다.

"M 기자가 센터에서 쓰러졌어요. 응급 후송돼 병원에 있어요."

M 기자에게는 지병이 있었다. 나는 고베 근무 시절부터 알고 있었다. 물론 본인에게 이야기를 들었다. 만일에 대비해 항상 건강에 신경을 써야 했다. 평소에는 아무 증상이 없었다. 그러다 보니 나도 그만 그 병에 대해 까맣게 잊고 지냈다. 조심해야 한다는 것을 까먹고 있었다.

사실 기자는 자영업자에 가까운 면이 있다. 무엇을 취재할지 스스로 판단하고 근무시간도 스스로 결정하는 경우가 많다. 그러다 보니 나는 M 기자의 근무실태를 거의 파악하지 못했다. 결국 M 기자는 쓰러졌다.

M 기자 아버지와 늦은 밤에 도쿄에 간 나는 병원에 도착해 의사에게 당시 상태에 대해 들었다.

"매우 심각합니다. 깨어날 거라고 생각하지 마세요. 만에 하나 깨어나더라도 심각한 장애가 남을 겁니다."

그 후 M 기자의 근무실태를 살펴봤다. 깜짝 놀랐다. 기자의 근무실태는 공식 근무기록만 봐서는 알 수 없다. 기자는 직접 근무시간을 입력하기 때문에 자신의 상황을 전부 반영하지 않는다. 그래서 보도 단말기 접속 시간 등을 하나하나 뒤져 처음으로 M 기자가 어떻게 일했는지 알게 됐다. 특히, 쓰러지기 전 3주간은 너무 심하게 혹사했다. 숙직 근무 때 태풍이 와서 한숨도 못 잤고, 곧바로 다음 날 취재가 있어 근무를 이어 갔다. 발달장애 시리즈를 마치고 다음 기획을 준비하기 위해 오키나와로 출장을 갔다. (이 취재는 끝내 빛을 보지 못했다.) 그리고 미얀마 난민 리포트를 도쿄에서 제작했다.

내가 더 신경썼어야 했다. 하지만 이제는 돌이킬 수 없다.

M 기자에 대한 산업재해 신청이 접수됐다. 나는 노동기준 감독청에 불려가 조사를 받았다. 있는 그대로의 사실을 말한 뒤 산재를 인정해 달라고 부탁했다. 산재가 인정됐다. 내 근무관리에 문제가 있었다는 의미다.

이후 M 기자는 기적적으로 회복했고 힘겨운 재활 끝에 직장에 복귀했다. 하지만 역시나 장애가 남았다. 이제 보도 현장에서는 일할 수 없게 됐다. 내가 우수한 기자 한 명을 죽인 셈이다. M 기자도, 그의 부모도 내게 불평하지 않고 오히려 감사하다고 했지만 사실은 변하지 않는다.

다음 인사에서 나는 부하 직원이 없는 곳으로 이동했다. 나는 2003년 이후 15년간 한 번도 승진을 하지 못했다. M 기자 사건 때문인지는 알 수 없다. 그래도 나는 어쩔 수 없는 일이라고 받아들이고 있다. 나는 기자로서 현장에서 계속 취재하는 길을 선택했다. NHK는 그렇게 하게 해 줬다. 기자생활을 계속할 수 있다는 것만으로 좋았다. 기자를 못 하게 될 때까지.

13장

개성 강한 검사들과의 유쾌한 대화

오사카지검의 저항

요란하게 '말 맞추기' 특종을 보도했던 2018년 3~4월 오사카지검 특수부 수사는 마무리 국면에 접어들고 있었다. 모리토모 사건 발각 이후 벌써 1년 이상이 지났다. 시간을 너무 끌었다. 수사는 어떻게 돼 가는 것인가? 긴키 재무국 담당자들은 배임 혐의로 입건할 수 있을까? 배임 이외의 증거 인멸, 공문서 변조 등의 죄는 어떻게 적용될까? 모두 불기소 처분을 받을까? 일부라도 기소할 수 있을까? 취재할 거리가 많았다.

도쿄 측, 법무성이나 대검에서는 '수사는 이미 끝났다', '전원 불기소'라는 정보가 흘러 나왔다. 도쿄 사회부 기자를 통해 오사카 기자에게도 전해졌다. 사실일까. 나와 2번기 H 기자가 오사카지검 등을 취재하면서 받은 느낌은 달랐다. 일선 검사는 물론 간부들 중에도 어떻게 입건할

검察庁

오사카지검 청사.

수 있을지 방법을 모색하던 이들이 있었다. 물론 수사를 너무 소극적으로 해서 불기소로 끝내려 한다는 느낌도 없지 않았다.

2017년 5~7월 가고이케 이사장 부부 사기사건을 수사할 당시에도 그랬다. '빨리 해라', '똑바로 하라'고 강요하는 도쿄 측이 기자들에게 정보를 흘렸다. 하지만 오사카 측은 신중하고 차분히 수사해야 한다고 저항했다. 결국 오사카 뜻에 따라 수사가 이뤄졌다. 아니, 그런 것처럼 보였다.

이번에도 도쿄 측은 '수사는 이제 끝났다, 전원 불기소로 끝낸다'라고 오사카에 강요하며 기자들에게도 그런 말을 했다. 도쿄와 오사카는 지난해에 이어 이번에도 엇갈리는 듯싶었다.

보통이라면 상급기관인 도쿄가 이긴다. 하지만 2017년에는 현장인 오사카가 수사를 강행했다. 그렇다면 이번에도 '(수사를) 하고 싶다'는 오사카의 일부 의지가 통할 수 있지 않을까 싶었다.

물론 이건 희망사항에 가까웠다. 오사카지검 특수부가 어떻게든 배임으로 입건해 배후 진상을 밝혀냈으면 싶었다. 오사카 특수부의 기개를 보여 주길 바랐다. 기자는 취재원에 동화되기 쉽다. 나도 그랬다. 오사카 특수부는 8년 전 후생노동성 사건을 수사하다가 증거 조작이 드러나 신뢰를 잃었다. 그렇다면 이번에는 모리토모 사건 수사를 완수해 잃었던 신뢰를 회복했으면 했다. 하물며 이번에는 재무성의 공문서 조작까지 발각됐다. 이번만큼은 수사하지 않으면 안 될 것 같았다. 실추된 신뢰를 되찾길 바랐다. 진심으로 희망했다.

그러나 희망이 너무 강하면 취재를 그르치는 법이다. 스스로를 타일렀다. 희망은 바람으로 끝내고 현실에서는 수사가 어떻게 돼 가는지 취재해야 했다.

취재는 쉽지 않았다. 현장 검사들은 수사 방침의 전체 그림을 알지 못했다. 윗선에서 누구도 알려 주지 않았다고 한다. 이들은 톱니바퀴 부품처럼 자신에게 주어진 수사만 하고 있었다. 그게 무엇을 의미하고 있는지는 알려지지 않았다. 수사 보고는 항상 수사 현장을 관할하는 I 주임 검사검사에게만 이뤄졌다. I 주임 검사는 부부장에게, 다시 특수부장 → 차석검사 → 검사장으로 결재 라인을 타고 갔다. 수직으로만 연결됐을 뿐 수평적 소통은 허용되지 않았다. 이러면 수사의 전모는 결재 라인에 있는 사람만 알 수 있다. 부부장 이상 간부에게 날것 그대로의 정보를 알아내는 것은 매우 어렵다. 그렇다면 결국 I 주임 검사를 노려야 했다. 취재는 내가 맡았다.

주임 검사를 따라다니다

나는 취재를 할 때마다 우선 상대가 어떤 인물인지 조사한다. 재무성 Z 씨 때와 마찬가지였다. 경력과 됨됨이, 취향에 대해 조사하고 어떻게 공략할지 고민했다. I 주임 검사는 지극히 성실하고 고지식한 사람으로 맡은 일을 치밀하게 해낸다는 평이 있었다. 기자 취재에는 잘 대응하지 않는다고 했다. 아니, 전혀 응하지 않았다.

이런 사람은 어렵다. 특히, 나는 질색한다. 사람에게는 누구나 궁합이라는 것이 있다. 나는 소탈하고 스스럼없는 사람을 잘 취재한다. I 주임 검사와 같은 타입은 2번기 H 기자가 잘할지도 모른다. 그러나 취재하기 어려운 사람을 후배에게 떠넘길 수는 없었다.

 I 주임 검사 취재가 어려운 이유는 또 있었다. 그가 다른 관청 사람들과 함께 합동 관사에 살았기 때문이다. 그곳에는 지검 및 고검 간부 등 높은 사람들이 살고 있었다. 이 사람들은 내가 평소에 자주 접하는 이들이라 내 모습을 보면 누군가를 취재하러 왔다는 것을 금방 알아채게 마련이다. '누구를 찾아왔을까'라는 의문을 사면 금방 들통난다. 그러면 안 된다.

 나는 아침에 관사 근처에서 I 주임 검사가 나오기를 기다리며 다른 간부 모습이 보이면 몰래 숨었다. 그런데 어느 날, 지검에서 U 차석검사와 면담하던 중 차석이 내게 물었다.

 "오늘 아침에 관사에 오셨었죠?"

 실제로 나는 관사에 갔었다. U 차석에게 들키지 않으려고 숨어 있었는데 어떻게 알았을까?

 "네. 안 들키려고 숨어 있었는데 어떻게 아셨어요?"

 "제가 본 거 아니에요. 다른 관청 직원이 보고 알려 주던데요."

 그 관사에는 다른 관청 사람도 많이 살고 있었다. 그 사람들은 나를 모를 것이라고 생각해 그들이 나타날 때는 숨지 않았다. 그런 사람들까지 의식하고 숨다 보면 끝이 없었다.

 "다른 관청 분들은 저를 모를 것 같은데, 어떻게 알았을까요?"

 "그거야 여러 방법이 있죠."

 이 부분에서 깨달았다. 다른 관청 사람들은 내 이름까진 몰랐겠지만 U 차석에게 "어디서 기자가 왔던데"라고 알려 줬을 테다. U 차석은 혹시 나일까 의심한 뒤, 확인하려 그렇게 아는 척을 한 것이다. 나는 들킨 줄 알고 인정해 버렸다. 내가 취재 때 자주 사용하는 수법에 감쪽같이 당해 버린 것이다. 역시 전직 특수부장 출신은 다르다.

그는 더 이상 묻지 않았다. 아마 내가 I 주임 검사와 만나려 한다는 것을 눈치챘겠지만 좋게 넘어가 줬다. 그 말을 듣고 나는 취재를 계속했다.

내가 처음으로 I 주임 검사와 만난 것은 2017년 9월이었다. 가고이케 이사장 부부 사기사건 수사가 끝날 무렵이었다. 그는 배임사건을 담당했다. 아침에 그가 관사에서 나오는 모습을 보고 따라갔다. 관사 앞에서 곧바로 말을 걸었다가는 검찰 간부들에게 제대로 들킬 것 같았다. 조금 떨어진 곳에서 말을 걸었다.

"안녕하세요. 처음 뵙겠습니다. NHK 아이자와 기자라고 합니다."

명함을 내밀었다. 명함을 받지 않는 사람도 있지만 이 사람은 일단 받아 줬다. 하지만 ….

"취재는 부장님께 해 주세요. 저한테 오셔 봤자 아무 말도 못하니까요."

그 점은 나도 물론 알고 있었다. 재무성 Z 씨도 그랬지만, 취재온 기자에게 제대로 말해 주는 관료는 없다. 취재를 거부했지만 나는 나란히 걸으며 일방적으로 대화를 이어 갔다. 하지만 관사에서 전철역까지 거리는 그다지 멀지 않았다. 기껏해야 10분 정도였다. 게다가 그는 키가 컸고 걸음이 빨랐다. 일부러 빨리 걸었을지도 모른다. 눈 깜짝할 사이에 시간이 지나갔다. 그 사이 그는 아무 말도 하지 않고 묵묵히 걷기만 했다. 나에게 "이제 오지 마세요"라는 말을 남긴 채 전철역으로 사라졌다. 아무 성과도 없었다. 하지만 그게 보통이다. 일면식도 없는 검사와 처음 만나 이 정도면 괜찮은 편이다. 고지식하고 예의 바르다는 것을 잘 알고 있었다.

이후 I 주임 검사에게 여러 번 찾아갔지만 여전히 성과를 거두지 못했다. 공략할 방법이 떠오르지 않았다. 어떻게 해야 하나. 방법을 바꿔야 할 것 같았다. 그때, 새로운 정보를 얻었다.

오사카 관광 명소인 구로몬 시장에는 I 커피점이라는 유서 깊은 커피숍이 있다. 이곳이 바로 그의 본가다. 지금도 그의 형제가 가게를 운영하고 있다. 재미있는 정보였다. 어떤 가게인지 직접 가 보기로 했다. 아침 시간대에 들러 봤다. 소문대로 좋은 가게였다. 커피도 샌드위치도 맛있었다. I 주임 검사의 형제로 보이는 한 남성이 카운터 안쪽에 있었다. 하지만 여기서 이름과 신분을 밝히지는 않았다. 가만히 앉아서 상황을 지켜봤을 뿐이다. 가게의 역사에 대한 글도 읽었다.

다시 I 주임 검사를 방문했을 때 그는 여전히 빠른 걸음으로 걸으면서도 여느 때와는 다른 반응을 보였다. 여전히 "아무것도 말할 수 없어요"라고 말한 뒤 엷은 미소를 띤 채 이렇게 말했다.

"아침 일찍 고생이 많으시네요."

그가 보인 첫 반응이었다. 느낌이 좀 바뀌었다. 커피숍 이야기를 꺼내도 괜찮을 것 같았다. 나는 "아니에요. 이게 우리 일이니까요"라고 대답한 뒤 가게 이야기로 화제를 돌렸다.

"구로몬 커피숍에 갔어요. 좋은 가게더군요. 본가라면서요?"

이런 접근이 성공할 때도, 실패할 때도 있다. 이번에는 실패했다. 반응이 확 달라졌다. "어쨌든 이젠 오지 마세요"라는 말을 남기고 떠났다.

그리고 그날 저녁 2번기 H 기자가 야마모토 특수부장과 면담했을 때 부장에게 이런 말을 들었다고 했다.

"아이자와 선배. 열심히 하시는 건 알겠는데요. 너무 눈에 띄시면 제가 나서지 않을 수 없어요."

I 주임 검사가 부장에게 내가 왔다는 사실을 말한 것 같았다. 잠시 냉각기를 둘 수밖에 없었다. 실패였다.

출입금지가 두려워서 어떻게 기자를 하나

오사카지검에서는(어디서나 그렇지만) 원칙적으로 부장검사 이상 간부가 기자 대응을 한다. 부부장 이하, 평검사에게 직접 취재해서는 안 된다고 돼 있다. 물론 검찰청이 만든 일방적인 룰이다.

그러나 그런 규칙을 다 지키다가는 취재가 되지 않는다. 우리는 평검사에게도 취재를 한다. 평검사는 기자에게 취재를 받으면 상사에게 보고해야 한다. 이것도 규칙이다.

기자들 사이에서는 이를 '통당한다'('통보 당하다'의 준말)고 부른다. 사람에 따라 다르지만 일단 통보를 당하면 간부에 따라 출입금지(출금) 등의 제재 조치에 나선다. 야마모토 특수부장은 그러지 않았지만 사람에 따라서는 단 한 번 통보 당했다고 바로 출금 조치가 이뤄졌다. 출금이 되면 공식적인 부장검사 취재도 할 수 없어 매우 불편해진다.

하지만 나는 '출금을 무서워해서 어떻게 기자를 하겠나'라는 생각으로 그래도 밀고 갔다. 물론 그렇다고 해서 분명하게 태도를 바꾼 상대를 무리하게 밀어붙여 봤자 소용없다. 스토커나 다름없어 상대방이 싫어할 뿐이다. 그래서 일단 냉각기를 둔 것이다. 특수부장의 출금 위협에 굴복하지 않겠다는 뜻이다. 그래도 상대방은 내 파이팅이 꺾였다고 생각했을 것이다. 그러면 됐다.

ㅏ 주임 검사는 왜 태도를 바꿨을까? 내가 그의 사생활인 부모님을 건드려서 '위험하다'고 느꼈던 것일까? 그래서 부장에게 통보해야겠다고 생각한 걸까? 본인에게 확인하지 않아 확실히는 모르겠지만 그럴 가능성은 있다. 사생활 부분에 대한 접근은 친밀해지는 계기가 되기도 하지만 때로는 상대를 경계하게 만들기도 한다. 양날의 칼이다.

기자들 사이에서 검사는 가장 취재하기 어려운 취재원으로 꼽힌다. 여러 이유가 있지만 그중 하나는 '사법시험에 합격했다는 프라이드'다. 어설픈 지식과 경험을 가진 기자가 다가가 봤자 상대해 주지 않는다.

10여 년 전 오사카에서 법조를 담당했던 모 기자는 내 앞에서 눈물을 흘리며 말했다.

"사법시험에 합격한 게 그렇게 대단합니까?"

그 억울함은 나도 이해한다. 하지만 그런 말을 해도 소용없다. 그도 도쿄 사회부를 거쳐 지금은 한 지역 방송국의 훌륭한 데스크가 됐다.

아무리 취재하기 어렵다고 하지만 그들도 인간이다. 공략할 방법은 있다. '그들도 인간'이라는 원점에서 생각해 보자. 자기들끼리는 농담도 잘 하고 술도 마시고 그러다가 실수도 한다. 사람을 좋아하기도 싫어하기도 하고, 인간적인 면이 있다.

나는 언제나 취재 대상이 어떤 사람인지 조사한다. 그러다 보면 인간적인 면이 보일 때가 있다. 그러면 공략법이 나오는 경우가 있다.

기자를 싫어한 검사

여성 간부인 T 검사는 기자를 싫어해 말을 붙일 엄두도 나지 않았다. 처음에는 2번기 H 기자가 맡았는데 한 달여 만에 담당을 바꿔 달라고 했다. 묵묵히 취재에 열중하는 H 기자가 그렇게 하소연할 정도면 오죽했겠는가. 그냥 내가 T 검사 취재를 맡았다.

실제로 만나 보니 정말 쉽지 않았다. 간부 검사라 기자를 만나 주기는 했지만 만나는 내내 끊임없이 기자에 대해 나쁜 말을 했다. 그럴 때면 나는 늘 딴 생각을 했다.

'이 사람도 젊은 시절이 있었겠지. 누군가를 사랑하고 누군가에게 사랑받았겠지. 누구였을까? 어떤 연애를 했을까?'

연애는 인간의 가장 고귀한 감정이다. 사랑에는 인간의 본질이 담겼다. 이렇게 생각하다 보면 기자를 싫어한다는 T 검사도 그렇게까지 싫지만은 않았다. 참으로 신기한 일이다.

그러던 어느 날 나는 T 검사에 대한 정보를 얻었다.

'T 검사 남편은 고베에서 변호사를 하고 있다. T 검사는 남편에게 홀딱 반해 남편 곁을 떠나고 싶어 하지 않았다. 교토지검에 근무할 때도 편도 두 시간이 걸리는 고베에서 출퇴근을 했다.'

이런 이야기까지 밝혀도 될까? 검찰 내부에서는 꽤 알려진 이야기이니 괜찮을 것 같다.

어쨌든 이 이야기를 듣고 난 뒤 T 검사를 어떻게 공략할지 생각했다. T 검사도 역시 인간미가 나는 사람이었다. 인간미가 풍기는 사람은 인간적으로 공략해야 한다. 가장 인간적인 방법은, 싸움이다. 나는 T 검사에 싸움을 걸기로 했다. 사실 나는 걸어온 싸움에는 맞서지만 아무에게나 함부로 싸움을 걸지 않는다. 그런데 당시에는 내가 먼저 걸었다.

어느 날, 언제나처럼 T 검사가 기자에 대해 안 좋은 말을 계속하던 도중, 내가 받아쳤다.

"T 검사님이 기자를 믿지 않는다는 건 잘 알고 있어요."

T 검사는 강한 어조로 응수했다.

"언제 내가 그런 말을 했나요?"

"말하지 않으셔도 알 수 있어요. 검사님 이야기를 들어 보니 알겠어요."

여기서 T 검사는 단호하게 잘라 말했다.

"저는 기자를 믿지 않습니다."

해냈다, 성공이다. 그녀는 지금 본심을 말했다. 검찰 간부가 드러내지 않아야 할 속내를 말했다. 나는 그녀에게 진심을 말하고 싶었다. 속내를 드러내는 사람은 좋은 사람이다. 그리고 진정한 싸움을 하고 나면 사이좋게 지낼 수 있다. 보통은 만화 속 세계나 사내들 사이에서 일어나는 일이지만 여성을 상대로도 그런 일은 없지 않다. 물론 사후 대응이 중요하다. 싸우기만 해서는 안 된다.

나는 이렇게 답했다.

"믿지 않으셔도 됩니다. 기자들 중에는 모자란 놈들도 있으니까요. 검사님도 어딘가에서 엉뚱한 기자를 만나 당하신 거 아니에요? 오사카 법조 기자들만 봐도 '저래서 어떻게 하나' 싶은 기자들이 있어요. 못 믿겠다는 말씀도 이해가 가요."

T 검사는 의표를 찔린 듯한 표정을 지었다. 틀림없이 내가 반격할 것이라고 생각했을 테다. 하지만 나는 T 검사의 말에 수긍하며 공감을 표

했다. 이게 중요하다. 그리고 내가 그때 말한 내용은 거짓이 아니라 진짜로 내가 생각했던 바였다.

이 사건 이후로 T 검사의 태도가 달라졌다. 하루는 형사사건 관련 기사가 신문에 났다. 담당 변호사도 내용을 잘 몰라 확인이 되지 않았다. 변호사가 모르면 검찰에 문의할 수밖에 없다. 나는 T 검사에게 갔다.

"오늘 〈○○ 신문〉에 이런 기사가 났는데 내용 확인이 안 되네요."

"아. 그 사건, 보고를 받았었는데 …."

그는 소파에서 일어나 책상으로 가서는 보고서를 집어 들었다. 그리고는 혼잣말하듯 보고서를 읽었다. 나는 아무것도 묻지 않았다. 그녀도 나에게 말을 걸지 않았다. 단지 혼잣말을 했을 뿐이다. 나는 우연히 그 혼잣말이 들렸을 뿐이다. 그것으로 충분했다. 기자실로 돌아와 기사를 썼다. 옆에 있던 H 기자가 물었다.

"선배, 이 정보 어디서 확인했어요?"

"아, 검찰."

"검찰이라고요?"

"T 검사."

"네? 어떻게 T 검사에게 취재했어요?"

H 기자는 깜짝 놀랐다. '어떻게 그런 사람에게?'라는 반응이었다.

"그 여자는 관사에 살지 않아"

이왕 시작한 김에 이야기를 계속 하겠다. T 검사는 야마모토 마치코 특수부장과 동기다. 본인은 "마치코와는 친하니까"라며 말을 놓았다. 야마모토 부장도 그렇게 생각하는지는 확인해 보지 않았다.

야마모토 부장은 관사가 아닌 자신의(자가인지 임대인지는 모르겠지만) 아파트에 살고 있었다. 검사는 인사이동이 잦지만 야마모토 부장은 어디를 가든 관사에 살지 않았다고 한다. 언젠가 T 검사에게 물었다.

"마치코 씨는(본인에게는 절대 이렇게 부르지 않지만) 어째서 관사에 살지 않는 거죠?"

그러자 T 검사는 "그 여자는 관사에 살지 않아"라고 말했다. 정말로 딱 이렇게 말했다.

야마모토 부장을 한마디로 표현하자면 '공주'다. 공주는 관사에 살 수 없고 그런 공주에게 무례해서도 안 된다. 하지만 나는 종종 무례한 행동을 했다. 그러다 보니 존경하는 척 하면서도 거리를 뒀다. 취재원에게 그러면 안 된다고 스스로를 책망했지만 나는 그렇게 말하는 성격이다.

2017년 7월, 〈요미우리신문〉이 "가고이케 이사장 부부 구속" 기사를 함부로 쓰고 내가 "땅값 상한액 들었다"는 특종을 보도한 이야기는 앞에 이미 썼다. 이후 〈요미우리〉와 NHK는 특수부 출입금지를 당했다. 납득이 가지 않았다. 〈요미우리〉는 날림으로 갈겨썼다지만 내 기사는 당당히 특종이었다. 출금을 당할 이유가 없었다.

7월 31일 가고이케 이사장 부부 구속 관련 기자간담회가 끝난 뒤 야마모토 특수부장과 개별 인터뷰를 했다. 나는 특수부장실에 들어가 타사

기자와 수사관들이 보는 앞에서 항의했다.

"출금을 당할 이유가 없습니다. 오보를 쓴 〈요미우리〉와 도매금으로 묶지 마십시오! 지금 바로 출금을 해제해 주세요!"

역시 무례한 짓이었다. 이후 야마모토 특수부장에게 가는 것을 피했다. 출금을 당해 어쩔 수 없이 피한 것이 아니냐고 생각할지도 모르지만 부장 출금은 저녁 때 청사에서 개별 면담을 못 한다는 뜻이지 출퇴근 때 따라붙는 일은 얼마든지 할 수 있다. 따라서 출금에 따른 실제 피해는 크지 않다. 물론 부장에 따라 다르기 때문에 지금 상황은 잘 모르겠다.

어쨌든 야마모토 특수부장과는 예의 바른 2번기 H 기자가 좋은 관계를 유지하고 있었다. 그녀에게 맡기면 됐다. 내가 나설 것이 아니었다.

연말에 지검 간부와 법조기자단 간의 송년회가 있었다. 저쪽에서는 검사장과 차석 이하 모든 부장들이 나왔다. 나는 마침 야마모토 부장 맞은편에 앉았다. 내 옆에는 경험이 적은 모 신문사의 젊은 기자가 있었다. 나는 야마모토 부장과 대강 이야기를 나눈 뒤 아무 말도 하지 않던 옆자리 기자에게 말을 걸었다.

"이제 네가 부장님과 이야기 좀 해. 나는 이제 괜찮으니까."

그렇게 말하고 자리를 옮겼다. 그러자 야마모토 부장이 "아이자와 기자, 꽤 괜찮은 사람이군요"라고 말했다.

당연하다. 난 괜찮은 사람이다. 하지만 특수부장 담당은 H 기자였다. 내가 필요 이상으로 참견해서는 안 된다. 나는 미움 받는 역할로 충분하다. 기자끼리는 역할 분담이 중요하다.

간부와의 면담

다른 이야기를 계속하겠다. 오사카지검은 부장검사 여섯 명 중 세 명이 여성이었다. 내가 법조팀장을 맡았던 당시에는 야마모토 특수부장, T 검사, S 검사 등 세 명이 여성이었다. T 검사가 인사발령을 받아 후임으로 S 검사가 왔고, S 검사 후임으로는 K 검사가 왔다. 모두 여성이었다. 여성 부장 3인 체제는 바뀌지 않았다. T→S→K로 이어지는 인사는 여러 차례 반복됐다.

야마모토 부장, T 부장, S 부장, K 부장 등 네 명 가운데 T 부장과 K 부장은 여걸이다. 유형은 다르지만 개성이 강하고 호쾌하다는 공통점이 있었다. 야마모토 특수부장과 S 부장은 공주파였다.

T 부장은 "많이 바빠서 생리가 멈췄다(웃음)" 같은 말을 아무렇지도 않게 했다. K 부장은 열 살 연상 남편이 고베에 있지만 거의 떨어져 살고 있었다. "괜찮다. 이게 편하다"고 했다. 그리고 술을 많이 마신다. 하지만 알고 보면 그녀들 역시 매우 여성스럽고 섬세했다. 예를 들어 T 부장은 항상 치마를 입고 다녔다. 바지 차림을 본 적이 없다. K 부장은 호쾌하게 행동하면서 때로는 요염한 모습도 보였다.

반면 S 부장은 달랐다. 하루는 내가 "S 부장님은 저와 나이가 같으시네요"라고 말했더니 "여자에게 나이 이야기 하는 거 아니에요"라고 부드럽게 말했다. 역시 공주님이었다. 공주님은 면담을 신청해도 여러 이유를 들어 종종 거절했다. 정말로 바빴을지도 모르지만 때로는 나를 약 올리려는 것 같았다. 그럴 때 나는 총무부장이던 K 검사에게 갔다. 그러면 K 부장은 이렇게 나왔다.

"어머나, 나한테까지 오시다니 꽤 한가하신가 봐. (총무부는 취재할 일이 거의 없다) 또 S 부장에게 거절당했어?"

"맞아요. 또 바람 맞았어요. (웃음)"

총무부장은 시간 여유가 있어서(시간이 많다고 하면 혼난다) 꽤 긴 시간 이야기를 나누곤 했다. 나는 그녀들과의 대화를 즐겼다. 이들 모두 나와 같은 세대였다. 부장들이 대체로 그렇다. 여성의 나이를 명기하면 야단맞기 때문에 직접 언급은 삼가고 적당히 자숙하겠다. 체포될 수도 있다.

내가 여성 간부들만 만난 것 같아 이상해 보이니 남성 간부들과 겪었던 일도 기록해야겠다.

모리토모 사건이 발각되기 전인 2016년 12월, 당시 오사카지검의 U 검사장, T 차석 검사와 법조 기자단과의 송년회가 있었다. 내가 U 검사에게 회식을 제안하자 "개별 언론사와는 하지 않겠지만 기자실 전체와 하는 건 괜찮다"고 하기에 기자단 간사였던 내가 기획했다. 물론 이런 이야기는 타사에 말하지 않았다.

지검의 넘버 1, 2가 온다니 기자단에 있는 모든 언론사들이 참석하겠다고 해 규모가 커졌다. 술자리에서 모든 기자들에게 검사장, 차석검사와 이야기할 기회를 주기 위해 중간에 자리를 옮겼다. 이 자리에서 T 차석과 처음으로 차분히 이야기를 나누었다. T 차석 취재는 당시 다른 기자가 맡았기 때문에 그때까지는 인사 정도만 나눴을 뿐이었다. 당시 무슨 말을 했는지는 잊어버렸지만 잠시 이야기를 나눈 뒤 T 차석이 갑자기 벌떡 일어나 나를 가리키며 방 전체에 들리게 큰 소리로 말했다.

"이 사람, 진짜 기자다."

정확한 문구는 잊어버렸지만 대략 그런 의미의 말이었다. 깜짝 놀랐다. 타사 기자들 앞에서 지검을 대표해 홍보 역할을 맡는 차석검사가 그런 말을 하면 안 될 것 같았기 때문이다. 하지만 그 뒤로 아무 일도 없었다. 나는 그 후 T 차석에게 가끔 면담하러 갔다.

물론 T 차석에게 기사에 대해서는 묻지 않았다. 앞서 언급한 것처럼 간부에게 그런 질문을 해 봤자 무의미하기 때문이다. 대신 타사 기자가 뭘 물어봤는지에 대해 이야기했다.

예를 들면 2018년 4월 4일 '말 맞추기' 특종을 내고 이틀 뒤 면담에서였다. T 차석은 이미 인사발령으로 오사카고검 차석이 됐다. 이 특종에 대해 E라는 국회의원이 "취재원은 특수부장"이라고 근거 없는 말을 인터넷에 올려 파문이 일었다.

차석: "(만나자마자) NHK 때문에 큰일이네요."

―"죄송합니다. 특수부장 말씀이시죠?"

차석: "네."

―"법무성에 쓸데없이 문의 전화가 온 것 같던데요."

차석: "우리 집에도 계속 걸려 와요. '잘라 버려', '비밀유지 위반이다' 이런 전화가 계속 와요."

―"제가 잘못한 건 아니죠?"

차석: "그건 아니죠. E 의원이 나빴죠. 그래도 국회의원이 그런 말을 하니 뭔가 근거가 있는 게 아닐까 하는 생각이 드는 거죠."

―"타사 기사들도 어제 찾아왔었죠?"

차석: "오고 있어요. 어제 오늘 우르르 왔어요. NHK 뉴스 내용을 묻는 건 괜찮은데 '특수부장은 어떠신가요?'라고 묻는 거예요. (지긋지긋한 표정)"

— "견디기 힘드시겠네요. 그런데 특수부에서 인사이동하신 분은 어떻게 지내요? 잠시 대기하시나요?"

차석: "그렇게는 안 돼요. 다들 새 보직으로 갔어요."

— "I 주임 검사도 사카이 지부에 갔겠네요?"

차석: "그건 지검 내 일이니까, 어떻게든 되겠죠."

이런 식으로 간부와 이야기를 나눴다. 기사에 대해 묻고 답한 것은 아니었지만 이것만으로도 충분히 도움이 됐다. 이를테면 4일 특종과 관련해 검찰 내에서 나쁜 이야기는 없었다는 점, 다른 언론들이 어떻게 움직이고 있는지 등도 알 수 있었다.

2016년 송년회 당시 검사장이었던 U 검사에 대한 평판도 만만치 않았다. 만나면 조용히 이야기하지만 수사에 관한 이야기는 결코 하지 않았다. 얼굴은 웃고 있으면서 눈은 웃고 있지 않았다. 타사 기자들은 많이 어려워했지만 나는 곧잘 만나러 갔다. U 검사는 언제 가더라도 꼭 웃는 얼굴로 이렇게 말했다.

"저한테 오셔 봤자 아무것도 없어요."

그러면 나는 매번 이렇게 대답했다.

"아니에요, 괜찮아요. 다시 올게요."

기자들에게 이런 평판을 듣는 U 검사도 수사에서는 꽤 공격적인 타입이다. 일찍이 특수부 검사 시절에 요코야마 노크[1] 오사카부 지사 강제 성추행 사건, 조은朝銀 사건[2] 등을 맡으면서 수사력을 보여 줬다. 이후 삿포로 검사장을 거쳐 오사카 검사장으로 부임했다. U 검사장이 진두 지휘한다면 오사카 특수부가(모리토모 사건을) 배임 혐의를 적용할 수도 있지 않을까 하는 기대가 은근히 있었다. 최소한 브레이크를 걸진 않겠다는 기대도 했다. 까다로웠지만 나는 그를 꽤 좋아했다.

---

1 1960년대 만담 개그맨으로 유명했던 인물. 1968년에 참의원 선거에 무소속으로 당선돼 정치를 시작, 1995년에는 오사카부 지사로 선출됐다. 선거운동 당시 여대생 선거 운동 원을 강제 성추행한 혐의로 고소돼 징역 1년 6개월, 집행유예 3년 형을 받고 불명예 퇴진했다.
2 재일조선인들이 설립한 제2금융권 금융기관인 각 지역의 조은(朝銀) 신용조합이 1990년대 말~2000년대 초반 잇따라 파산하면서 조선총련 간부를 비롯한 임직원과 일부 정치인들이 구속된 사건.

14장

서둘러 마무리된 검찰수사, 재무성은 전원 불기소
그렇게 나는 기자를 그만뒀다

'전원 불기소' 날림 기사

특수부 수사는 어떻게 되는 걸까? 확실히 알지 못한 채 시간은 흘러가고 있었다. 배임은 보통 기업에서 일어난다. 회사에 손해를 입히고 자신은 뒷돈을 챙기는 식으로 이득을 얻는다. 혹은 대출해 준 기업이 위험한 줄 알면서도 자신의 판단 실수를 감추기 위해 계속 대출해 주는 경우도 있다.

공무원 배임사건은 드물다. 공무원이 배임 행위를 하는 경우, 대개는 돈과 관련된다. 그러면 통상 뇌물수수 사건이 된다. 단순 배임사건은 드물다. 하지만 선례가 없는 것은 아니었다. 검찰 간부 중에는 어렵지만 끝까지 입건할 방법을 찾아보자며 용기를 드러낸 사람도 있었다. 기소할지 불기소할지 방향이 정해지지 않았다는 것이 4월 중순 시점에서의 내 판단이었다.

그러던 어느 날 〈마이니치신문〉에 '전원 불기소할 듯'이라는 기사가 났다. 이런 기사가 나오면 이른 아침부터 사실 여부를 확인하느라 정신없기 일쑤다. 하지만 간부들은 "아직, 그 단계까지 결정하지 못했어요. 〈마이니치〉는 그런 날림 기사 잘 쓰잖아"라고 했다.

전면 부정이었다. 간부가 부정한다고 100% 틀린 기사라고는 할 수 없지만, 야마모토 특수부장도 모든 언론사들의 질문에 완전히 부정했다. 아무래도 정말 틀린 기사인 것 같았다. 부장검사 취재가 끝난 뒤 각사 기자들이 모여 이렇게 목소리를 냈다.

"〈마이니치〉는 우리와 다른 방식으로 쓴다. 평소 잘 쓰는 날림 기사다. 무시하면 된다. 이런 기사까지 상대해 줄 수 없다."

조금 덧붙인다면 〈마이니치신문〉은 종종 이런 억측 기사를 쓴다고 일본 언론계에 잘 알려져 있다. 도쿄에서 불기소할 수 있다는 식으로 계속 운을 떼는 가운데 어차피 결과적으로 '이렇게 될 것'이라는 전망만으로 아직 최종 결정되지 않은 사안에 대해 '날려 썼다'고 타 언론사 및 검찰 간부들은 판단했다. 그래서 "〈마이니치〉 특유의 날림 기사"라는 말이 나온 것이다.

〈마이니치신문〉의 명예를 위해서 말하자면, 〈마이니치〉는 때때로 굉장한 특종을 보도한다. 고고학 조작 사건, 구보타 석면 피해사건 등 세상을 뒤흔든 특종을 했다. 석면 피해사건 보도의 경우 실제로 피해자 구제법이 제정되는 등 세상이 바뀌기도 했다. 훌륭하다고 생각한다. 나도 〈마이니치신문〉의 훌륭한 기자들을 알고 있다. 그런 만큼 이렇게 대충 쓴 날림 기사가 나오는 것이 안타깝다. 검찰 간부로부터 '그건 〈마이니치〉 분위기'라는 말까지 듣게 된 것은 정말 아쉽다.

내가 접촉을 시도하던 I 주임 검사는 2018년 4월 정기인사로 오사카 지검 사카이지부 부지부장에 임명됐다. 하지만 수사 중간에 주임검사가 이동할 수는 없었다. 인사발령은 났지만 그대로 특수부에 남아 계속 일하고 있었다. 사카이에는 발령 뒤 환영회에 나갔을 뿐, 전혀 얼굴을 내밀지 않았다고 했다. 언제까지 여기 있을 것인가. 그것을 알면 수사가 언제 끝날지 알 수 있다.

하지만 한 달이 지나 5월이 됐는데도 I 주임 검사는 사카이에 갈 기색이 전혀 없었다. 부지부장 두 명 중 한 명이 장기간 빠지면 곤란하기 때문에 다른 검사가 부지부장 역할을 대신하고 있었다. 본격적으로 수사가 차분히 이뤄지고 있다는 증거다. 관계자 조사 역시 5월이 됐는데도 끝나지 않았다. 도대체 언제까지 수사할 것인가? 그리고 결론은 어느 쪽으로 나올까? 기소? 불기소? 슬슬 방향이 정해질 때가 됐다.

도쿄에서는 변함없이 '수사는 끝. 전원 불기소'라는 정보가 흘러들어왔다. 하지만 오사카에서는 5월 초만 해도 어떻게든 수사를 하고 싶어 하는 분위기가 느껴졌다. 나는 가능성을 열어 두고 싶었다. 이 역시 희망이 섞인 바람이었다.

분위기가 바뀐 것은 5월 중순이었다. H 기자가 물어 온 정보(혹은 느낌)가 단서가 됐다. 이제까지 수사에 긍정적으로 임하던 사람들의 반응이 지금까지와는 확연히 달라졌다. 뭔가 이상했다. '포기하는 게 아닐까'라는 분위기가 느껴졌다. 이제야 방침이 결정된 걸까? 역시 기소는 무리인가? 그렇게 생각하기 시작했을 때 〈요미우리신문〉 오사카판이 '불기소할 듯'이라고 보도했다.

지난달 〈마이니치신문〉 기사와는 달랐다. 뭔가 근거를 가지고 썼다는 느낌이 들었다. 그러나 오사카에서는 확인이 되지 않았다. 조금만 더 참기로 했다. 여기에 도쿄 사회부가 "도쿄 당국으로부터 확인을 받았기 때문에 쓰겠다"고 알려 왔다. 계속 협력해 온 사이는 아니지만 일단 잠깐 기다려 달라고 했다. 오사카에서는 확인되지 않았으니 굳이 쓴다면 '법무성 최고검사에 따르면'이라고 쓰라고 했다. '오사카지검 특수부에 따르면'이라고는 쓰지 말았으면 했다.

물론 이런 기사는 오사카 특수부 인용 없이 쓸 수 없다는 점을 잘 알고 있었다. 불기소 기사를 막기 위해 굳이 꺼낸 말이었다. 이때까지만 해도 쓰지 못하게 할 수 있었다. 어쨌거나 수사가 마무리 국면에 들어선 것은 틀림없었다. 결국 5월 31일 전원 불기소 처분이 나왔다. 서둘러 마무리된 결론이었다.

결과적으로는 〈요미우리〉 기사를 받아 '불기소할 듯'이라고 썼어도 틀리지 않았다. 하지만 나는 그날 불기소 기사를 받지 않아 다행이었다고 생각한다. 우리 취재에 오사카검찰은 "불기소로 결정되었다"고 확실하게 말하지 않았다. 아마 사실상 정해져 있었겠지만 말하지 않았다. 우리는 우리 취재에 최선을 다한 보도를 했다. 그것으로 충분했다. 아니, 그것밖에 할 수 없었다.

'기자직 배제' 통보

취재경쟁에 한창이던 5월 14일, 나는 '기자직에서 빠진다'는 내부통지를 받았다.

어느 조직에서나 인사 내부통지는 비공식적으로 이뤄진다. 보통은 상사가 살짝 불러 "너는 여기로 가게 될 것"이라고 말해 준다. 그러나 그때 나는 오사카 보도부 A 보도부장에게 전화로 불려 갔다. 오사카 방송국 최상층의 국장 응접실에 오후 6시까지 오라고 했다. 가 보니 보도부장뿐 아니라 보도 담당 K 부국장도 와 있었다. 나는 국장 응접실에서 간부 두 명이 마주 보는 가운데 내부통지를 받았다. 마치 정식으로 사령장을 받는 느낌이었다.

다음 인사 때 조사부로 가게 됐다고 알려 준 A 보도부장은 뒤이어 사과하기 시작했다.

"본의 아니게 이렇게 돼 미안합니다. 도쿄 인사부에서 결정한 것이라 저는 어쩔 수 없었습니다. 본의 아니게 생각하지만 정말 죄송합니다."

예전부터 생각했지만 A 부장은 좋은 사람 같았다. 인사에 대해 윗사람이 부하에게 사과할 필요는 없다. 오히려 이번에는 사과하지 않는 편이 나았다. 내가 인사로 트집을 잡는다면 이 사과가 문제 될 수도 있기 때문이다. 하지만 A 부장은 사과하지 않을 수 없었던 것 같다. 내 2년 후배이기도 했다.

나는 지난해 7월 '상한액 탐문' 특종 때부터, 인사이동 때 무슨 일이든 일어날 수 있겠다고 예감했다. 그해 8월, 히가시스미요시 무죄사건[1]의

---

1 1995년 오사카시 히가시스미요시구에서 일어난 화재 사건. 당시 화재로 이 집에 살고 있던 소녀가 사망했는데, 어머니 아오키 게이코 씨와 내연남인 재일동포 박용호 씨가 보험금을 노리고 방화해 딸을 살해한 혐의로 경찰에 붙잡혀 대법원에서 무기징역이 확정됐다. 하지만 이들은 "강압 수사로 자백을 강요당했다"며 무죄를 호소했고 변호단이 이들 자백대로 실험해 본 결과 방화가 불가능하다는 점을 밝혀내 재심이 이뤄졌다. 이

아오키 게이코 씨를 다루는 NHK 스페셜을 제작하겠다고 제작국 PD와 함께 제안해 정식으로 제작이 결정됐는데, 당시 보도국 간부가 NHK 스페셜 사무국에 무슨 내용이냐고 물어보면서 개입에 나섰다. 담당 프로듀서가 왜 그런 것을 알아보냐고 묻자 그 간부는 "아이자와 기자 이름에 보도국장이 민감하게 군다"고 대답했다고 한다.

NHK 보도 프로그램은 PD가 무엇을 제작할지 제안서를 올리면 검토 후 채택 여부가 결정된다. PD뿐 아니라 취재할 기자도 제안서에 함께 이름을 올리기도 한다. 당시 제작국 PD는 "아이자와 기자, 안심하세요. 우리는 보도국과 관계없으니까 신경쓰지 않으셔도 됩니다"라고 말해 줬기 때문에 프로그램을 무사히 제작할 수 있었다. 하지만 모리토모 사건과 전혀 관련이 없는 이런 프로그램까지 보도국장은 예민하게 굴었다. 다음 인사에서 뭔가 일이 있을 것 같다는 예감이 강하게 들었다.

하지만 당시 나는 오사카를 나와 지방 방송국 어딘가로 가겠지 하는 예상만 했다. 실제로 연말에 부장 면담에서 내가 "오사카에서 계속 기자로 있고 싶다"고 하자, A 보도부장은 "오사카가 아닌 곳에서 기자를 계속하고 싶은가, 오사카에 남아서 기자 이외의 업무를 하고 싶은가"를 물었다. 나는 "기자를 계속하는 쪽을 선택하겠다"고 대답했다. 아마 부장은 이 때문에 사과한 것이 아닌가 싶다.

나는 인사 때 안 좋은 일이 생길 것을 각오하고 있었다. 하지만 막상 내부통지를 받고 나니 심란해졌다. 조직에서 잘렸다는 생각이 들었다. 그동안 나는 조직에 기여한 기자가 이런저런 사정으로 잘려 나가는 모습

___

들은 20년 만인 2015년 석방됐고 이듬해 무죄가 확정됐다.

을 여러 차례 봤다. 그래서 이런 일이 세상에 존재한다는 것은 알고 있었다. 그래도 막상 내 일이 되니 느낌이 달랐다. 나는 곰곰이 생각했다.

'여기서 무슨 말을 해도 소용없다. 조직은 나를 자르겠다는 강한 의지를 갖고 이번 인사를 단행했다. 불평을 해 봤자, 항의를 해 봤자 바뀌는 건 없다. 그러니 아무 말도 하지 않겠다.'

내가 잠자코 듣고 있으니 보도부장도 맥이 빠졌을까. "하고 싶은 말 없습니까?"라고 물었다. 내가 이번 인사에 불만이 없을 리 없다는 것을 알기 때문이다. 나는 "없습니다"라고 대답했다. 그러자 보도부장 옆에 있던 K 부국장이 이렇게 말했다.

"이제부터는 조사 업무에 전념하십시오."

업무에 전념하는 것은 당연한 일이다. 하지만 보통 그런 말은 인사 내부통지를 할 때 굳이 말하지 않는다. 나는 '다시는 보도에 관여하지 말라. 관여할 수도 없다'는 뜻으로 이해했다. 그렇게까지 이야기를 듣고 나는 말했다.

"이제 돌아가도 될까요?"

원래 그날 밤에는 가고이케 이사장 취재를 통해 친해진 프리랜서 아카자와 씨와 지인인 TV프로그램 제작사 사장 등 셋이서 저녁을 할 예정이었다. 그곳에서 나는 함께 자리한 사람들에게 말했다.

"다음 달 기자직에서 빠지게 됐어요. NHK를 그만둘 겁니다. 기자를 계속할 수 있는 직장으로 옮기려고 합니다. 좋은 곳 있으면 소개해 주세요."

그로부터 며칠간 나는 기자들을 만날 때마다 같은 말을 반복했다. 며칠 뒤 〈일간 겐다이〉에 내 인사에 대한 기사가 났다. 이 기사가 보도된 뒤 NHK 오사카 방송국 앞에서 항의하는 단체와 도쿄 NHK에 항의신청을 하는 사람들이 생겨났다. 그게 또 기사화되면서 반향은 계속 퍼져 갔다.

알고 지내던 노동전문 I 변호사는 "부당인사 소송을 내자. 변호인단을 꾸리자"고 제안했다. 너무 고마운 말이었지만 정중하게 거절했다. 소송을 해 봤자 결론이 나기까지는 상당한 시간이 걸리고 그동안은 기자 일을 할 수 없기 때문이다. 만에 하나 이겼다고 해서 조직이 나를 다시 기자로 써 줄 것 같지도 않았다. 계속 기자를 하겠다는 관점에서 보면 소송은 의미가 없다.

사실 그럴 상황도 아니었다. 그도 그럴 것이, 특수부의 배임 수사가 정점에 달하고 있었기 때문이다. NHK 오사카 보도부에서 검찰 취재를 할 수 있는 사람은 나와 2번기 H 기자 둘밖에 없었다. 그렇지 않아도 정신없이 바빴다. "이럴 때 뒤에서 총질하는 거 아냐!"라고 외치고 싶었다.

그래도 노렸던 특종

인사 내부통지를 받았지만, 그래도 질풍노도의 취재는 2주간 이어 갔다. 하지만 '불기소할 듯'이라는 기사는 이미 〈요미우리신문〉에 나왔다. 마지막으로 노려야 할 기사는 단 하나, 실제 처분이 나온 뒤 '전원 불기소 처분' 확정 1보였다.

모두가 불기소될 것으로 알고 있는데 확정됐다는 1보를 쓰는 것이 무슨 의미가 있을까. 일반 시청자들에게는 의미가 없을 것이다. 하지만 나는 NHK 기자다. TV 기자는 그런 속보에 가치를 둔다.

그리고 5월 31일, 나는 고발당한 전원이 불기소 처분을 받았다는 확실한 정보를 입수했다. 출고해야 한다. 이럴 때 NHK에서는 속보용으로 짧은 1보 기사를 쓴다.

"모리토모 사건 재무성 관계자 전원 불기소. 오사카지검 특수부"

NHK TV 화면에 속보 자막이 나갔다. 아직 어디서도 보도하지 않은 내용이었다. 몇십 분 뒤, 특수부가 기자회견을 한다고 각 언론사에 알렸다.

이 뉴스가 NHK에서 내가 제작한 마지막 특종이 됐다. 사실 큰 의미는 없었다. 그래도, 어디서도 보도되지 않은 중요한 사실을 재빨리 전한다는 기자의 역할을 끝까지 다했다. NHK 기자로 마지막으로 일했던 6월 7일, 이 보도로 A 보도부장에게 특종상을 받았다. 상을 받으며 오사카 보도부 사무실에서 "최후까지 전력을 다했다"고 소감을 밝혔다. 부상으로 도서상품권을 받았다.

4월 4일 보도한 '말 맞추기 특종'으로는 고이케 국장으로부터 보도국장 특종상을 받았다. 전국 NHK 보도를 통틀어 최고의 기사를 뽑는 상이다. 부상으로 현금을 받았다. 도쿄에서 보낸 상장을 오사카에서 5월 25일에 받았다. 내가 기자직에서 빠진다는 공식 인사발표가 있던 날이었다. 참 얄궂었다.

불기소 처분을 발표한 5월 31일, 내 마지막 임무는 특수부장 기자회견을 취재하는 것이었다. 이날 오후 6시 10분 스튜디오에 출연해 간사이 뉴스 프로그램 '뉴스 핫 간사이'에서 불기소에 대한 해설을 할 예정이었다. 해설할 때 쓸 말을 뽑아내기 위해 기자회견에서 야마모토 특수부

야마모토 마치코 오사카지검 특수부장.

장에게 무엇을 질문할지 궁리했다. 특수부 기자회견은 TV 카메라 촬영이 금지돼 있었다. 발언 내용은 내가 스튜디오에서 재현해야 했다.

　야마모토 부장은 불기소 이유를 장황하게 설명했다. 고발된 인원이 많았다는 둥, 혐의가 배임뿐 아니라 공문서 변조 등 다양했다는 둥, 설명이 길어졌다. 메모는 후배 기자에게 맡기고 곰곰이 생각에 잠겼다. 어떤 질문을 해야 특수부장에게 딱 부러지는 대답을 끌어낼 수 있을까? 생각하고 또 생각했다. 머리가 빠질 때까지 생각했다.

마침내 손을 들고 질문했다.

"이번 수사에 국민의 큰 기대와 관심이 집중됐는데 모두 불기소 결론이 내려졌습니다. 특수부장으로서 어떻게 생각하십니까?"

야마모토 부장은 대답했다.

"필요한 만큼 충분히 수사해 진상을 규명했습니다. 범죄 여부를 판단해 불기소했습니다."

진상을 규명했다고 말했다. 이곳을 파고들었다.

"진상을 규명했다고 하셨는데 이 자리에서 밝힐 수 있나요?"

"관계자의 명예와 프라이버시, 수사 내용에 관련돼 있기 때문에 어렵습니다."

결국 밝힐 수 없다는 말이다. 그러니 기소해야 했다. 재판이 시작되면 특수부가 모은 방대한 증거는 모두 법정에서 공개된다. 유죄 여부에 대한 판단은 판사에게 맡기면 된다. 그게 재판이다. 특수부는 과거에 무리한 기소를 많이 해 빈축을 사기도 했는데, 이번만큼은 무리하게 불기소하면서 증거를 묻어 버렸다. 나는 그렇게 느꼈다.

NHK에서의 마지막 임무

기자회견은 오후 5시가 다 돼서야 끝났다. 스튜디오 출연까지 한 시간밖에 남지 않았다. 그때까지 해설 코멘트를 완성해야 했다. 오사카 방송국으로 돌아가서 급하게 코멘트를 다듬었다. 데스크에게 맡길 수 없었다. 모리토모 사건을 가장 열심히 취재하고, 더 깊이 고민하고, 더 많이 알고 있는 내가 써야만 했다. 특수부장 기자회견에서 직접 부장검사와 대화를 나눈 바로 내가 써야만 했다.

코멘트는 방송 전에 데스크가 체크한다. 필요하면 지적을 받아 다시 쓰기도 한다. 하지만 이번만큼은 괘념치 않았다. 고치기 전 코멘트가 이미 머릿속에 들어 있었기 때문이다. 스튜디오에서 내가 말로 하면 그만이다. 생방송이기 때문에 멈추게 할 수는 없다. 내 신념에 따라 내 마음대로 말할 것이다. TV 기자 31년차, 애드리브로 나를 따라올 사람이 없다.

이렇게 해설 코멘트를 썼다.

캐스터: "스튜디오에 아이자와 기자 나와 있습니다. 모리토모 학원 문제가 처음 드러났을 때부터 취재해 왔죠. 아이자와 기자, 사건이 발각된 지 1년 3개월여 동안 정말 많은 의혹이 꼬리를 물고 이어졌는데 검찰은 어떻게 판단했습니까?"

—"수사 초점은 크게 두 가지였습니다. 하나는 국유지를 헐값에 판매한 게 범죄에 해당하는지 여부, 또 하나는 국유지 거래에 관한 공문서 조작 및 폐기가 범죄인지 여부입니다. 우선 국유지 가격 인하와 관련해, 모리토모 학원에 매각된 국유지는 감정가가 9억 5,600만 엔이었는데 실제로는 8억 2천만 엔이 할인된 값에 팔렸습니다. 긴키 재무국은 땅속에 묻혀 있던 쓰레기의 철거비용 등을 감안하면 적정한 가격이라고 밝힌 바 있습니다."

캐스터: "그 설명과 관련해 모순되는 사실이 속속 드러났죠?"

—"그렇습니다. 긴키 재무국은 사전에 학원 측과 가격 교섭을 하지

않았다고 밝혔습니다만, 실제로는 학원 측이 낼 수 있는 예산의 상한액을 미리 물어봤습니다. 또 오사카 항공국이 산정한 쓰레기 철거비용 견적에 대해서도 긴키 재무국이 견적금액을 늘리라고 요구했습니다. 특수부는 이것이 국유지를 부당하게 싸게 팔아 국가에 손해를 끼친 배임죄에 해당하는지 여부를 수사했습니다. 하지만 불기소 처분을 내렸습니다."

캐스터: "그건 왜죠? 이유는 뭡니까?"

―"배임죄를 적용하려면 쓰레기 철거비용 견적이 부당하다는 근거나 매각 담당자가 국가에 손해를 끼치려는 의도를 갖고 있었다는 걸 밝혀내야 합니다. 그러나 특수부의 야마모토 마치코 부장은 "쓰레기 철거비용이 적정하지 않다고 보기 곤란하다"고 설명했습니다. 다시 말해 쓰레기 철거비용이 너무 많다고 볼 수 없고, 국가에 손해를 끼칠 의도가 있었다고도 볼 수 없다는 판단입니다."

캐스터: "국유지 거래에 관한 공문서 조작은 어떻습니까?"

―"재무성 관계자는 특수부 임의조사에 출석해 '결재문서 변조는 사가와 전 이재국장이 지시한 것으로 알고 있다'고 증언했다고 합니다. 또 재무성 이재국이 긴키 재무국에 메일로 조작을 지시했던 사실도 포착됐습니다."

캐스터: "재무성의 뿌리 깊은 은폐 체질을 엿볼 수 있는 대목이군요. 그런데 특수부는 이들에 대해서도 죄를 묻지 않겠다고 했습니다. 왜 그런 겁니까?"

―"조작에 죄를 물으려면 허위 공문서 작성죄, 공문서 변조죄, 공문서 파기죄 등을 적용할 수 있습니다. 우선 허위 공문서 작성죄와 관련해

특수부는 문서를 고친 것만으로는 거짓문서를 만들었다고 인정하기 어렵다고 봤습니다. 조작 후에도 문서의 본질적인 부분은 바뀌지 않았기 때문에 입건이 어렵다고 본 것입니다. 공문서 변조죄의 경우 행정문서의 본질적이지 않은 부분을 고쳤고, 애초 문서와 다른 효력을 가진 행정문서를 다시 만들었다고는 볼 수 없기 때문에 죄를 묻기 어렵다고 설명했습니다. 마지막으로 공용문서 파기죄입니다. 글자 그대로 공문서를 폐기하거나 숨긴 경우에 적용됩니다만 폐기된 교섭기록은 재무성이 '1년 미만'으로 정한 보존기간이 지나 폐기했기 때문에 죄가 성립되지 않는다고 판단했습니다. 기타 증거 인멸 등에 대해서도 죄를 묻지 않겠다고 판단했습니다."

여기서 전문가 및 관계자의 인터뷰 영상을 내보냈다. 스튜디오에서 영상을 보면서 아이디어가 퍼뜩 떠올랐다. 관계자 인터뷰에 "일단 재판에 부쳐 증거를 법정에 내놓아야 한다"는 코멘트가 나왔다. 맞는 말이었다. 이 부분을 강조해 보겠다고 마음먹었다. 사전에 전혀 준비하지 않았지만, 애드리브로 중간에 추가할 수 있을 듯했다. 우선 기자회견 때 특수부장에게 들은 소식을 전하고 그 다음 애드리브를 하기로 했다.

캐스터: "국민들은 이번 특수부 수사로 일련의 문제 진상이 밝혀지기를 기대했을 텐데 이번에 모두 불기소했습니다. 어떻게 보십니까?"
—"제가 오늘 기자회견에서 직접 특수부장에게 '모두 불기소로 마무리됐는데 특수부장으로서 어떻게 생각하십니까?'라고 질문했습니다. 특수부장은 '필요하고 충분한 수사를 한 결과, 진상을 규명했고 그것이

범죄가 될지 여부를 판단해 불기소로 했다'고 대답했습니다. '진상을 규명했다고 했는데 그 진상은 밝힐 수 없겠느냐'고 물었더니 '관계자의 명예와 프라이버시, 수사 내용에 관련돼 있기 때문에 밝힐 수 없다'는 답변을 들었습니다."

여기서부터 애드리브로 말했다.

—"특수부는 1년 3개월에 걸친 장기간 수사를 하면서 많은 관계자를 소환조사하고 다수의 증거를 모았습니다. 국민 세금을 쓰면서 말이죠. 그러나 전원 불기소 결론을 내리면서 수집한 증거들은 빛을 볼 수 없게 됐습니다. 만약 기소했다면 법정에서 공개됐을 것입니다. 이래서야 국민들이 납득하겠습니까?

보통 검찰은 불기소한 사건에 대해서는 설명도 하지 않습니다. 따라서 이번 기자회견은 이례적이라고 할 수 있습니다. 그렇다고 해도 사건의 진상은 제대로 밝혀지지 않았습니다. 국유지 가격 인하의 근거에 대해 설명도 없고 결재문서 중 300곳 이상이 수정됐다는 점, 사가와 전 국장이 '교섭 기록은 폐기했다'고 국회에서 답변했다는 점 등을 볼 때 국민들이 수사결과를 납득할지 의문입니다. 일련의 문제를 고발한 측은 검찰의 불기소 판단이 타당한지 여부를 심사할 검찰심사회에 조만간 건의할 방침이라고 합니다."

NHK 기자로서의 내 임무는 이렇게 모두 끝났다.

인사이동 작별인사

며칠 뒤, 나는 작별인사를 하러 오사카지검 특수부장실에 들렀다. 야마모토 특수부장은 내 인사발령에 대해 이미 알고 있었다. 이런저런 대화를 한 뒤 특수부장이 내게 물었다.

"아이자와 기자는 기자회견 때 그 질문을 미리 염두에 두고 계셨나요?"

"아닙니다. 즉석에서 생각해낸 겁니다. 부장님의 답을 얻어 내 그날 스튜디오 해설 때 써먹을 생각이었거든요."

"그렇습니까? 저는 아이자와 기자가 스튜디오에 나와 그렇게 말한 것에 대해서는 딱히 할 말이 없어요. 하지만 그 뒤 7시 전국 뉴스에서 제 얼굴 사진을 쓰신 건 좀….."

"그러게요. 사진 속 얼굴이 기울어져서 인상이 좀 안 좋아 보이더군요. 죄송하게 됐습니다."

야마모토 특수부장은 "아이자와 기자가 말한 것에 대해 딱히 할 말이 없다"고 말했다. 내 코멘트에 이론의 여지가 없다는 뜻이다. 특수부장 스스로 국민들이 불기소를 납득하지 않을 것이라고 사실상 인정했다.

이렇게 대화는 마무리했다. 모두 불기소 처리한 야마모토 부장은 영전할 것이다. 실제로 3주 뒤, 동기 중 톱으로(세 명이 한꺼번에 승진했지만) 하코다테 검사장이 됐다.

그렇다고 야마모토 부장이 처음부터 불기소를 염두에 두고 수사를 지휘했을 것 같진 않다. 도쿄에서 (빨리 끝내라고) 재촉을 받으면서도 아슬아슬하게 수사를 끌고 갔다는 것 자체가 이를 보여 준다. 아슬아슬하게 수사하다가 갑자기 전원 불기소 처분이 내려졌다는 것 자체가 심상찮다. 뭔가 큰 힘이 작용한 것이 아닐까? 그런 감을 느끼게 한 계기도 있었다.

그리고 나는 기자를 그만뒀다. 이제 본격적으로 이직할 직장을 찾아야 했다.

15장

NHK에서 〈오사카일일신문〉으로

모리토모 사건 취재는 계속된다

구직활동

NHK는 뉴스 기사를 누가 썼는지 뉴스에 밝히지 않는다.[1] 따라서 시청자들은 어떤 기사를 누가 썼는지 알기 어렵다. 하지만 〈일간 겐다이〉를 비롯한 여러 매체에서 나에 대한 보도를 하면서 상황이 묘해졌다. 모리토모 사건을 취재하던 A 기자가 기자직에서 제외되는 인사발령을 받았다는 보도가 났다. 비록 'A 기자'로 익명 처리를 했지만 덕분에 처음으로 많은 사람이 나의 존재를 알게 됐다. 이후 여러 곳에서 지원의 손길

---

1 한국 TV 뉴스에서 리포트 끝에 "○○○ 뉴스, ○○○입니다"라고 기사 이름을 밝히는 것과 달리 일본에서는 기사 이름을 밝히지 않는 경우가 대부분이다. 신문 역시 중요한 기사나 해외 특파원 기사, 칼럼 정도에만 작성 기자 이름을 명기한다.

이 닿았다.

그중 한 명이 〈아사히신문〉 임원을 소개해 줬다. 모리토모 보도에 힘을 쏟고 있는 〈아사히신문〉이라면 나를 받아 줄 듯했기 때문일 것이다. 그 임원은 내가 오사카에서 취재를 계속하고 싶다는 희망사항을 알고 오사카 본사와 연결시켜 주었다.

인사발령이 며칠 안 남았던 2018년 6월 어느 날, 〈아사히신문〉 오사카 본사를 방문했다. 나를 맞이했던 사람의 명함에는 '지역 보도부장'이라는 직함이 적혀 있었다. 순간 직감이 들었다.

나는 그동안 내가 무슨 취재를 해 왔는지, 아사히에서는 무엇을 할 수 있을지, 어떤 취재를 하고 싶은지 등을 이야기했다. 내 말이 끝나자 그 부장은 이렇게 말했다.

"일반론적 이야기입니다만 아이자와 기자처럼 나이가 많은 분은 정사원이 아닌 촉탁직원 형식으로 매년 계약을 반복해야 합니다. 급여도 지금보다 많이 줄어들 겁니다."

각오하고 있었다. 문제는 그 다음이었다.

"근무는 지방지국에서 하셔야 합니다. 오사카 사회부에서 일하기는 어렵습니다."

나는 대답했다.

"대우나 급여는 어쩔 수 없겠지만, 근무만큼은 오사카에서 하고 싶습니다. 모리토모 사건을 계속 취재하고 싶어 NHK를 그만둔 만큼 지방지국에 가는 건 의미가 없습니다."

말을 이어 갔다.

"명함에 지역 보도부장이라는 직함이 적혀 있기에 이런 이야기가 나오지 않을까 싶었습니다."

〈아사히신문〉은 애초부터 모리토모 취재에 나를 투입할 생각이 없었던 것 같았다. 입사가 어려워 보였다. 며칠 뒤 정식으로 거절됐다는 연락을 받았다. 정확히는 〈아사히신문〉으로부터가 아니라 중간에 소개해 준 사람에게 연락이 왔다. 〈아사히〉 부장은 그날 나를 직접 만나 면접을 했으면서도 내가 아닌 소개자에게 거절 연락을 했다.

그 후 나는 이런저런 소개를 받고 여러 언론사와 연락을 했다. 하지만 결론은 마찬가지였다. 애초부터 나를 채용할 의지가 없어 보였다. 재취업은 무리일 것 같았다.

예전에 나는 NHK를 그만두고 타사로 이직하려는 후배 기자들에게 "메이저 언론사는 어디를 가나 거기서 거기야. 차라리 NHK가 나아"라고 말하며 만류했다. 맞는 말이었다. 메이저 언론사는 다 마찬가지다. 그렇다면 NHK에서 31년간 근무했던 내가 메이저 언론으로 이직하려는 것 자체가 잘못됐다. 다른 길을 찾아야 했다.

불현듯 뇌리에 〈오사카일일신문〉이 떠올랐다. 이유가 있었다. 예전에 〈오사카일일신문〉 오너에 대해 이야기를 들은 적이 있기 때문이다.

그 이야기를 해 준 사람을 익명으로 V 씨라고 하겠다. V 씨는 〈오사카일일신문〉 오너인 요시오카 도시가타吉岡利固와 신뢰가 두터워 고문직을 맡았다. 내 오랜 취재원이기도 해 긴 세월 친분을 다져 왔다.

하루는 V 씨와의 술자리에서 요시오카 오너에 대한 이야기를 했다. 어려워진 회사를 여러 곳이나 살린 '부활 청부사', 신문사뿐 아니라 여러 회사를 경영하는 카리스마 경영자, 권위에 반발하고 머리 숙이기를 싫어하는 반골 기질 등.

그런 사람이라면 나를 받아 주지 않을까? 내가 하고 싶은 일을 할 수 있게 허락해 주지 않을까? 나는 V 씨에게 부탁했다.

"V 씨, 요시오카 오너를 만나게 해 주세요."

"부업을 인정해 주십시오"

2018년 7월 하순, 〈오사카일일신문〉 빌딩 6층 오너 응접실에서 나는 요시오카 오너와 대면했다. 그를 실제로 만난 것은 처음이었다. 오너의 아내(부사주)와 V 씨도 동석했다. 내가 어떤 일을 해 왔는지, 왜 NHK를 그만두려고 하고 있는지에 대해서는 이미 V 씨가 오너에게 이야기해 뒀다.

바로 본론으로 들어갔다. 나 자신을 세일즈했다. 〈오사카일일신문〉에서 모리토모 사건 취재를 계속하고 싶고 그것 말고도 여러 가지 취재하고 싶은 점이 있어 이렇게 문을 두드렸다고 밝혔다. 알려지지 않은 진실을 찾아 독자에게 전하고 싶다는 희망도 내비쳤다. 모리토모 사건에 국한하지 않고 폭넓은 분야에 흥미와 관심이 있어 취재 폭을 넓게 가져가고 싶다고 했다. 무엇보다 좋은 기사를 써서 신문 독자를 늘리고 회사 경영에도 기여하고 싶다고 포부를 밝혔다. 내 자신을 상품으로 포장했다. '아이자와 기자'라는 상품을 사 달라는 세일즈였다.

자기 PR을 마친 뒤 "부탁드릴 게 하나 있습니다"라고 조심스럽게 말을 꺼냈다. 입사조건을 말할 생각이었다. 채용조건이라고 하면 보통은 급여 얘기를 한다. 일자리를 구하는 입장에서 조건을 달기는 쉽지 않지만,

나에게는 양보할 수 없는 중요한 것이 하나 있었다.

"월급은 얼마를 주셔도 상관없습니다. 하지만 취재비는 쓰게 해 주세요. 그리고 부업을 인정해 주십시오. 잡지나 인터넷 매체 등 다른 매체에 기사를 쓰는 것을 허락해 주세요. 저는 기사를 팔아 돈을 벌 생각이라 월급은 얼마라도 괜찮습니다."

메이저 언론에서는 상상할 수 없는 일이다. 메이저 언론에서는 여간해서 다른 매체에 기사를 팔아 수입을 올리는 것을 인정하지 않는다. 나도 NHK에서는 돈을 벌기 위해 외부 매체에 기사를 쓰지 않았다. 일부 메이저 언론사 기자들 중에는 익명으로 기사를 팔아 몰래 수입을 올리는 이도 있다. NHK에도 없지 않다. 하지만 어디까지나 익명이고 어디까지나 비밀이다.

하지만 NHK를 그만둔 뒤에는 부업을 할 수 있을지 여부에 사활을 걸었다. 기사를 팔아 돈을 벌겠다는 목적이 아니었다. 수입은 어디까지나 부차적인 문제였다. 유력 잡지나 인터넷 매체 등에 기사를 써서 전국에 기사를 내보내겠다는 것이 가장 큰 목적이었다. 내가 취재해 쓴 기사를 전국 곳곳에 많이 보도하고 싶었다. NHK에는 쉽게 가능한 일이지만, 지역 매체에서는 어려웠다.

"〈오사카일일신문〉 기자라는 직함을 걸고 기사를 쓰겠습니다. 그렇게 하면 〈오사카일일신문〉도 홍보가 될 것입니다. 다른 매체에 쓰는 기사를 〈오사카일일신문〉에도 게재할 생각입니다. 그러면 많은 분들이 '〈오사카일일신문〉에 이런 기사가 있구나' 하는 걸 알게 될 것입니다. 이렇게 신문 지명도를 높이면 판매부수도 올라갈 것입니다."

여기까지 내 이야기를 듣던 요시오카 오너가 처음으로 입을 열었다.

"이런 식으로 언론의 입을 틀어막으려는 부조리를 나는 용서할 수 없소. 유능한 인재를 이런 일로 매장시켜서는 안 되지. 우리 회사는 어디에도 굴하지 않고 거리낄 것도 없소. 아이자와 기자, 자유롭게 취재하고 진실을 찾아 써 주시오. 우리 회사가 당신을 지켜 드리겠소."

내가 상상했던 것 이상의 말이었다. 작금의 일본 언론계에서 이런 기골 있는 말을 할 수 있는 경영자가 있을까? 요시오카 오너는 90세다. 하지만 말에는 힘과 박력이 가득했다. 만난 지 한 시간도 안 돼 이직을 결정했다.

하지만 이렇게 되면 사장을 비롯한 임직원들을 건너뛰고 이야기를 진행한 것이 된다. 이들에게 폐를 끼칠 수 있다.

사실 〈오사카일일신문〉은 독립적인 개별 회사가 아니다. 〈돗토리 지역신문〉과 〈일본해신문〉을 발행하는 〈신일본해신문사〉의 특정 부서 형태를 띠고 있다. 본사는 돗토리시에 있다. 사장은 오너 차남인 요시오카 도오루吉岡徹 씨였다.

8월 초 돗토리시 본사를 방문해 요시오카 사장을 비롯한 임원들을 만났다. 오너에게 했던 말과 비슷한 이야기를 했고 입사 승낙을 받았다. 채용이 정식 결정됐다.

요시오카 사장의 명함에는 대표이사 사장이라는 직함 위에 '기자'라는 직함도 적혀 있었다. 사장뿐 아니라 다른 모든 임원의 명함에도 기자라고 써 있었다. 궁금해서 물어봤다.

"사장님 명함에 기자란 직함이 있네요."

그러자 요시오카 사장이 곧바로 대답했다.

"우리 회사는 사장 이하 전 임직원이 기자라는 생각으로 일하고 있습니다."

이런 신문사가 또 있을까? 〈요미우리신문〉이나 〈아사히신문〉의 사장 명함에 '기자'라고 적혀 있을까? 정말 대단하다. 기자라는 직업에 한없는 애정과 긍지를 갖고 있는 나에게 이곳만큼 딱 맞는 신문사는 없다고 생각했다. 완벽한 직장이었다.

보도국장에게 퇴직 인사

마침내 이직할 곳을 정했다. 취재원들, NHK에서 신세를 졌던 사람, 끝까지 염려해 준 후배들에게 퇴직하겠다고 인사를 다녔다.

많은 분들이 나를 걱정해 줬다. NHK라는 큰 조직을 그만두고 〈오사카일일신문〉이라는 작은 지방지로 이직하게 됐으니 그럴 만했다.

"안타깝지만 응원하겠습니다."

"아이자와 기자라면 잘 하시리라 믿습니다."

격려와 함께 걱정해 주는 마음이 느껴졌다. 고마웠다.

나와 끝까지 모리토모 사건 취재를 했던 2번기 H 기자만 다른 인사를 했다.

"마침내 독립하시네요. 축하합니다."

축하 인사를 보낸 것은 H 기자뿐이었다. 역시 잘 알고 있었다. 다섯 손가락 안에 드는 기자다웠다.

정식으로 사직서를 냈다. 8월을 끝으로 NHK를 그만두기로 결정한 뒤 동기이자 지금은 보도국 넘버 2로 있는 N에게 전화했다.

"마지막으로 고이케 국장에게 인사하고 싶은데 괜찮을까?"

"확인해 볼게."

잠시 뒤 전화가 왔다.

"만나겠다고 하시네. 내일 오전 11시 어때?"

다음 날인 8월 29일, 도쿄 시부야 NHK 방송센터 본관 5층에 있는 보도국장실을 찾았다. N 국장도 동석했다.

고이케 국장이 말했다.

〈신일본해신문사〉, 잘 알고 있어요. 요시오카 오너도 잘 알죠."

그럴 만했다. 고이케 보도국장 초임지가 돗토리이기 때문이다. 나는 야마구치가 초임지였다. NHK 조직상 같은 히로시마국 소속이다. 나는 신입기자 시절부터 고이케 국장을 알고 있었다. 돗토리라는 작은 현에서 일하면서 잇따라 전국 방송에 특종을 보도한 기자. 당시 히로시마국에서 단연 눈에 띄었다. 사건기자를 동경하던 내가 우러러보던 선배였다.

고이케 국장도 같은 관내에 있던 나를 인식하고 있었지만 나와는 생각이 달랐을 것이다. '언제나 관할국(히로시마국) 데스크에게 혼나는, 윗사람 말을 잘 따르지 않는 기자'였기 때문이다. 실제로 나는 그런 기자였다.

돗토리 근무 시절 이야기 등을 편하게 15분 정도 나누는 것으로 면담은 끝났다. 모리토모 사건에 대해서는 한마디도 하지 않았다. 마지막으로 나는 고이케 국장에게 말했다.

"기념사진 한 장 찍어도 되겠습니까?"

동석한 N 담당 국장이 찍어 줬다.

고이케 국장도 그렇게 악의가 있는 사람은 아니다. 정치부 시절 친하게 지냈다는 야마다쿠(야마자키 다쿠山崎拓, 전 자민당 부총재)에 대해 말하는 모습에 호감이 갔다. 기자 선배로서 말이다.

다만 너무 예민했다. 뉴스 제작현장에 너무 일일이 간섭하면서 이러쿵저러쿵 말을 하니 'K-경보'(고이케 경보) 같은 놀림을 받는 것이다. 'K-경보'는 단지 놀리는 말이 아니다. 어쩌면 NHK 보도 전체를 좀먹는 문화가 아닐까 싶다.

30년 전 같은 히로시마 관내에서 시작한 기자 두 명의 너무나도 대조적인 삶. 그는 이미 출세했지만 아직 더 올라갈 자리가 있다. 마음이 쫓기는 걸까? 그래서 잔소리가 갈수록 늘어나는 걸까? 나는 고이케 국장의 빛나던 돗토리 시절을 잊지 않고 있다.

내 인생의 한 단락에 이렇게 마침표가 찍혔다.

모리토모 사건은 내 인생을 바꿨다

국유지는 왜 헐값에 팔렸는가? 수수께끼는 풀리지 않았고 아무도 책임을 지지 않았다. 국유지는 모리토모 학원이 초등학교를 설립하기 위해 매입했다. 초등학교 설립을 무리하게 인가하려던 기관은 오사카부다. 오사카부는 왜 무리를 하면서까지 초등학교를 인가하려고 했을까? 왜 정부와 오사카부는 그렇게까지 하면서 이 학교 설립을 허가해 주려고 했을까?

모리토모 사건은 모리토모 학원에 관한 사건이 아니다. 정부와 오사카부에 관한 사건이다. 책임은 정부와 오사카부에 있다. 정부의 최고 책임자는 아베 총리, 오사카부 최고책임자는 마쓰이 지사다. 두 사람에게 설명할 책임이 있지만, 제대로 해명했다고 생각하는 사람은 많지 않을 것이다. 두 사람이 설명하지 않는다면 기자가 진실을 취재할 수밖에 없다.

이 의문이 해명되지 않으면 모리토모 사건은 끝나지 않는다. 내가 NHK를 그만둔 가장 큰 이유는 이 수수께끼를 풀기 위해서다. 모리토모 사건은 내 인생을 바꾸었다. 좋은 변화가 나타났다. 이제 나는 아무 고민도 할 필요가 없는 〈오사카일일신문〉에서 모리토모 사건을 취재하고 있다. 수수께끼가 풀릴 때까지 취재할 것이다.

아이자와 후유키 전 NHK 기자(현 〈오사카일일신문〉 논설위원).

맺으며

이직을 결정한 지 얼마 안 됐던 2018년 8월 어느 날, 고베에서 알고 지내던 프리랜서 작가와 자리를 함께했다. 니시오카 겐스케西岡研介. 20년 전 〈고베신문〉 기자로 효고현 경찰 담당이었다. 당시 나는 NHK의 효고현 경찰 캡이었다. 우리는 라이벌로 치열하게 경쟁하며 서로를 의식했다. 20년 만에 만났지만 곧바로 마음이 통했다. 이제는 동지로 만났다.

그는 잡지에서도 오랫동안 일해 이 업계에 대해 잘 알고 있었다. 나는 그에게 한 수 배우러 갔다.

"니시오카 씨. 이번에 이직하면 잡지에 기사를 쓰고 싶어요. 이미 여러 회사와 이야기하고는 있는데 어디가 좋을까요?"

"편집자를 보고 결정하세요. 아이자와 기자 담당으로 좋은 편집자를 붙여 주는 회사를 고르시면 돼요. 제가 한번 찾아볼게요."

용건은 간단히 끝내고 밤새 옛 이야기를 나누며 회포를 풀었다.

니시오카 씨는 일 처리가 빨랐다. 다음 날 아침 전화가 왔다.

"아이자와 씨, 〈문예춘추〉[1]와 합시다. 문춘 담당자에게 전화하라고

1 일본 최대 규모의 주간지인 〈주간 문춘〉을 비롯해 수십 종의 잡지 및 단행본을 발행하

297

할게요. 아이자와 기자 휴대폰 번호를 그쪽에 전해도 되죠?"

두 시간 뒤 전화가 왔다.

"안녕하세요. 〈주간 문춘〉의 신타니입니다."

그 유명한 신타니 편집장에게 전화가 왔다. 방송인 벳키와 아마리 아키라甘利明 전 경제산업성 장관에게 한 방을 날렸던 그 편집장이었다.[2] 나와 만났던 당시에는 편집국장을 맡고 있었다. 만나자마자 곧바로 제안을 했다.

"아이자와 기자님. 책 한 권 쓰시죠."

애초 주간지에 기사를 쓰겠다고 한 건데, 이야기가 점점 커졌다. 며칠 뒤, 도쿄 문예춘추 본사에 갔다. 그곳에서 신타니 편집국장과 처음으로 만났다. 출판부장도 동석했다.

"혼신의 힘을 다하는 기자들이 신뢰를 잃고 있습니다. 사람들은 인터넷에 떠도는 이상한 정보를 더 믿고 있습니다. 이런 세태를 바로잡아야 합니다."

모리토모 사건을 두고도 〈아사히신문〉 보도를 '가짜 뉴스'라고 공격하는 사람들이 인터넷에 많다. 나에 대해서도 '오보를 연발한다'며 비난의 화살을 날렸다. 뭐가 오보인지 적시하지도 않은 채 말이다. 만약 내가 오보를 냈다면 당사자에게 항의를 받았을 것이고 NHK가 사과 및 정

는 출판사.
2 문예춘추는 2016년 여성 방송인 벳키가 유명 록밴드 멤버와 불륜 관계를 맺고 있다는 보도와 아마리 아키라 당시 장관이 뇌물수수를 했다는 의혹을 연달아 보도했다. 문예춘추의 특종으로 유명인들의 비리와 치부가 잇따라 드러나면서 '문예춘추의 한 방'을 뜻하는 '문춘포'라는 신조어까지 등장했다.

정을 했겠지만 그런 일은 애당초 있지도 않았다. 내가 보도했던 내용은 나중에 전부 재무성이 인정했다. 그런데도 아무렇지도 않게 오보라고, 가짜 뉴스라고 비난하는 사람들이 있었고 이를 정말로 믿는 사람들마저 있다. 기자에 대한 불신은 곧 보도에 대한 불신으로 연결된다. 민주주의의 근간을 흔드는 일이다.

물론 언론의 책임도 크다고 생각한다. 한마디로 말하면 그동안 잘난 척을 너무 많이 했다. 자신들이 쓰는 것이 곧 진실이라고 우겨 왔던 것은 아닐까. 자신들의 보도가 왜 진실인지 근거를 충분히 제시하지 않고 취재원 보호라는 미명하에 독자와 시청자들에게 납득할 만한 설명을 하지 못했다. 내가 이 책을 쓴 것도, 31년간 언론에 몸담은 사람으로서 독자와 시청자에게 설명할 책임을 다하려는 의지였다.

모리토모 사건이 발각될 당시에 NHK 오사카 보도부 넘버 2이자 보도 총괄이었던 T 씨에게 이 책을 바친다. 10년 전에는 내 부하였던 기자다. 나는 오사카부 경찰 캡으로, 그는 2번기로 함께 수많은 사건을 취재했다. 그로부터 10년 뒤, 상사가 된 그는 내게 오사카 법조팀장을 맡겼다. 나 같은 나이 든 기자에게 그런 중요한 자리를 맡기는 것은 쉽지 않다. T 총괄이었기에 맡겼다. 그가 내게 법조팀장 자리를 맡기지 않았다면 내가 모리토모 사건을 취재할 일도, 이 책을 쓸 일도 없었을 것이다. T 총괄이야말로 이 책의 어머니다. 언제나 감사하고 있다.